首都体育学院科研基地建设—科技创新平台资助

身体运动功能训练

尹　军　袁守龙　主编

人民体育出版社

图书在版编目（CIP）数据

身体运动功能训练 / 尹军, 袁守龙主编. -- 北京：
人民体育出版社, 2017 (2025.11重印)
　　ISBN 978-7-5009-5083-7

　　Ⅰ.①身… Ⅱ.①尹… ②袁… Ⅲ.①运动训练—高
等学校—教材 Ⅳ.①G808

中国版本图书馆CIP数据核字(2016)第305294号

身体运动功能训练

尹军　袁守龙　主编

出版发行：人民体育出版社
印　　装：北京新华印刷有限公司

开　本：787×960　16开本　　印　张：27.25　　字　数：350千字
版　次：2017年7月第1版　　印　次：2025年11月第5次印刷
印　数：9,001—11,000册
书　号：ISBN 978-7-5009-5083-7
定　价：70.00元

版权所有·侵权必究
购买本社图书，如遇有缺损页可与发行与市场营销部联系
联系电话：（010）67151482
社　　址：北京市东城区体育馆路8号（100061）
网　　址：https://books.sports.cn/

编委会名单

主　编　尹　军　博　士　首都体育学院教授、博士生导师

　　　　袁守龙　博　士　国家体育总局竞体司

副主编　王志强　教　授　武汉体育学院

　　　　张得保　教　授　深圳大学体育部

　　　　彭金洲　教　授　河南大学体育学院

　　　　王结春　副教授　安徽师范大学体育学院

编写人员名单（按姓氏笔画排序）

　　　　尹　军（首都体育学院）
　　　　王　雄（国家体育总局训练局）
　　　　王乔治（国家男子乒乓球队）
　　　　王亚丽（首都体育学院）
　　　　王学谦（首都体育学院）
　　　　王结春（安徽师范大学）
　　　　孙为民（河北体育学院）
　　　　刘昭强（集美大学）
　　　　刘　彦（河北体育学院）
　　　　刘丽婷（安徽亳州学院）
　　　　李野鹏（首都体育学院）
　　　　李少新（北京大学附属小学）

李永超（北京第二实验小学）
邢新阳（河北体育学院）
张秀丽（华南师范大学体育学院）
张得保（深圳大学体育部）
侯本华（山东曲阜师范大学）
郝　磊（上海体育职业学院）
候帅辉（首都体育学院）
资　薇（河南大学体育学院）
袁守龙（国家体育总局竞体司）
崔鲁祥（沈阳体育学院）
崔运坤（山东泰安学院）
霍笑敏（首都体育学院）
戾　铮（首都体育学院）
李丹阳（武汉体育学院）
吴云飞（阜阳师范学院）
杨中皖（阜阳师范学院）
梁纯子（阜阳师范学院）
肖敏敏（清华附中）
施　宁（首都体育学院）
郭丽娟（山西师范大学）
王　晓（北京市陈经纶中学分校）
王　隽（首都体育学院）
胡　飞（安徽师范大学）
汪黎明（北京体育大学）
罗　晨（国家体育总局训练局）

前 言

身体运动功能训练包含物理治疗（Physical Therapy）和运动功能训练（Functional Training）两个方面，它不仅在职业体育和竞技体育等领域得到了广泛运用，而且在大众健身和青少年体育锻炼等方面也发挥了很大作用。为了确保本书的科学性和普适性，作者构成分别有来自备战 2012 年伦敦奥运会和 2016 年里约奥运会国家队身体运动功能训练团队的教练员，长期从事专项体能训练的高校教师，以及从事中小学体育教学训练的教师。

从身体运动功能训练的内容体系来看，FMS 测试、SFMA、Y-balance 测试、软组织唤醒、肌肉—神经系统激活、脊柱力量准备、动作整合、快速伸缩复合练习、专项动作准备、速度与多方向移动、力量与旋转爆发力、能量系统发展、再生与恢复等，构成了身体运动功能训练的主体内容。从方法体系来看，身体运动功能训练把运动解剖学、运动生物力学、运动生理学、运动医学和运动技能学等学科融为一体，体现出明显的多学科交叉特征。从训练结果的监测与评价来看，身体运动功能训练强调的是"动作训练而不是训练肌肉"，即通过训练提高的是完成专项技术所需要的专门动作质量和运动表现能力，而不是肌肉的力量。在训练方法的应用方面，身体运动功能训练不仅从生理学角度强调神经对肌肉的支配作用，强调动作的稳定性和关节的灵活性，而且从解剖学角度，强调通过大肌群率先发力带动小肌群的用力，即发挥大肌群的发动机作用。同时，从运动力学角度强调躯干支柱对四肢的支配作用，强调动力链的传递效能。

本教材由尹军和袁守龙担任主编，尹军审定。教材共 17 章，具体章节的编写人员如下：尹军、袁守龙撰写第一章，张秀丽、刘昭强撰写第二章，张得保、资薇撰写第三章，崔鲁祥、王乔治撰写第四章，孙为民、刘彦、邢新阳撰写第五章，王雄、候帅辉撰写第六章，霍笑敏、李野鹏、王亚丽、王学谦撰写第七章，侯本华、崔运坤、王结春、郝磊撰写第八章，李少新、李永超、刘丽婷撰写第九章，刘军、戾铮撰写第十章，王志强、李丹阳、郝磊撰写第十一章，吴云飞、杨中皖、梁纯子撰写第十二章，肖敏敏、施宁撰写第十三章，彭金洲、资薇撰写第十四章、郭丽娟、王晓撰写第十五章，王隽、胡飞、梁纯子撰写第十六章，汪黎明、罗晨撰写第十七章。

　　本书的亮点在于突出了"教法"和"学法"的指导，通过教学重点、教学难点、易犯错误、纠正方法、训练方法、注意事项等内容，引导教师和学生更加有效地进行教学组织和学习。为了方便学习，本书还尽量做到语言简洁，并通过本章导语引导读者尽快地掌握这本书。尽管对于大部分读者来说只是阅读自己感兴趣的章节内容，但是我们希望本书内容能引导读者继续关注相关新的知识或感兴趣的领域，至少能进一步理解不同身体运动功能训练方法对身体的影响，以适应不同运动项目的需要而提高运动功能。本书提供的内容对学生、体育教师和体育科研工作者，以及那些追求活力、健康生活的体育爱好者均具有实用性。

　　在教材出版之际，真诚地感谢首都体育学院研究生侯帅辉、王亚丽、张龙凤、杨魁、杨忠武等同学的辛勤努力，他们为本教材的动作示范、照片拍摄和编辑等工作做出了巨大贡献。同时也期待着广大师生和读者多提出宝贵意见。

尹　军
2016 年 11 月

目 录

第一章　身体运动功能训练概述 …………………………………………（1）

第一节　身体运动功能训练起源与发展概况 ………………………（1）
第二节　身体运动功能训练理念与训练原则 ………………………（9）
第三节　身体运动功能训练内容体系 ………………………………（13）
第四节　身体运动功能训练方法体系 ………………………………（17）

第二章　身体运动功能训练的运动人体科学原理 ………………………（21）

第一节　身体运动功能训练的功能解剖学、生物力学基础 ……（21）
第二节　身体运动功能训练的运动生理学基础 ……………………（36）
第三节　身体运动功能训练的心理学基础 …………………………（44）

第三章　年龄与性别差异的身体运动功能训练 …………………………（53）

第一节　生长发育的概念、规律及其影响因素 ……………………（53）
第二节　生长发育年龄阶段的划分、青春发育期及身体各系统特点
　　　　　………………………………………………………………（57）
第三节　生长发育阶段身体素质发展的基本规律及训练要点
　　　　　………………………………………………………………（60）

第四章　测试与评估 …………………………………………………………（71）

第一节　FMS 测试以及 SFMA 测试、Y-balance 测试 …………（71）
第二节　运动能力测试与评估方法 …………………………………（93）

第五章　教学设计 …………………………………………………………（108）

第一节　教学目标与计划制定的原则 ………………………………（108）
第二节　教学课的设计与组织 ………………………………………（112）

第三节　教学效果评估 …………………………………………… (120)

　　第四节　不同类型课程教案示例 ………………………………… (122)

第六章　学校身体运动功能训练场地器材的组织与管理 ……………… (129)

　　第一节　身体运动功能训练场地器材的组织 …………………… (129)

　　第二节　身体运动功能训练场地器材的管理 …………………… (138)

第七章　动作准备 …………………………………………………………… (143)

　　第一节　臀大肌激活 ……………………………………………… (143)

　　第二节　动态拉伸 ………………………………………………… (147)

　　第三节　动作整合 ………………………………………………… (152)

　　第四节　神经系统激活 …………………………………………… (156)

第八章　基础性力量训练 …………………………………………………… (160)

　　第一节　上肢基础力量训练 ……………………………………… (160)

　　第二节　下肢基础力量训练 ……………………………………… (165)

　　第三节　全身动力链训练 ………………………………………… (169)

第九章　躯干支柱力量训练 ………………………………………………… (181)

　　第一节　躯干支柱力量训练的概念与分类 ……………………… (181)

　　第二节　躯干支柱力量训练的方法与手段 ……………………… (182)

　　第三节　躯干支柱力量训练应注意的几个问题 ………………… (208)

第十章　旋转力量训练 ……………………………………………………… (211)

　　第一节　旋转力量训练的概念与分类 …………………………… (211)

　　第二节　旋转爆发力训练方法与手段 …………………………… (214)

　　第三节　旋转爆发力训练的相关注意事项 ……………………… (255)

第十一章　快速伸缩复合训练 ……………………………………………… (258)

　　第一节　快速伸缩复合训练的概念及分类 ……………………… (258)

　　第二节　快速伸缩复合训练方法与手段 ………………………… (259)

　　第三节　快速伸缩复合训练的相关注意事项 …………………… (274)

第十二章　速度训练 (278)

- 第一节　速度训练的概念与分类 (278)
- 第二节　速度训练方法与手段 (280)
- 第三节　速度训练相关注意事项 (305)

第十三章　平衡能力训练 (309)

- 第一节　平衡训练的概念与分类 (309)
- 第二节　平衡训练方法与手段 (310)
- 第三节　平衡训练的相关注意事项 (328)

第十四章　灵敏与协调训练 (330)

- 第一节　灵敏素质和协调素质的概念与分类 (330)
- 第二节　灵敏素质训练方法与手段 (334)
- 第三节　协调素质训练方法与手段 (347)
- 第四节　灵敏、协调训练的注意事项 (350)

第十五章　牵拉技术 (354)

- 第一节　牵拉技术的概念与分类 (354)
- 第二节　牵拉方法与手段 (355)
- 第三节　牵拉训练的相关注意事项 (373)

第十六章　再生与恢复技术 (375)

- 第一节　再生与恢复技术的概念与分类 (375)
- 第二节　再生与恢复的基本方法与手段 (377)
- 第三节　再生与恢复的注意事项 (389)

第十七章　矫正训练 (394)

- 第一节　矫正训练的基本原则 (394)
- 第二节　矫正练习实践 (396)

第一章 身体运动功能训练概述

【本章导语】青少年身体运动功能训练是为适应学校体育课程改革创建的一种新型教学理论与方法体系,它与传统的以身体素质练习为主的体能练习存在着本质差异。本章共分4节,分别从身体运动功能训练起源与发展、身体运动功能训练理念与原则、身体运动功能训练内容和方法体系共4个方面,系统地阐释身体运动功能训练的理论与方法的发展脉络,以期使读者更好地掌握中小学生身体运动功能教学内容、教学方法、教学重点与难点,更好地开展和组织身体运动功能教学课。

第一节 身体运动功能训练起源与发展概况

高水平运动员的身体运动功能训练是为了适应职业体育日益激烈的竞争而创立的理论体系和方法体系,它包括物理治疗(Physical Therapy)和功能训练(Functional Training)两个方面。其中,物理治疗主要是用于训练之前的运动功能障碍诊断,并根据诊断结果进行针对性的运动功能障碍矫正,目的是通过系统的矫正训练来消除运动功能障碍,消除动作代偿,为下一步实施运动功能训练奠定物质基础。而功能性训练则是针对无运动障碍的练习者进行运动能力的提升,它也是身体运动功能训练体系中的主体内容。

一、身体运动功能训练的起源

最早为职业运动员提供身体运动功能训练服务的是美国 Athletes Performance Institute(简称 AP)的创始人 Mark 先生,现任美国 EXOS 公司的首席董事。他将最新的体育科学知识和技术应用到职业体育中去,并利用最先进的仪器和设施培养出许多世界顶尖运动员。从 Mark 先生创建身体运动功能专业服务机构的历程来看,他在获得爱达荷大学体育科学硕士学位之前,曾在其母校华盛顿州立大学开始执教生涯，后来在成为乔治亚理工大学运动者训练助理指导。在此期间，他将其创新性的和成功的训练计划应用于足球队、男子篮球队和高尔夫球运动。1995年他以极富有冒险的精神来到佛罗里达布雷登顿，开创了国际性质的训练学院，该学院在Mark的带领下日益被世人所熟知。由于Mark对品质持续不断的追求和其完全为了能够更加便利帮助运动者获得成功的理念，AP公司于1999年在亚利桑那坦佩成立了新的身体运动功能训练中心。2003年在加利福尼亚州卡森市成立了第二个身体运动功能训练中心，2006年AP公司与安德鲁斯学院合作，于佛罗里达微风湾成立了第三个身体运动功能训练中心。2009年第四个身体运动功能训练中心于德克萨斯州弗里斯科成立。2009年的夏天，第一个身体运动功能训练中心由亚利桑那州坦佩迁至新地点——凤凰城菲尼克斯。为了更好地普及身体运动功能训练理念与方法，2004年Mark先生出版了《核心能力》（《Core Performance》罗岱尔出版社），在此书发行后六周之内，其销量排行亚马逊网前23名。后来又陆续出版了4本书：《核心能力基本要素》（《Core Performance Essentials》2006）、《核心耐力能力》（《Core Performance Endurance》2007）、《核心能力——高尔夫》（《Core Performance Golf》2008）和《核心能力——女性》。

自1999年成立，2001年正式开始营业以来，AP公司以其先进的训练理念赢得了好评，一些国际知名运动者纷纷到身体运动功能训练基地进行训练，并称身体运动功能训练基地为"非赛季之家（Off-season Home）"；2001年，AP公司与美国橄榄球协会合作进行年度选秀前训练，在5年的时间内共有25名运动者经过AP公司的训练通过了首轮选秀，其中2005年和2006年每年都有8名；2003年AP公司帮助过多支奥运会金牌队伍、美国足球联盟冠军和其他项目的全明星队员进行训练；2006年，AP公司帮助德国足球国家队赢得世界杯第三名；2014年帮助德国足球国家队获得了世界杯冠军。

从AP公司的人员构成和训练体系来看，世界范围内的资源整合是AP公司服务的核心。例如，2007年AP公司与世界知名骨科专家James Andrews合作，在佛罗里达成立了第三个训练基地。在训练内容设计方面，身体运动功能训练涵盖了FMS测试、软组织唤醒、肌肉—神经系统激活、脊柱力量准备、动作准备、快速伸缩复合练习、专项动作技能、最大速度与多方向加速、快速伸缩复合训练、力量与旋转爆发力、能量系统发展、再生与恢复等。在训练要求方面，身体运动功能训练强调的是动作训练而不是训练肌肉，即通过训练提高的是完成专项技术所需要的专门动作质量和竞技表现能力，而不是肌肉的力量。

在科学方法支撑方面，身体运动功能训练集运动解剖学、运动生物力学、运动生理学、运动医学和运动技能学等学科于一体，体现出明显的学科交叉特征，而且工作人员也是由不同学科背景的专业人员组成，体现出明显的整合集成特征。在动作训练的规格方面，身体运动功能训练不仅从生理学角度强调神经对肌肉的支配作用，以及动作的稳定性和关节运动的灵活性，而且从解剖学角度强调通过大肌群率先发力带动小肌群的用力，即发挥大肌群的发动机作用。更为重要的是，它从运动力学角度强调躯干支柱的作用，强调动力链的传递速度和功率。

二、身体运动功能训练发展现状

（一）我国身体运动功能训练发展现状

我国身体训练理论与方法源自苏联和德国，研究成果也主要集中于专项身体素质训练原理和训练方法。20世纪80年代我国开始引入美国的体能训练体系，但训练内容过于重视身体素质训练而忽视身体的系统训练，常常把提高肌肉力量尤其是大肌肉群力量训练和局部力量训练作为提高专项能力的关键，更没有重视神经对肌肉控制的训练，从而导致维持平衡稳定的小肌肉群力量和神经—肌肉协调运动的功能未得到有效发展，这种训练模式也使得局部肌肉负荷量和强度过高，容易出现动作代偿和技术动作效益低，加之缺乏主动的和系统的再生与恢复训练，使练习者容易出现一些运动损伤。正是由于缺乏全面系统的训练，使得有些练习者身体外型看似很强壮，但在场上跑不快、跳不高、停不住、转不动，比赛所需的专门动作做不出来。分析其原因在于，以往的体能训练仅重视肌肉训练，没有重视比赛所需的动作模式训练，而肌肉训练未必能提高动作的质量和动作的表现能力。因此，在汲取传统体能训练的基础上，身体运动功能训练更加突出强调动作模式训练，并把完成专项动作所需的肌肉力量更好地募集起来，更好地提高动作的质量和效益。

最早将美国高水平运动员身体运动功能训练引入我国高水平运动员训练领域的是国家体育总局竞体司副司长刘爱杰博士，早在2007年他就与袁守龙博士、陈小平博士等人合作，对身体运动功能训练的理念、核心概念、内容体系、方法体系等方面进行了探索，并在2010年组织国内一批专家和学者翻译了教练员岗位培训教材《动作训练》《快速伸缩复合练习》《跑得更快》《划得更快》《运动生理学》共14部，这些译著为我国学者和教练员深入探索身体运动功训练奠定了理论基础。自 2011 年 9 月由首都体育学院、国家体育总局训练局和北京体育大学组成的备战 2012 年伦敦奥运会国家队身体运动功能训练团队，与美国 AP 职业身体运动功能训练专家一起，开始为中国乒乓球队、跳水队、体操队、射击队、柔道队、击剑队等 13 支国家队提供身体运动功能训练服务，为我国运动员在伦敦奥运会上取得境外参赛最佳成绩做出了积极贡献。通过备战伦敦奥运会不仅培养了一支中国自己的身体运动功能训练队伍，也很好地把不同专项身体运动功能训练理论与方法引入了中国。尹军教授在系统总结国家乒乓球队备战 2012 年伦敦奥运会身体运动功能训练的基础上，于 2013 年 10 月正式出版了中国第一部专项身体运动功能训练专著《乒乓球运动员身体运动功能训练》。在此基础上，2014 年 2 月国家体育总局竞体司再次组建备战 2016 年里约奥运会国家队身体运动功能训练团队，由尹军教授担任专家组组长，为中国乒乓球队、跳水队、体操队、射击队、举重队、羽毛球队、柔道队、击剑队、自行车队等 22 支国家队提供身体运动功能训练服务，经过系统整理中外专家在身体运动功能训练领域的成功经验和训练资料，应高等教育出版社邀请，2015 年 7 月由尹军教授主编出版了《身体运动功能训练》和《身体运动功能诊断与训练》两部教材，上述教材为全国各高校开设身体运动功能训练课程的师生提供了学习资料。为了进一步普及和推广身体运动功能训练理念和方法，尹军教授于 2014 年和 2015 年连续在《体育教学》期刊上发表了 24 篇关于中小学生身体运动功能训练方面的文章。与此同时，全国其他一些学者也从不同视角开始撰写大众健身和青少年身体运动功能或康复训练方面的文章几十篇，一些明星和著名企业家也积极参与大众健身活动，使得"平板支撑"风靡一时。上述成果标志着身体运动功能训练已由服务高水平运动员的竞技体育，开始向提高中小学体质健康方向转变。

自 2015 年以来，身体运动功能训练不仅在社会上得到了迅速发展，而且全国几万家健身俱乐部开始应用身体运动功能训练方法。清华大学附中上地学校于 2014 年开始在全校推广身体运动功能练习操，并开设了身体运动功能训练课；海淀区花园村二小也开展了身体运动功能练习操，很好地丰富了体育课教学内容和方法。中国中央电视台体育频道《运动大不同》栏目组分别在 2014 年在 2015 年先后制作了 5 集和 12 集大众身体运动功能练习方法，引领大众科学健身。2016 年首都体育学院与北京市教委合作，在北京市中小学开展身体运动功能训练课程的教学实验和推广活动。随着身体运动功能训练理念和方法的普及，将会有更多的人群学会科学的练习方法，中国青少年体质健康水平在科学理论和方法的指导下，也一定会得到显著增长并形成良好的健身习惯。

（二）我国身体运动功能训练人才培养现状

当前身体运动功能训练已在中国蓬勃发展，自2009年至今国家体育总局竞体司已先后选派4批国家队教练员和专家赴美国参加身体运动功能训练专项培训，经过几年的积累已培养出一支具有较高专业化水平的队伍，而且他们已成为国家队身体运动功能训练的骨干。首都体育学院是开展身体运动功能训练研究与实践最好的单位之一，2012年先后成立了体能训练教研室和青少年身体运动功能训练研究所，本科层次招收了体能训练专项班，在运动训练专业和体育教育专业开设了专业必修课程《身体运动功能训练》，硕士生层次设立了身体运动功能训练理论与方法研究方向；2013年开始招收全国第一届身体运动功能训练方向博士生，也是第一个"体育学"博士学位授予点；2016年开始每年招收5名博士生。

首都体育学院在2011—2014年期间共举办了4期身体运动功能训练培训班，来自全国的体育院校、师范大学、综合性大学、部队院校、警察学院等100多个单位的200多名教师参加了培训，取得了很好的社会效益；尤为重要的是，该校有8名教师和6名研究生圆满地完成了备战2012年伦敦奥运会国家队身体运动功能训练工作，在2016年里约奥运会备战周期中，作为"备战2016年里约奥运会国家队身体运动功能训练执行单位"，又有8名教师带领12名研究生参加到国家队的训练中，积累了一笔宝贵的人才资源。

从全国其他高校在青少年身体运动功能训练人才培养方面的情况来看，北京体育大学于2004年设立了体能训练教研室，同年在本科层次开设了全国首届体能训练专项班，在硕士生层次设置了体能训练理论与方法研究方向。河北体育学院于2013年9月在本科层次也开设了体能训练专项班，每届招收30名学生。武汉体育学院于2013年7月召开了全国首届体能训练高峰论坛，迄今已举办4期体能训练高峰论坛。国防科技大学于2013年11月3—5日举办了中国人民解放军首届军事体能训练高峰论坛，此后又陆续举办了多期军事体能训练高峰论坛。北京警察学院木志友副教授与首都体育学院合作主编出版了《特警体能训练》；国家体育总局训练局王雄主编出版了《身体运动功能训练动作》。随着国外职业体育训练的新理念、新理论和新方法的引入，各省市体育局也相继建立了体能训练中心，尤其是上海、山东、安徽、福建、广东等省市体育局建立的体能训练中心，不仅配置了良好的训练设施，而且进一步深化了对运动队的服务，为运动队在全运会上取得好成绩做出了积极贡献。

综上所述，身体运动功能训练理论与方法不仅得到了国家队教练员和运动员的认可，而且得到了广大高校教师、科研人员和学生们的广泛认可，并开始向作战部队、警察、特警等行业延伸。可以预见，它将在未来的几年迅速在全国的高校、中小学、部队和大众健身等领域得到推广和普及，其产生的社会价值不仅体现在竞技体育的"为国争光"方面，还体现在增强青少年体质，提高大众健康水平，提升士兵"保家卫国"战斗力等方面。

（三）国外体能发展现状

对于体能的理解各国家有不同的解释。其中，苏联将体能解释为以结构性力量训练为主要特征的身体素质训练；中国沿袭了苏联的范式并将体能演绎为素质、机能、形态；美国体能协会把体能解释为力量及其身体素质训练；德国则将体能解释为系统运动能力、精确的耐力训练和精准的技术训练；而日本则把体能解释为体质；中国香港把体能解释为体适能。从训练实践来看，美国是世界上体能发展最好的国家，不仅建立了多种类型的协会组织，而且建立了不同层次的体能教练员培训机构和认证体系，极大地保障了体能教练员培养。

1. 美国体能协会（National Strength & Conditioning Association 简称 NSCA）

美国体能协会成立于1978年，是一家致力于体能方面的研发、教育和培训的非营利、非政府组织机构，也是全球体能领域中最具权威的专业组织。"体能协会"是中文一种约定俗成的翻译，原词意是"力量和身体状况适应"协会，亦有一定技能因素。体能协会现有会员30000多名。其颁发的资格证书得到了全球54个国家的认可。NSCA的会员来自于运动、医疗领域的专家，包括医生、大学教授、科研人员、运动学专家、康复治疗师、运动训练师等。NSCA的宗旨是研发与运用最有效和适当的训练方法，不断完善和提高体能的专业水平，以长期保持在世界体能领域的领先地位。

美国体能协会授予的证书是CPT：Certified Personal Trainer（私人教练员认证证书）和CSCS：Certified Strength & Conditioning Specialist（体能教练员认证证书）。

2. 美国运动医学协会（American College of Sports Medicine 简称 ACSM）

ACSM是一家专业运动医学行业协会，它成立于1954年，是全世界最大、最权威的运动医学和锻炼科学组织。被世界公认为在运动医学、体适能训练、运动损伤与康复、特殊人群训练、健康关爱等领域中的行业权威。ACSM 传授的是最权威、最专业的运动科学知识，它是健康运动乃至体育产业中运动科学的航向标。

美国运动医学协会（ACSM）是世界上第一个职业认证健康健身专家的机构，它建立了所有其他健康培训机构用来做测试等所使用的锻炼方针和运动处方依据。它的职业认证分为以下四级：

第一级：ACSM—CPT　　认证私人教练

第二级：ACSM—HFS　　认证健康健身专家

第三级：ACSM —CCES　认证诊所和康复理疗师

第四级：ACSM—RCEP　注册诊所和康复理疗师

3. 美国运动训练师协会（National Athletic Trainer's Association 简称NATA）

美国运动训练师协会是一所专门为运动者训练进行资格认证和培训的老牌机构，成立于 1950 年。目前全球有 35000 会员，世界上许多运动员和教练都选择来此协会进行进修和培训。协会会员有很多信息共享资源。目前全职员工有四十多名。

培训要求：需要运动相关专业的学士学位和至少参与一个运动员训练项目才有资格申请相关考试和认证。同时也为非相关专业的人士提供专业培训和学位教育。

美国运动训练师协会授予的证书是 ATC（Athletic Trainer Certification）。

4. 美国国家运动医学学会（National Academy of Sports Medicine 简称NASM）

美国国家运动医学学会是专门的私教培训机构，为会员提供课程培训、学校教育、考试认证等业务，偏医学和健康方面。

美国国家运动医学学会的授予证书主要是 NASM-CPT（The NASM Certified Personal Trainer），即美国运动医学协会私人训练师。

5. 教练员培训体系

除了美国体能训练协会（National Strength and Conditioning Association, NSCA）之外，国际上一些运动科学发展较完善的国家，一般也都有专门体能训练学会，如澳洲体能训练协会（Australian Strength and Conditioning Association,

ASCA）和英国体能训练协会（UK Strength and Conditioning Association, UKSCA）。从整体上来看，美国走在世界体能训练的前面是由于职业体育高度发达的结果。目前，美国体能协会在全球 62 个国家已经有 37000 会员，美国 29000 会员，各个项目国家队都配备有体能训练，很多项目有多个体能教练，并设立国家队体能训练总教练。

从训练组织结构上来看，美国不仅有体能协会和训练基地，还有很多高水平体能训练中心，它们形成多学科交叉的训练团队模式，团队成员包括医生、运动防护师、运动矫正师、物理治疗师、运动营养师、心理咨询师、体能训练师、按摩师等专业工作者，具有很强的研发能力。而且从高中到大学、职业俱乐部、国家队都配有体能教练员。尤其是以美国 EXOS（由 AP 和 CP 合并）为代表的身体运动功能训练具有世界性影响，它们为德国、日本足球、职业网球、棒垒球、篮球以及多个多家的高水平运动队服务。

EXOS 的训练体系是为运动者提供一个包括提高专项技、战术发挥水平所需的各种训练要素的有效整合系统。其教练员培养的课程体系分为四级。

一级培训：重点是通过学习 EXOS 的基本训练理论和训练方法论，帮助教练员掌握走向成功的方法和理念，核心内容主要包括训练方法论、功能动作筛查、肌肉与神经系统激活、动态拉伸、躯干支柱力量训练、超等长训练、加速训练、绝对速度训练、多向速度训练、旋转力量与旋转爆发力、能量代谢系统发展、恢复与再生、营养评价和补充、竞技能力测试等内容。

二级培训：重点是加深对 EXOSAP 训练理论体系和实践的理解，增加训练方法的培训，重点是对功能测试的评价和矫正性训练方法以及训练的技巧和艺术。主要内容包括 EXOS 训练方法体系、线性速度技术、多向速度训练方法、Keiser 爆发力测试、不同训练阶段的能量代谢系统训练、多样化恢复手段与能量再生、高级营养策略、学员授课实践与评价等。

三级培训：重点培训学员一套完整的评估分析、制定执行运动者高级体能训练课程和训练管理体系，深化 EXOS 训练体系理论和实践的培训，掌握高水平运动者体能训练的理念，掌握体能训练的体系管理，提高制定运动队或运动者个性化训练方案的技巧，保证每一次训练和每一个训练周期的效果最大化。重点内容是建立高级体能训练理念、建立运动者管理体系、全面的功能性动作筛查及解决方案、全面的测试评估、高级力量—爆发力训练、能量代谢系统周期化、直线和多向速度训练视频分析、超等长训练等。

四级培训：重点是学习利用视频分析、识别和矫正运动模式异常，掌握既定目标条件下的教练员训练控制技巧;针对力量训练过程中运动模式异常的功能性动作筛查和设计矫正计划,以最大限度地提高运动者的体能。主要内容包括EXOS训练方法体系、爆发力综合训练方法、运动者增肌训练的综合方法、提高运动者综合体能的奥林匹克举重训练方法、力量训练中异常运动模式的矫正、直线及多向速度训练视频分析、目标控制下的教练训练技巧培训。

第二节 身体运动功能训练理念与训练原则

一、身体运动功能训练理念

身体运动功能训练理念是要通过最大限度地整合专家资源、训练器材、训练方法,创造一个高效促进运动者运动水平提高的个性化、智能的最佳训练支持系统,使运动者通过80%的努力达到100%的训练效果,并最大限度地延长运动寿命,提供成功策略支持,实现运动者的预期目标。而传统体能训练的理念是进行单方向、单关节、实效性较低、有序的训练过程(表1-1)。

身体运动功能训练内容和方法是围绕多维度、多关节、无轨迹、无序的场上

表1-1 体能训练与身体运动功能训练的差异

传统体能训练	身体运动功能训练
1. 多即好	1. 强调动作质量,追求训练的效果好才是真的好
2. 大运动量、大强度 ——过度训练 ——运动损伤(70%)	2. 系统解决方案 ——较小运动量,高质量 ——减少运动损伤70%
3. 缩短了运动寿命	3. 更长的运动生涯
4. 一般化、非针对性训练 ——方法来自举重、田径等	4. 个性化 ——方法来自专项"动作模式"
5. 通过比赛进行检测	5. 定期进行测试和评价
6. 自我恢复	6. 能量再生与恢复
7. 大—中—小周期训练计划	7. 每天都完美——一日计划

所需动作设计动作模式的，它强调的是动作质量而不是肌肉力量，目的是使运动者在比赛时能够有效地展现运动技能。在训练系统的设计方面，身体运动功能训练将哲学、方法学、战术训练等融合在一起，从而形成了一个整体，在各训练系统内实现了整合与协调。其训练方法包括训练的程序、技能以及训练思路。在解剖位置上，身体运动功能训练更强调躯干部位和各关节周围肌肉的训练；在生理功能上，更强调稳定和平衡，更强调辅助肌群的固定作用和拮抗肌的适宜对抗作用，更强调神经对肌肉的支配能力；在作用上，身体运动功能训练强调的力量属于"柔性力量"，它并不直接提高单块肌肉的收缩速度或力值，而是通过肢体稳定性的加强，主动肌与辅助肌、拮抗肌之间协作能力的提高，以及神经—肌肉支配能力的改善，提高一个动作不同环节之间的衔接，动作与动作之间的配合，以及整套技术动作的节奏感和流畅程度，最终达到提高多块肌肉参与完成的整体力量的目标。

而传统的体能训练则是高度重视提高身体素质，尤其是高度重视肌肉力量的增长。这种训练模式有其优点，但同时也会出现有些运动者尽管身体素质发展得很好，而且身体外型也很强壮，就是在场上跑不快、跳不高、停不住、转不动，比赛场上所需的专门动作做不出来。究其原因就在于：传统体能训练仅重视了肌肉训练，而没有重视动作训练！因为肌肉训练未必能提高运动者的动作质量和场上动作表现能力，而动作训练才能把专项动作所需的肌肉力量发展起来，并能提高运动者的动作质量和场上动作表现能力（表1–2）。

表1–2 传统力量训练与身体运动功能力量训练的动作比较

传统力量训练方式与特点	功能性力量训练方式与特点
重量训练和次数 单关节单轨迹的练习动作 经常用稳定的外部支撑	重量减轻 （关节减速） 多关节多维化的练习动作 募集身体更多的控制稳定和平衡的肌肉参与运动

二、身体运动功能训练原则

(一) 最优化原则

身体运动功能训练方法的设计是从人的生长发育阶段规律出发，按照人体功能解剖的结构理论和运动生物力学原理，通过一系列的动作模式训练提高神经系统对身体稳定性、灵活性的控制能力（图1-1）。

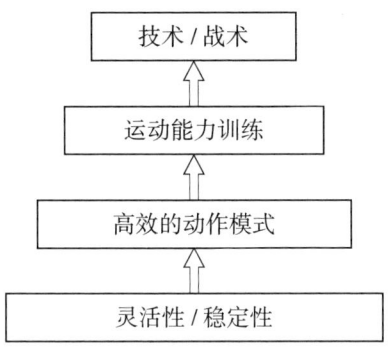

图 1-1　运动技能形成最优化模型

它强调运动功能的动作筛查、动作准备、动力链训练、核心柱力量和恢复再生等训练，目的是更好地提高运动者的专项能力、降低伤病概率，提高赛场竞技表现力。实践证明，力量是提高动作速度的基础，神经肌肉节点的训练是关键，必须要高度重视功能性力量训练。

(二) 循序渐进原则

循序渐进训练原则是指训练时动作的结构要从易到难，数量由少到多，负荷强度由小到大，训练时间由短到长。循序渐进的训练不仅体现在多年中，还体现在每个年度训练中和每一个训练周期中，还体现在每次训练都要考虑当天的训练必须与前一天的训练相对应，同时还要考虑与明天的内容相衔接。适应性规律告诉人们，有机体对一个恒定不变的刺激会产生反应下降的表现，即运动者在长时间内始终使用相同的练习方法和训练负荷，训练效率就会降低。

因此，运动者的机体在训练负荷等因素的长期刺激下，各器官和系统所产生的结构与机能变化逐步达到比赛所需的运动能力，并按照刺激—反应—适应—提高—再刺激—再反应，不断提高运动能力和适应性。影响运动者进行循序渐进训练的关键要素是系统性，即训练方法、手段和训练负荷的变化系统性，适应高强度训练的系统性以及训练水平逐步提高的系统性。

（三）无疼痛训练原则

身体运动功能训练强调无疼痛训练，因为带着伤痛训练很容易使运动者出现代偿动作，进而破坏原有的技术动力定型，导致技术动作变形。因此，身体运动功能训练强调以运动功能动作筛查作为训练的切入点，以动作模式训练为核心，以提高动力链传递效能为目标。其中，运动功能动作筛查主要是为了确定运动功能障碍，找到需要消除的疼痛部位或损伤点，以此为基础，再制定消除运动功能障碍的方法和手段，这也是身体运动功能训练的逻辑起点。而动作模式训练则是以增强神经对肌肉的控制，通过一系列单一的或组合的动作训练，逐步提高关节的稳定性和灵活性，进而提升单个动作的稳定性和消除代偿动作，最终达到提高动力链传递效能的目标。

（四）动作规范性原则

运动者如果仅仅是为了完成教练员预先制订的训练计划，并不关注练习动作的规范性和正确性，这种只注重练习数量的堆积，不注重练习动作质量的训练，将会出现一些代偿性动作，增加无效训练的比例，降低肌肉完成技术动作的经济性和实效性，甚至会导致运动损伤等很多不利影响，进而会影响到运动员在比赛过程中的发挥。只有在平时的训练中注重练习动作的正确性，或者错误的动作在训练中得到控制或解决，运动员才有可能向高水平方向发展。因此，身体运动功能训练关注的是完成动作的质量和动作实效性，而不是关注肌肉力量的训练。因为肌肉力量训练不能把比赛时所需的动作表现出来，而动作模式训练则可以把比赛场上所需的肌肉力量发展起来，并能在比赛时把运动技能展现出来。

（五）创新性原则

现代各个领域的科研成果都在不断涌现，各种新的方法也是层出不穷，身体运动功能训练方法也随着训练理念、训练器材、设备、仪器等方面的变化而不断地更新方法。EXOS负责科研开发的负责人Dennis先生指出，他们的大部分研究都是在特定环境里做的，那些研究所需的环境与运动者的训练环境完全不一样，但是在真正更新方法之前，要在实验室对科研人员、实习生进行反复实验，再逐步地在运动员身上进行实验，看其是否有效果。当三部分实验都取得明显效果后，他们才会将这些新方法应用到高水平运动员身上。例如，EXOS 进行的与神经科学有关的实验训练（在训练馆的黑色房间），研究动作模式对神经反应快慢的实验，这不仅是开发新型动作模式的研究，也是实验方法更新的研究。另外，EXOS 十分重视实验的连续性。例如，在开展激素与训练之间关系的研究时，他们根据研究成果报道这类实验需要 16 周的激素反应期，但是文献报道中并没有进一步的详细信息，如运动对激素分泌的影响。为此，EXOS 根据实习生的实习时间为 16 周这一特定时间段，开展了 16 周的实验训练。最后，再根据实验结果为需要实施激素治疗的运动员制订一个 8 周的训练计划（因为大部分运动员只能在训练中心待 8 周），从而保障了新方法应用的可靠性和实用性。

第三节　身体运动功能训练内容体系

一、身体运动功能训练是一般训练与专项训练之间的桥梁

身体运动功能训练强调的是"训练就是动作"，运动员"怎么进行比赛，就怎么进行训练"，即比赛需要什么就练什么。在训练过程中不是让运动员进行运动量很大的训练，而是根据各个专项对运动员的实际运动功能需求进行训练。由于人体都有共同的极限和能力，而有的专项训练会让运动员的功能过度被使用，所以，训练不仅要进行专项训练，还要进行一些基于正常人体的运动功能训练，技术训练时采用的专项动作模式，在运动功能训练时不一定仍要采用完全相同的动作模式。

美国著名学者 Michael Boyle 提出身体运动功能训练从本质上就是有目的地训练，它在一般身体训练和专项训练之间架起了一座桥梁，它既是一般身体训练理论的延伸和细化，促使一般身体训练朝着指向性和针对性方向发展，同时它又是对专项训练的拓展和补充，提升专项训练的有效性，缩短一般身体训练效果向专项技能需求转化的时间。2003 年，Gray Cook 进一步提出了"最佳运动能力金字塔"的概念（图 1-2、图 1-3）。

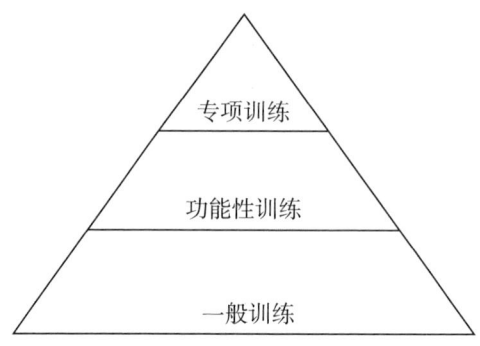

图1-2 运动能力发展结构图

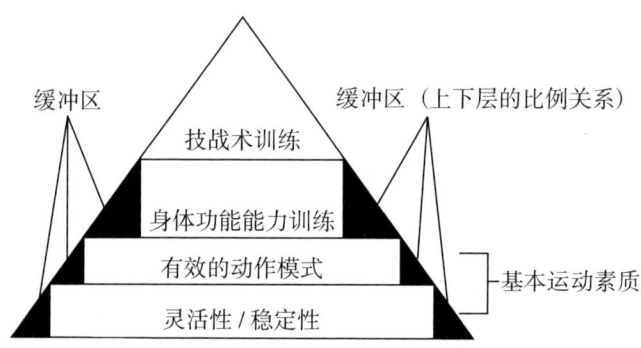

图1-3 专项能力最佳运动成绩金字塔模型图

最优化金字塔结构的核心是强调训练要以人体基本的灵活性和稳定性为基础,在关节的灵活性和身体的稳定性充分发展的基础上,再升级到第二阶段的有效动作模式。能力训练阶段主要是强调动作的经济性和高效性,而动力链传递效能又是实现其目标的关键所在。更为重要的是,此阶段训练尤为强调完整动作的整合和动力链的高效传递效能,以上两个方面才是身体运动功能训练的核心所在,即运动员在身体运动功能发展到较高水平上,才能够有效发挥专项技战术水平,最后达到技战术的有机结合和能力展示。

总结和分析大量的身体运动功能训练实践可以清晰地看到,身体运动功能训练在内容设计方面十分强调提高全身肌肉整体工作能力和动作的效率,极为强调躯干部位和各关节周围小肌肉群的稳定辅助作用,它是一种为提高专项运动能力,通过加强躯干支柱力量并能使神经肌肉系统更加有效率工作的训练方法,其内容体系涵盖了柔韧性训练、协调性训练、平衡性训练、稳定性训练、核心部位肌群力量训练和动态的本体感觉训练等方面。可以说，身体运动功能训练是所有体育技能训练的基础，运动功能训练也是专项训练的基础，将运动功能训练融入到运动员日常的专项训练中能够完善其训练模式，不仅能够保持运动员的身体能力，同时也能起到预防运动损伤的效果，从而有效地保障专项训练。

二、传统体能训练与身体运动功能训练在内容体系方面的差异

我国学者刘爱杰博士于 2006 年首次将身体运动功能训练引入到中国竞技体育训练实践中。2007 年他在《竞技体育的核心训练》一文中写到起源于康复中心、健身房的功能训练正向竞技体育领域不断渗透，并指出身体运动功能训练是体能训练专项化的桥梁。2008 年他又在《我国运动训练方法创新的思考》一文中提出人体的所有复杂动作都是由基础动作组合而成的，并且认为身体运动功能训练是一种为提高专项运动能力，通过加强核心力量并能使神经肌肉系统更加有效率的训练方法。2007 年袁守龙博士也提出身体运动功能训练内容应包括动作衔接的加速度、平衡性、稳定性等练习在多关节、整体性、多维度的动作训练；强调将平衡控制和本体感受加入训练当中，强调身体躯干核心部位的控制和稳定。在传统结构性力量、耐力和素质等训练基础上，创新设计了动作模式训练、躯干支柱力量训练、平衡训练、协调性训练、悬吊训练、振动训练、瑞士球训练、本体感觉训练等多种方法，对提高专项技术训练过程中的动力链效应明显，丰富了传统的体能训练体系。2012 年尹军教授在《躯干支柱力量与动力链传递效能之间的关系》一文中提出身体运动功能训练与传统的体能训练的本质差异在于：身体运动功能训练强调的是动作训练而不是肌肉训练，通过身体运动功能训练提高的是完成专项技术所需要的专门动作质量和竞技表现能力，而不是肌肉的力量（表 1-3）。

表 1-3 体能训练与身体运动功能训练的比较

体能训练	身体运动功能训练
单关节、单一肌肉的单一化练习	多关节，大、小肌群的多维度练习
重量训练	重量减轻（关节减速）
通过使用稳定的健身器械	通过募集身体更多的控制稳定和平衡的肌肉
重点加强发达肌肉的训练	重点促进动作技能学习，神经肌肉适应，核心稳定和关节的联结
对身体综合动力链关注不够	重视能量传递效果，注重提高神经肌肉的协同工作能力

从身体运动功能训练功能来看，它是按照以下逻辑顺序安排训练内容的。即通过运动功能动作测试，来评估运动员在关节稳定性、躯干旋转稳定性、关节灵活性、肌肉力量、动力链传递等方面是否存在运动功能障碍，并以此为依据制定相应的运动功能纠正练习方法，当消除运动功能障碍后，再进一步实施有针对性的提高运动能力训练。

本教材按照先消除运动功能障碍再提高运动能力这一思路安排各章节内容的，具体内容除了物理治疗方面的运动功能测试与分析、平衡能力测试、脊柱诊断、关节测试方法等之外，还包括了提高运动能力方面的各种动作模式训练方法。在动作模式设计方面，本教材依据神经对肌肉控制的基本原理，按照先动员肌肉再激活神经系统，再进行动态拉伸的顺序，并通过动作整合练习使肌肉与神经系统之间迅速建立联系，为下一步进行各项身体素质练习做好肌肉和神经准备，在训练课的结束部分再安排适宜的恢复练习，使肌肉和神经的疲劳尽快得到消除。为此，本教材按照身体运动功能训练课的顺序将动作模式练习方法划分为肌肉动员、神经系统激活、动态拉伸、动作整合、躯干支柱准备、上肢力量、下肢力量、躯干支柱力量、旋转爆发力、最大速度、多方向移动、协调性、平衡性、能量系统发展、恢复练习15个版块，教师们可以根据教学任务从中任意选择几个版块进行组合。这种内容体系设计的最大亮点在于突破了以往体能训练教材单纯按照身体素质划分教学内容的模式，较好地按照人体运动时所需发展的运动功能，把力量素质又细分为上肢动作、下肢动作、躯干动作、全身动作共4类动作模式；把速度素质又细分为反应速度、加速度、最大速度共3类动作模式；把持续运动所需的速度耐力和力量耐力统一归纳到能量系统发展中；把灵敏性训练又细分为徒手的和利用器械的各种多方向移动动作模式；把平衡性训练又细分为非稳定支撑和悬吊的各种发展平衡能力的动作模式。

可以说，本教材内容体系较好地消除了传统体能训练模糊、笼统地把身体训练分为速度素质、力量素质、耐力素质、柔韧素质、灵敏素质的局限性，取而代之的是更加清晰、细致、系统化的运动功能训练体系。更为重要的是，本教材设计的内容体系使得身体训练与专项动作模式结合得更加紧密，动作效能更加高效和实用，不仅能够提高运动表现能力，还能很好地有效预防运动损伤的发生。

综上所述，身体运动功能训练的诞生实质上是代表了当今的身体训练已从重视低端要素（肌肉训练→不断提高肌肉力量）向高端要素（肌肉—神经系统协同训练→不断提高动作质量与控制）转变，这是一个训练理念的转变，也是职业体育发展的必然产物。

第四节　身体运动功能训练方法体系

训练方法千万个，但原理只有几个。如果一个教练员理解了训练原理，就能选择合理的训练方法；如果一个教练员只重视训练方法，而忽视训练原理，就一定会在训练中遇到困惑。AP的训练改变了传统的专项大运动量、大强度的训练，倡导以动作模式训练为基础，以训练质量和训练效果为核心的训练，以再生训练和主动恢复为保障，力求每一天训练都达到完美的效果。

身体运动功能训练将运动解剖学、运动生理学、运动生物力学、运动医学和运动技能学等学科融为一体，从生理学角度强调神经对肌肉的支配作用，强调动作的稳定性和关节运动的灵活性；从解剖学角度强调通过大肌群率先发力带动小肌群的用力，即发挥臀大肌的发动机作用；从运动生物力学角度强调躯干的支柱作用和动力链的传递速度与功率。

从身体运动功能训练的方法体系来看：肌肉动员、神经系统激活、动态拉伸、动作整合、躯干支柱准备、上肢力量、下肢力量、躯干支柱力量、旋转爆发力、最大速度、多方向移动、协调性、平衡性、能量系统发展、恢复练习15个版块，具体练习方法和动作要领在后续章节中都有详细内容。

从训练方法的分层、分类设计来看，身体运动功能训练基本上是按照解剖学的关节运动面，将训练方法划分为不同部位和不同类型。其基本思路是按照如下步骤设计的：

第一步：根据各个主要关节进行动作模式的划分。

人体运动是通过关节运动和肌肉收缩来实现的，不同的关节分别起着稳定性和灵活性作用（表1-4）。运动时一旦伤害稳定性关节就会产生运动损伤，同样灵活性关节的活动度不足也会产生运动损伤。因此，要按照人体解剖特点有针对性地设计提高关节稳定性和灵活性的练习方法。

表 1-4　各关节主要动作功能

关节	主要动作功能
踝关节	灵活性（矢状面）
膝关节	稳定性（额状面和水平面）
髋关节	灵活性（多平面）
腰椎	稳定性
胸椎	灵活性
肩胛骨	稳定性
盂肱关节	灵活性（多平面）
肘关节	稳定性

第二步：将各个关节进行优化组合，分别形成上肢动作练习方法、躯干动作练习方法和下肢动作动作练习方法。

第三步：将上肢、躯干、下肢动作练习方法再次进行整合，形成上肢躯干组合动作练习方法，下肢躯干组合动作练习方法及上肢下肢组合动作练习方法。

第四步：将上肢动作练习方法、躯干动作练习方法、下肢动作练习方法进行最后的整合，形成全身动作练习方法。

身体运动功能训练强调竞技就是动作（Sport is Movement）。身体运动功能训练是在严密的科学逻辑基础上提出了动作训练和准备体系，通过 FMS 测试和评估分层分类设计出力量训练的动作可分为拉和推两类；按照关节解剖的矢状面、额状面、水平面分为前后的推或拉、垂直的推或拉、水平的推或拉；按照练习部位又划分为上肢的推或拉、下体的推或拉、全身的力量练习（前后运动、上下运动或对角线运动）；按照运动方向分为线性速度、多方向加速动作训练；按照动作结构和速度的差异，速度训练划分为起动速度、加速度、最大速度训练等。

身体运动功能训练应按照人体的基本位面来设计各种动作模式。其中，矢状面将身体分成左右两个部分且贯穿身体前后的垂直面；冠状面将身体或身体的其他部位分成前后两个部分且贯穿身体左右两侧的垂直面；水平面将身体分成上下两部分的水平面（图 1-4）。

例如，我们可以按照人体运动面将上肢动作划分为不同的动作模式（图 1-5）。

第一章　身体运动功能训练概述

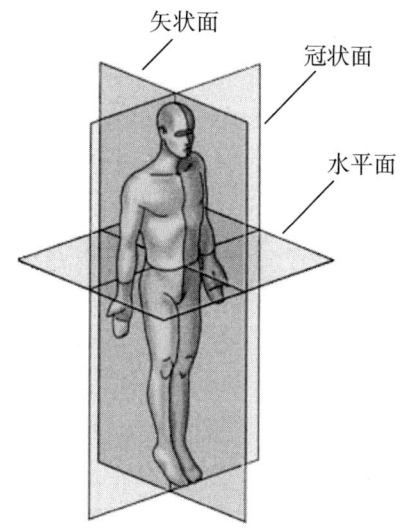

图 1-4　人体运动面

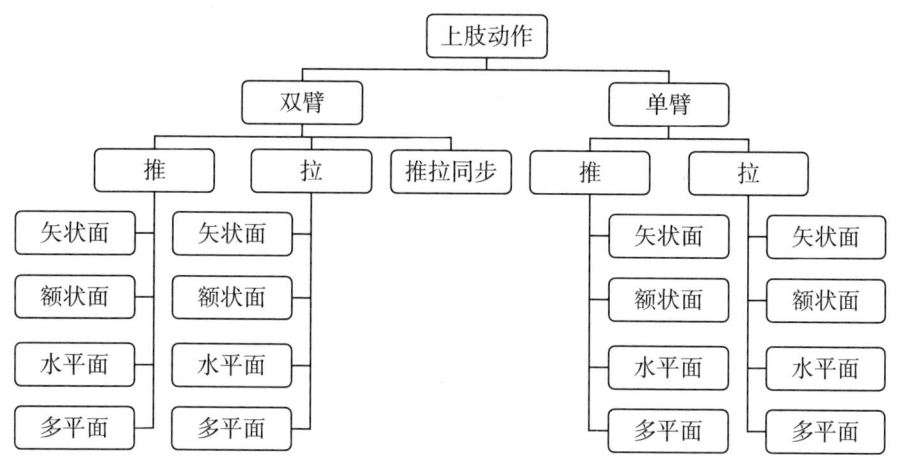

图 1-5　上肢动作模式

又例如，在力量中，按照肌肉的向心收缩和离心收缩方式，分为拉和推两类。在每一类练习中，又按照关节解剖面（矢状面、额状面、水平面）划分为前后的推或拉、垂直的推或拉、水平的推或拉。按照练习部位又划分为上肢的推或拉、下体的推或拉、全身的力量练习（前后运动、上下运动或对角线运

19

动)。在速度练习方面,按照运动方向的差异划分为线性速度练习、多方向加速练习;按照动作结构和速度的差异,又将速度训练划分为起动速度、加速度、最大速度。

动作模式训练就是按照上下肢、不同方向和不同难度进阶来设计并组合成复杂的动作训练体系,这些动作训练不断提高神经系统对身体运动功能的控制和协调能力,促进专项技术水平的持续提高或保持在较高的应激水平,有效地保持运动能力和竞技体育状态,这就是身体运动功能训练理论和方法的主体内容。

第二章　身体运动功能训练的运动人体科学原理

【本章导语】 随着各领域研究的深入，人类对运动人体科学知识和原理有了新的认识和解读，身体运动功能训练应运而生，促进了竞技运动、大众健身、休闲娱乐等训练理念及方法手段的发展。本章基于功能解剖学、生物力学、生理学及心理学等方面的最新研究成果，阐述身体运动功能训练的运动人体科学原理。

第一节　身体运动功能训练的功能解剖学、生物力学基础

一、人体运动系统解剖构造与功能

人体运动是在神经系统支配下，以骨骼肌收缩为动力，以关节为支点，以骨骼为杠杆的机械运动。骨骼肌是运动系统的主动部分，骨和关节是运动系统的被动部分。体育院校以往的运动解剖学和运动生物力学教材，均重视肌肉、骨骼、关节独立的功能，忽略了人体的整体性。但随着社会的发展，预防、减少急慢性损伤的需要，提高运动表现难、美、新程度的需要，促使人类对人体解剖结构和功能进行重新审视和解读。

（一）骨骼肌

1. 形态、结构

骨骼肌，也称随意肌，主要分布于躯干和四肢。每块肌肉都有一定的形态、结构、位置和辅助装置，执行一定的功能，有丰富的血管和淋巴分布，并接受神经支配，因此，每块肌肉均可视为一个器官。

骨骼肌包括肌腹、肌腱两部分。肌性部分主要由肌纤维（肌细胞）组成。整块肌肉外面包有结缔组织构成的肌外膜，由肌外膜发出若干纤维进入肌内形成肌束膜把肌肉分成较小的肌束，肌束内每根肌纤维外面又有肌内膜，血管、神经和淋巴管等沿着结缔组织膜层层深入骨骼肌内部；腱性部分由平行致密的胶原纤维组成，位于肌性部分的两端，色白、强韧而无收缩功能。

2. 特性及功能

骨骼肌有伸展性、弹性、黏滞性和收缩性，但其主要功能是进行一连串的收缩和放松，前三个特性对肌肉收缩的效果、效率都有较大的影响。

骨骼肌有三种主要的收缩形式：向心收缩、离心收缩和等长收缩。

向心收缩：肌肉缩短，肌力方向与外部载荷运动方向相同，做正机械功。

离心收缩：肌肉被拉长，肌力方向与外部载荷运动方向相反，做负机械功。

等长收缩：肌肉长度保持不变，外部载荷保持静止，机械功为零。

身体姿态的保持及千变万化的动作的完成，需要肌肉以不同的形式收缩产生力。如国旗仪仗队的军姿站立，学生等伏案人员的长时间坐姿，全身肌肉则进行长时间的等长收缩，以保持身体每一个关节和环节的稳定；生活中由坐到站，需要膝、髋关节伸肌群向心收缩，产生大于躯干的重量；相反，由站到坐，需要膝、髋关节伸肌群做离心收缩，以抵消部分重力的作用，减小"坐下去"的速度，否则会出现"摔"的感觉；爬楼梯、爬山、上坡，下肢关节伸肌群做向心收缩，下楼梯、下山、下坡，做离心收缩，如果下肢伸肌群离心收缩力量不够，下楼梯、下山、下坡就会出现"腿软"摔跤的可能。

肌腱的抗张强度约为肌腹的112~233倍，因此，通常是肌纤维断裂，肌腹与肌腱连接处或者肌腱与骨骼的附着处被拉开，肌腱断裂的可能性几乎为零。

（二）骨骼

1. 结构特点及类型

骨是一种器官，主要由骨组织（骨细胞、胶原纤维和基质）构成，具有一定的形态和构造，外被骨膜，内容骨髓，含有丰富的血管、淋巴管及神经，不断进行新陈代谢和生长发育，并有修复、再生和改建能力。

成人有206块骨，常用的是按形态分类，分为长骨、短骨、扁骨和不规则骨。长骨：呈长管状，分布于四肢，有一体两端。体又称骨干，内有空腔称髓腔，容纳骨髓；两端膨大成骺，有光滑的关节面，骨干与骺相邻的部分称干骺端，幼年时保留一片软骨，称骺软骨，骺软骨细胞不断分裂繁殖和骨化，使骨不断加长，成年后，骺软骨骨化，骨干与骺融为一体，其间遗留一骺线。

短骨：形似立方体，多成群分布于连接牢固且较灵活的部位，如腕骨和跗骨。

扁骨：呈板状，主要构成颅腔、胸腔和盆腔的壁，如颅盖骨和肋骨。

不规则骨：形状不规则，如椎骨、上颌骨。

另外，在某些肌腱内的扁圆形小骨，称籽骨，如髌骨，第一跖骨头下的籽骨。

2. 生物力学特性及功能

骨的生物力学特性主要取决于骨的成分——有机物和无机物。有机物主要是骨胶原纤维和黏多糖蛋白，构成骨的支架，附于骨以弹性和韧性；无机物主要是碱性磷酸钙，使骨坚硬。脱钙骨（去掉无机物）仍具有骨的形状，但柔软有弹性；煅烧骨（去掉有机物）形状不变，但脆而易碎。

骨骼两种成分的比例，随着年龄的增长而发生变化，儿童骨骼两种成分各半，因此，弹性大，柔软，易变形，在外力作用下不易骨折或折而不断；成年人骨骼有机物和无机物比例大概为 3∶7，表现出坚韧特性，既具有很大的硬度，也有一定的弹性；老年人骨无机物比例逐渐增加，又因激素水平下降，影响钙、磷的吸收和沉积，骨质出现多孔性，骨组织的总量减少，表现为骨质疏松症，此时骨的脆性增加，易发生骨折。

骨的生物力学特性还与骨的形状相关密切。长骨纵轴抗压缩能力强，但抗弯曲能力差，可引起变形或骨折，长期的不良步态和姿态可使股骨和胫骨变形导致 "O" 形腿，意外的冲击载荷可导致骨折；颅骨的拱形及中间海绵层结构使其可承受较大冲击载荷。这是足球运动员为什么要带护腿板和肆无忌惮用头顶球的主要原因。

骨不同于一般的材料，是有生命的器官，力学因素对骨的生长、发育和改造重建起着重要作用。人体的每一块骨都有一个最适合的应力范围，应力过高或过低，都会引起骨的吸收和萎缩。如长期卧床（失重）可因应力过低造成骨的脱钙和退行性变化，游泳有很多好处，但游泳使人骨骼处于低应力状态，长期游泳而不从事其他的陆上运动，会导致骨密度降低。

(三) 关节

骨与骨之间借助纤维组织、软骨或骨相连，形成骨连接。按骨连接的不同方式，可分为直接连接和间接连接两大类，间接连接又称为关节，是骨连接的最高分化形式。

1. 关节主要结构

（1）关节面

关节面是参与组成关节的骨的接触面，每一关节至少包括两个关节面，一凸一凹，凸者称关节头，凹者称关节窝。关节面上被覆关节软骨，不仅使粗糙不平的关节变得光滑，而且可以减少运动时关节面的摩擦，缓冲震荡和冲击。

（2）关节囊

关节囊是由纤维结缔组织膜构成的囊，附着于关节周围，并与骨膜融合续连，分为内外两层，封闭关节腔。外层为纤维膜，厚而坚韧，由致密结缔组织构成，其厚薄程度与关节的功能有关，使关节具有相应的灵活性和稳定性；内层为滑膜，由薄而柔润的疏松结缔组织膜构成，衬贴于纤维膜的内面，其边缘附于关节软骨的周缘，包被关节内除关节软骨、关节唇和关节盘以外的所有结构。

（3）关节腔

关节腔为关节囊滑膜和关节面共同围成的密闭腔隙，腔内含有少量滑液，关节腔内成负压，对维持关节稳定有一定的作用。

2. 关节的辅助结构

（1）韧带

相邻两骨之间的致密纤维结缔组织束，有加强关节稳固或限制其过度运动的作用。

（2）关节盘和关节唇

关节盘位于两骨的关节面之间，成圆盘状或半月形的纤维软骨，中间稍薄，周缘略厚，其周缘附于关节囊，使关节面更适配，减少外力对关节的冲击和震荡；关节唇是附于关节窝周缘的纤维软骨，加深关节窝，增大关节面，增加关节稳定性。

（3）滑膜襞和滑膜囊

有些关节囊的滑膜表面积大于纤维层，滑膜重叠卷折并突入关节腔形成滑膜隙，有利于滑液的分泌和吸收；滑膜从纤维膜的薄弱或缺处囊状膨出，填充于肌腱与骨面之间，形成滑膜囊，可减少肌肉与骨面之间的摩擦。

3. 结构特点与功能

关节为骨杠杆提供支点，是能量传递的枢纽，是实现多环节联动、完成人体复杂运动的结构基础。"连接"与"运动"是关节的基本功能，能否实现取决于关节的结构特点及其灵活性、稳定性程度。

按关节运动轴的数目和关节面的形状分为以下三类：单轴关节（包括滑车关节和车轴关节）、双轴关节（包括椭圆关节和鞍状关节）和多轴关节（包括球窝关节和平面关节）。

关节面结构是决定关节运动自由度的首要和关键因素，如单轴关节通常只能绕冠状轴做屈伸运动（如指关节），双轴关节一般能绕两个相互垂直的轴运动（如桡腕关节），而多轴关节的球状关节可以做多个方向的运动（如髋、肩关节）；另外，关节囊的松紧度、韧带的强弱（如掌指关节也属于球窝关节，但由于其侧副韧带强，旋转受限）、关节负压及关节周围肌肉的强弱都是影响关节灵活性和稳定性的基本因素。

（四）神经

1. 形态、结构和类型

神经系统是人体结构和功能最复杂的系统，由数以亿计的相互联系的神经细胞（神经元）所组成，神经细胞（神经元）是神经系统的基本结构和功能单位。

神经系统在形态和功能上是一个整体，为了叙述方便，将其分为中枢部（神经系统）和周围部（神经系统）。中枢部由脑和脊髓组成，周围部由脑和脊髓相连的神经，即脑神经、脊神经和内脏神经组成；根据周围神经在个器官、系统中所分布的对象不同，又可分为躯体神经和内脏神经。躯体神经主要分布于体表、骨骼、肌肉和关节内，内脏神经分布于内脏、心血管、平滑肌和腺体。

2. 功能

神经系统在人体内起主导作用：第一，控制和调节其他系统的活动，使人体成为一个有机的整体。例如，运动过程中，随着运动强度、运动量及运动时间的增加，除肌肉收缩强烈外，同时出现呼吸加快加深，心跳加速，出汗等一系列变化，这些现象都是在神经系统下完成的；第二，维持机体与外环境的统一，如天气寒冷时，通过神经调节使周围小血管收缩，使体温保持在正常水平。

神经系统活动的基本方式是反射，反射的物质基础是反射弧，由感受器、传入神经、中枢、传出神经和效应器构成。周围感受器接受内外环境的各种刺激，并将其转变为神经冲动，沿着传入神经元传递至中枢部，最后至大脑皮质，产生感觉；另外，大脑皮质将感觉信息整合后，发出指令，沿传出纤维，经脑干和脊髓的运动神经元到达躯体和内脏效应器，引起效应。

(五) 筋膜

1. 形态、结构

筋膜分浅筋膜和深筋膜，遍布全身。浅筋膜又称皮下筋膜，位于真皮之下，由疏松结缔组织构成；深筋膜又称固有筋膜，由致密结缔组织构成，位于浅筋膜的深层，它包被体壁、四肢肌肉和血管神经等。深筋膜与肌肉关系非常密切，随肌肉的分层而分层。在四肢，深筋膜插入肌群之间，并附于骨，构成肌间隔，将功能、神经发育和神经支配不同的肌群分隔开，保证其单独活动。肌束膜、肌内膜、肌纤维膜都属于深筋膜，肌肉收缩时，与之相连的深筋膜均受到牵拉。

2. 特性及功能

筋膜将人体每一个细胞与相邻的细胞联系在一起，甚至将细胞的内部网络与全身的力学状态连接起来，形成筋膜网，其整体作用远胜于部分作用。

浅筋膜内富有脂肪，对保持体温有一定的作用；深筋膜不仅对深层的肌肉、血管、神经等具有保护作用，且约束肌肉的牵引方向，保证肌肉或肌群的单独活动，互不干扰，限制炎症扩散，维持健康的功能。

筋膜的本质特性是可塑性：慢性的长期牵拉可使其发生形变，缩短或伸长，因此，通过数周或数月的手法或动作治疗，可以达到改善姿态的目的。

筋膜中有大量的受体，包括高尔基受体、帕齐尼小体、鲁菲尼末梢以及无所不在的游离终端或缝隙间的神经末梢，可以感受拉力、负重、压力、震动等的变化；筋膜可直接传递力学信息——张力和压力，直接作用于纤维和纤维间、细胞和细胞间。近期研究证明：身体周围的张力及收缩力，通过"振动"以音速传输，大约为320米/秒，比最快的神经系统传递速度大3倍。

二、人体运动链理论

人体具有固有的稳定结构,且能够根据负荷的变化,以功能或动作补偿的形式进行调整或重新排列,完成相应的动作或任务。因此,身体某一关节或肌肉的功能不仅代表自身的质量和功能,同时也反映了其他关节或肌肉的功能和质量,只有组成人体运动系统的神经、肌肉、骨骼、关节、筋膜等具有正常的解剖结构、发挥正常的功能,人体才能进行正常、合理的身体运动,才能减少身体各部位的急、慢性损伤和不适症。

(一) 运动链

1. 体姿链

(1) 结构体姿链

关节骨骼结构的定位会影响相邻关节和结构的位置。直立时合理的结构体姿链:侧面看,耳、肩、腰、髋、膝、踝在垂直于地面的直线上;前(后)面观,左右耳、肩、髋、膝、踝连线与地面平行,身体重心落在双足支撑面中间(图2-1)。不合理的结构体姿链千姿百态,身体各部位出现不同程度的补偿现象,导致所有的关节较正常姿态承受较大的负荷(图2-2、图2-3)。

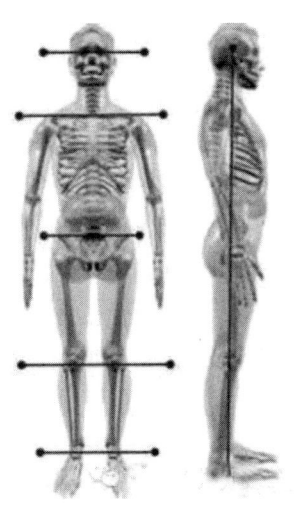

图 2-1 合理的结构体姿链

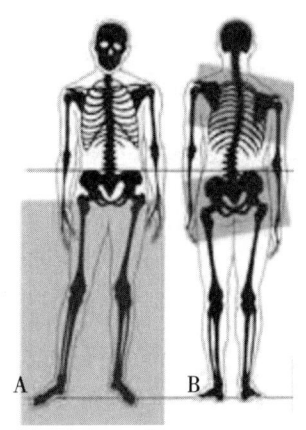 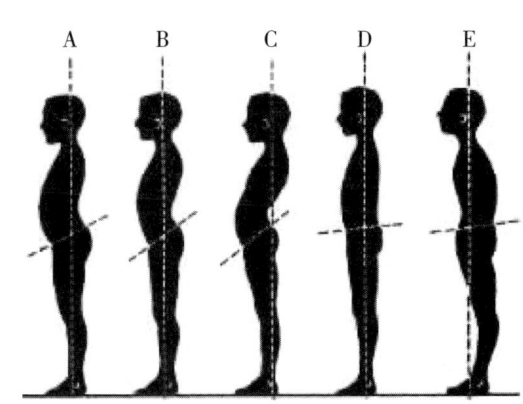

图 2-2 不合理结构体姿链（前、后面观）　　图 2-3 不合理结构体姿链（侧面观）

(2) 功能体姿链

从充分发挥人体运动功能和减少运动损伤的角度，审视所有关节，有两个方面的含义：一方面，自下到上，每一关节的灵活性和稳定性交错侧重（表 2-1）。从力学角度看，一个关节要实现其灵活性功能，必须有支撑点，即需要相邻关节有足够的稳定性。另一方面，某一关节侧重灵活性还是稳定性，需要视具体动作动作形式（开链、闭链）及任务。如在羽毛球、排球的扣球动作中，强调肩关节的灵活性，而在体操的十字支撑等动作中，肩关节的稳定性更重要。

表 2-1 关节灵活和稳定功能的相对性

关节名称	稳定性	灵活性
足	√	
踝		√
膝	√	
髋		√
腰	√	
胸		√

(续表)

关节名称	稳定性	灵活性
肩胛	√	
颈（1~2）		√
颈（3~7）	√	
肩（肱盂）		√
肘	√	
腕		√

2. 动力链

关节动力链有开链和闭链之分。开链是指远端（手、足）部不与地面或固定物相接触，不支撑体重的动作，以追求灵活、速度和爆发力为目的，相关肌肉向心收缩为主，关节受剪切力载荷。闭链是指远端环节（手、足）与地面或固定物相接触，以支撑体重、增加关节和身体稳定性为目的，相关肌肉离心收缩为主，关节受到压缩载荷。

人类自直立行走以后，下肢运动多以闭链形式为主，以支撑体重，上肢运动则多以开链形式，以加大关节运动速度或克服阻力为主。相对而言，闭链产生的压力对受伤组织愈合的负面影响较小，功能性更强。

3. 运动链的反应

运动链是结构上的，而运动链的反应则是功能上的。人体运动链中每个链接都有其独特的功能和作用，每个部分既可以独立运动又与其他部分直接或间接相连，某个关节原发的运动可产生向四周蔓延的"波浪反应"，在各方向上力和能量的传递效果和效率则取决于运动链结构特点，如关节类型、肌肉激活状态、神经适应性程度等。因此，其中一个链接薄弱会影响整个运动链系甚至运动系统。如扁平足使足内旋，身体的自我调节功能本能地引起膝关节内扣，胫骨、股骨外旋，髂腰肌紧张缩短，导致骨盆侧倾，为了保证身体的对称性，又引起对侧肩下沉，同时可能伴有脊柱侧弯（图2-4）。本教材中的功能动作筛查、单腿下蹲测试、Y平衡测试等都是基于这一理论的研究成果。

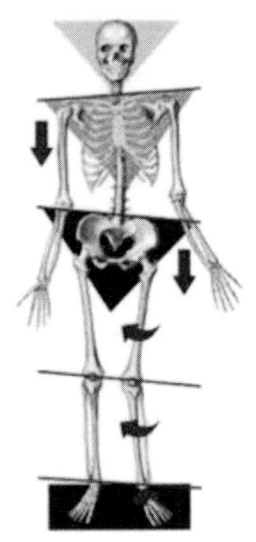

图 2-4 人体运动链反应

(二) 肌肉筋膜链

三种全身性网络——神经网（神经系统）、体液网（循环系统）及纤维网（筋膜系统）携带的信息种类不同，传输速度也不同，但三个网络是密不可分的。筋膜网的机械信号与神经网络的神经信号几乎是同时发生的，体液网中的化学信息携带养分，使前两种网络正常工作。肌肉筋膜网的主要功能是存储、释放和传递能量，目前得到验证的有 11 条链：前表线 1 条、后表线 1 条、体侧线 1 条、螺旋线 3 条、手臂线 1 条、功能线 3 条、后深线 1 条。

三、身体运动功能训练的动作特征及意义

(一) 动作特征

1. 多维、立体、三轴的动作训练为主

以往的竞技体育及大众健身训练，多针对性地进行某肌肉（群）的训练，多以单轴、平面的屈伸、旋转等动作为主。实际上，无论是日常生活和工作，还是休闲体育、竞技运动，很少有在一个平面、绕一个轴的动作，多数是多维的、立

体的。另外，有强壮的肌肉，不一定能完成高难度、高质量的动作，但若完成高难度、高质量的动作，相应的肌肉一定会得到加强和锻炼。因此，身体运动功能性训练以三维、立体、多轴的动作练习为主，而不是单纯的肌肉训练，更注重锻炼的实效性（功能性）。

2. 注重动作模式的合理性

功能性训练最基本的原则就是在动作模式合理、动作质量保证的情况下重复练习，增加难度，达到自动化的目的。如果练习过程中不能保证动作质量，则要求降低难度。因为与日常生活、生命活动相关程度越大的基本动作，一旦程序化就不易消失，也不易改变。因此，儿童青少年早期建立合理的动作模式很重要。

3. 充分利用肌肉特性和功能

（1）肌肉向心和离心收缩能力并重

身体功能性训练强调肌肉离心训练，强调动作的可控性。以手拉弹力带为例，手臂克服弹力带阻力斜向上拉，以三角肌做向心收缩为主。还原时，如果没有控制地被弹力带的弹力拉回来，得不到任何锻炼；如果手臂抵抗弹力带的弹力，有控制地慢慢还原，则三角肌离心力量得到锻炼；因此，在身体功能训练过程中，经常会听到"动作要慢"的提示，就是强调锻炼或检查肌肉的离心收缩能力。双腿或单腿落地时要求髋、膝关节尽量保持静止，目的是锻炼髋、膝关节肌肉抵抗外部大负荷的离心收缩能力。

（2）重视深层稳定肌的激活

肌肉按功能可以分为动力肌和稳定肌，动力肌一般在浅层，相对来说是质量、体积较大的肌肉，体表可触摸到。如前侧的腹直肌及两侧的腹内斜肌、腹外斜肌，后面的斜方肌、背阔肌、竖脊肌，是完成各种屈伸、旋转等动作的动力源。稳定肌是指最深层的与骨骼、关节直接相连的小肌肉群，起稳定关节的作用。如前侧的腹横肌，后侧的多裂肌，与韧带一起维持腹腔压力，稳固脊柱关节，为长时间保持某种姿态或完成某种动作提供支撑，尤其是完成幅度大、难度大动作时，由多个椎体、椎间盘组成、灵活性较强的脊柱可具有较强的稳定性。

如果稳定肌比较薄弱，或在完成各种动作时不能适时激活发挥其应有的功能，动力肌就会补偿性地兼顾稳定肌的功能，从而影响动作完成的质量和效果，同时也会加重脊柱的负担，导致急、慢性疼痛等不适症。相对来讲，稳定肌较小,其绝对力量无法和动力肌相提并论,因此,稳定肌的训练效果不以力量大小衡量,而是以是否被激活为衡量标准。

4. 提高神经适应能力

动作有难易,但无论多简单的动作都不是由一块肌肉单独完成的,都需要其他肌肉的协同配合,如需要稳定肌固定相邻关节,协同肌协助用力,拮抗肌处于放松状态等。这些都需要神经肌肉的协调能力,动作难度越大,需要神经肌肉协调程度越高,而这种神经支配肌肉的适应能力不是天生的。身体运动功能训练利用视、听、触觉等信号,创设不稳定支撑等条件,刺激、激活各级神经感受器,提高人体神经适应能力。

5. 注重全身筋膜网的调整

筋膜网的力学均衡状态有利于健康免疫、提高生理功能、预防功能衰弱、调整身心整体感觉,即对细胞健康和整体健康都是有益的。如果每个细胞都有一个理想的力学环境,人体就会有理想的"姿势",在理想姿势下,身体的每个细胞都达到理想平衡,实现最佳功能,人体细胞和整个身体就处于健康状态。

以往的解剖学、医学观念上强化了筋膜的基本功能,而忽视了筋膜网作为一个整体在人体发挥的作用。身体运动功能训练手段的设计则注重其整体作用,训练前后运用拉伸和泡沫轴等方法和仪器,使筋膜网排列更有规律,提高力的传递效果。

(二) 生物力学意义

基本动作技能可比作字词,如果没有掌握基本含义,儿童语言能力的发展就会遇到障碍。同样地,在动作技能发展中,如果早期没有掌握基本动作的正确模式,成人后完成动作组合的能力及老年生活自理能力将大打折扣。

日常生活动作:乘坐火车、飞机把行李搬上搬下是每个成人经常做的事,但不是每个正常健康人都能轻松完成的事;系鞋带,对于正常的成人来说很简单,婴幼儿学会也并非难事,但如何让65岁以上的老人不为这一简单动作烦心却并非易事;人出生后逐渐学会翻、滚、爬、坐、立、走、跑等动作,然而不知从什么时候开始,人不会爬了,蹲不下去了,即使蹲下去也要借助外力才能站起来……

休闲、娱乐体育:随着时代的发展,很多体育娱乐项目应运而生。如电视节目"奔跑吧,兄弟""全员加速",首先考验的是明星们在各种极端条件下身体的运动能力;水上娱乐项目"男生女生向前冲",顺利过关并非易事,否则就不会有千姿百态的落水镜头了。

竞技体育：多年来，这一方面的功能谈得最多，在此无需赘述。

身体运动功能训练的功能性不是单方面的，是指具有提高生活能力、劳动能力、娱乐水平、职业体育水平等多方面的功能，其内容和手段的设计基于日常生活、体力劳动、休闲体育、竞技体育等动作生物力学特征的共同元素。

（三）基本动作模式生物力学特征辨析

1. 跑

跑是日常生活中除走之外最简单的基本动作，也是国民体质与健康测试、学校运动会的主要内容之一。但仍存在不合理之处，尚有部分人"不会跑"。

（1）训练内容没有充分体现功能性

儿童青少年很多的娱乐活动和游戏，身体动作和运动是多方向的，不仅需要向前跑的加速能力，还需要减速和制动能力。因此，不能只关注和考核儿童青少年向前跑的能力，后退跑、侧向跑、转身跑等都是应考虑的内容；不能只锻炼肌肉向心收缩力量，应同时锻炼肌肉的离心收缩力量，提高动作控制能力。

（2）摆臂动作不合理

正常的走和跑，髋关节轴（两髋关节连线）与肩关节轴（两肩关节连线）绕身体垂直轴反向旋转。前后摆臂既可以抵消下肢产生的动量矩，保持身体平衡，也可以加大向前的蹬地效果，增加步幅。部分儿童青少年跑步时左右摆臂，主要原因：第一，肩部肌肉或脂肪太多，影响肩关节屈伸的灵活性；第二，不良姿态（如圆肩驼背）导致含胸、缩肩，无法形成正确的摆臂姿态；第三，相应的肌肉没有激活，尚未形成正确的动作模式。

（3）身体左右摇摆幅度大

身体重心能否保持平稳是衡量跑步技术的主要指标。跑步过程中，身体左右摇摆幅度大，可能是核心力量不够好，不能保持躯干的稳定，也可能是髋关节绕垂直轴的旋转灵活性不够。

2. 仰卧起坐

仰卧起坐是大众健身最常用的手段之一，目前存在的不合理现象：

（1）双手交叉置于头后，双肘向前触膝

双手置于头后是徒手做仰卧起坐难度最大的方式，因为双手和双臂越是靠近头部，形成的阻力矩就越大。原则上难度增加可取得较好的锻炼效果，但如果腹肌能力不够好，会出现用力拉头、颈的代偿方式，不仅达不到锻炼效果，而且会增加腰部负担，容易导致腰部不适。

(2) 追求快起快落，还原过程无控制

向上起坐时腹直肌的向心收缩能力得到锻炼，但还原时躯干在重力的作用下无控制地下落，腹直肌的离心力量得不到锻炼，而腹直肌的离心收缩能力很重要，尤其是对于完成躺、坐动作转换越来越难为中老年人。

正确动作：双腿屈膝，躯干以平板状而不是圆球状起坐至适当高度（具体到每个人，超过了某高度，感觉到腹直肌用力骤减），稍停顿（大概 3 秒钟），再控制躯干（腹肌抵抗躯干及头的重力）慢慢还原至肩着地。至于双手的位置（图 2-5），可根据自己的能力，置于身体两侧（如 1），交叉放于胸前（如 2），双手置于头、双肘外展（如 3），由易到难，循序渐进。

图 2-5 双手位置

3. 平板撑

平板撑锻炼的目的是激活躯干深层小肌肉群，从而增加躯干各关节的稳定性，为完成各种动作提供稳固的支撑，减少急慢性运动损伤。但一段时间风行以时间长短来衡量平板撑练习，是不合理的。

时间较长的平板撑是稳定肌强的表现，但以时间为衡量标准的平板撑练习并不能达到锻炼的最佳效果,即并非坚持时间越长效果越好。开始时,深层小肌肉群被积极动员,但随着时间的延长,小肌肉疲劳程度增加,身体重量相对"变大",超出其有限的能力,导致更多的动力肌补偿性地被动员,维持平板的姿态,锻炼的不再是躯干的稳定肌,而是动力肌。

腹直肌、竖脊肌不也可以提高躯干稳定性吗?事实上动力肌的锻炼应该以动力性的向心或离心收缩形式为主,而不宜采用静力性等长收缩的方式。人体躯干的稳定性应以灵活性为前提,强壮的动力肌表面上可提高躯干核心稳定性,但实际上是脱离灵活性的僵硬,远离了"功能性"训练的本质。

比较合理的平板撑练习是,一次做 30~60 秒,间歇 10 秒再做下一次,做 3~5 次。随着能力的增加,可逐渐延长时间,以躯干能保持稳定的平板姿态为原则(图 2-6)。另外,可抬一侧腿、手臂离开地面成三点或两点支撑,或用软垫不稳定支撑等手段增加难度。

图 2-6

4. 徒手下蹲(深蹲)

徒手下蹲如同跑步,是每一个正常人都能做的动作,貌似简单,但实际上部分儿童青少年的下蹲姿态和模式不合理,导致成年后膝关节、腰部劳损现象过早出现。

膝关节内扣：

无论是内扣还是外展，均导致膝关节的半月板、关节面局部（内侧或外侧）受力集中，磨损程度加大，同时膝关节稳定性下降，也容易引起膝关节损伤。解剖结构特点和社会习惯的影响，女生内扣现象较多。

动作顺序不合理，膝关节超过足尖。部分儿童青少年，下蹲时屈膝为主，膝关节超过脚尖。这样的动作模式，重力作用线远离膝关节，形成较大的力矩负荷，如转化为有负荷的蹲起时，力量传递效果打折，腰、膝容易受伤。

正确的下蹲动作应该屈髋为主，屈髋带动屈膝，骨盆和腰椎保持中立位，胸使重力作用线前后方向上尽量靠近膝关节，再屈膝至大腿低于水平面，膝关节不超过脚尖垂直面（图2-7）。

错误下蹲动作　　　　　　　　　　正确下蹲动作

图 2-7

第二节　身体运动功能训练的运动生理学基础

一、肌肉活动基础

运动的本质是由多种（个）复杂动作组成的，而动作是肌肉在神经支配下收缩，牵拉骨骼，引起关节活动来完成的。身体运动功能训练强调通过加强核心（区）力量、激活神经、增强躯干部位和各关节周围小肌肉群的稳定辅助作用等来提高全身肌肉整体工作效率，从而达到提高动作质量和避免运动损伤的目的。

（一）骨骼肌的收缩结构

1. 肌纤维

肌纤维是肌肉的基本结构和功能单位。许多肌纤维排列成肌束，许多肌束聚集构成一块肌肉。每块肌肉由中间膨大的肌腹和两端附着在骨骼上的肌腱组成。肌腹收缩时，肌腱牵拉骨骼产生运动。肌腱由互相交织成辫子状的胶原纤维束排列构成。肌腱本身虽无收缩能力，但能承受很大的拉伸载荷，成年人肌腱的抗张力强度达 611～1265 千克/每平方厘米。肌腹的抗张力强度远远不及肌腱。当受到暴力作用时，肌腹或肌腹与肌腱连接处损伤的概率要远高于肌腱本身。

肌纤维类型分快肌和慢肌两种，呈交错分布，但每块肌肉中快、慢肌所占比例不同。如腓肠肌中快肌占比大，而比目鱼肌中慢肌占比大。快肌收缩速度快、力量大，但容易疲劳；慢肌则与之相反。不同项目运动员肌纤维组成不同，如马拉松运动员慢肌占比平均为 82%，而短跑运动员快肌占比平均为 79%。

2. 弹性成分

肌肉的弹性成分主要包括肌肉、肌腱、肌内膜、肌束膜、肌外膜和肌肉中血管壁上的结缔组织，具有伸展和弹性回缩的能力。

（1）弹性成分的作用

肌肉收缩产生的张力传到骨骼之前，弹性成分首先被拉长。由于弹性成分的伸展性可吸收一部分力，它的拉长使肌张力的传递出现延迟，从而使收缩成分产生的张力变化趋于缓和。在完成跳跃、跑步、投掷等剧烈运动时起到保护作用，防止肌肉损伤。

改善肌肉弹性不仅能提高关节周围的灵活性，而且可以更好地利用弹性势能，增加肌肉力量。实验证明，举重运动员力量训练结束后进行 10～15 分钟的柔韧性练习，柔韧性提高 31.1%，最大推举（卧推）提高 5.4%。

（2）运动对弹性成分的影响

运动训练可以提高肌腱抗张应力，特别是肌腱与骨结合区的结合能力和抗断能力，从而提高肌肉—肌腱复合体传递力的效率，预防运动损伤。长期的力量练习在引起肌肉肥大的同时，会对肌肉弹性成分造成附加的紧张与牵拉，使之产生适应性粗大，肌纤维膜增厚，肌腱和韧带增粗，肌肉中的结缔组织也相应增生，从而使其抗拉力增大，为弹性势能的储存提供更大的空间。但是，结缔组织的增生也会影响柔韧性的发展。因此，训练中应先进行抗阻练习，再进行柔韧练习。

实验证明，抗阻后的静力拉伸肌肉练习不仅可以延迟酸痛，还可以避免因抗阻练习引起的结缔组织增厚对关节柔韧性的影响，改善关节周围肌肉组织的弹性回缩力，提高肌肉的收缩效果。

(二) 肌肉的神经调控

骨骼肌的收缩是在中枢神经系统控制下完成的。当支配肌肉的神经纤维发生兴奋时，动作电位经神经—肌肉接头处传递给肌肉，通过兴奋—收缩耦联，引起肌丝滑行，最终产生肌肉收缩。

肌肉的收缩受到大脑、小脑、脑干、基底神经节和脊髓的调控。大脑皮质中央前回4、6区为躯体运动中枢，其对躯体运动的调节具有交叉性、倒置性、精细的机能定位等特征，通过其发出的锥体系将指令下传到脊髓。脊髓主要通过其所支配的 α 运动神经元直接指导肌肉活动。一个运动神经元和其所支配的肌纤维构成了肌肉活动的基本单位——运动单位。神经对肌肉的调节主要靠运动单位的募集。运动单位所含肌纤维数量在各肌肉之间差别很大。凡是进行精细动作的肌肉的运动单位都较小，而产生力量的肌肉的运动单位都较大。在同一块肌肉中，由大 α 运动神经元支配的快肌纤维称快运动单位，由小 α 运动神经元支配的慢肌纤维称慢运动单位。快运动单位的兴奋阈较慢运动单位的兴奋阈高，需要较大的刺激才能使之工作。动员的运动单位越多越大则肌肉的收缩力越大。

脑干的网状结构对脊髓的运动神经元具有易化和抑制的作用。在身体运动过程中，不断调整不同部位骨骼肌的张力，以完成各种动作，保持或变更躯体各部分的位置，从而维持人体的基本姿势。

小脑和基底神经节都是协调躯体运动的较高级中枢，受大脑发出的锥体外系支配。小脑的主要功能是调节肌紧张、控制平衡和协调随意运动，其与控制位觉的前庭器官、视觉、听觉以及大脑和脊髓都有密切联系。基底神经节居于皮质下中枢的位置，具有控制肌肉的功能，与丘脑、下丘脑联合成为本能反射的中枢，它与肌紧张的控制、随意运动的稳定性和运动程序编制有关。

(三) 本体感觉的作用

本体感觉是指肌、腱、关节等运动器官本身在不同状态（运动或静止）时产生的感觉，又称深感觉，包括位置觉、运动觉和震动觉以及皮肤的精细触觉。肌肉、肌腱和关节囊中分布有大量的本体感受器——肌梭和腱梭，它们能分别感受肌肉被牵拉的长度和力量的变化，其受刺激所产生的躯体感觉称为本体感觉。

肌梭与肌纤维平行排列，当肌肉被拉长时，肌梭也随之拉长，肌梭内的感受器受刺激产生兴奋，并将神经冲动传入中枢，反射性地引起被牵拉肌肉收缩；当肌肉收缩时，肌纤维缩短，肌梭也随之所短，消除了对肌梭的刺激，使传入冲动停止。一般来说，运动功能复杂的肌肉中所包含的肌梭数目比运动功能粗糙的肌肉要多。肌梭的功能在于能发现、反映和控制梭外肌（即骨骼肌）纤维长度的改变，这在调节运动和维持姿势中是极为重要的。这种由肌梭引起的反射性肌肉收缩通常称为牵张反射。

腱梭与梭外肌串联，是一种张力感受器。受到过度的张力或牵张刺激时，腱梭将把冲动快速地传导并反射性地引起肌肉的抑制性收缩。这是因为脊髓中的抑制性中间神经元抑制了支配该肌肉的运动神经元的缘故。所以，腱梭的功能是产生保护性反射。力量训练会使腱梭的敏感性下降，而使肌力增加。

肌梭和腱梭不仅可以通过反射活动调节肌肉工作，还可以将肌肉的活动情况反馈到中枢，为人体感觉或体会动作提供重要的帮助。

运动技能形成的本质就是建立复杂的、连锁的、本体感受性的运动条件反射，是人体信息反馈通路的自我控制。运动员的一切运动技能都是在本体感觉的基础上形成的。在大脑皮层运动中枢的指令下做出动作的同时，借助本体感受器感知每一动作中肌肉、肌腹、关节和韧带的缩短、放松和拉紧的不同状况，并将信息及时传回小脑，与大脑皮层的指令信息在小脑偶合，通过分析比较，皮层对偏离的动作进行纠正，并将正确的动作信息储存于皮层中枢，逐步建立起稳定的运动技能。训练有素的运动员对肌肉运动的分析能力，及其对动作时间的感知判断十分精确，这是本体感受器通过长期训练日趋完善的结果。身体运动功能注重运用不稳定平衡支撑提高本体感觉等各级神经系统的刺激水平，提高人体在运动中的神经适应能力。

（四）身体运动功能训练中肌肉收缩的特点

身体运动功能训练对全身肌肉（特别是小肌肉）、关节、骨骼、韧带、筋膜都要充分调动，增强肌肉弹性、伸展性，发展了肌肉力量、增加了关节活动幅度，韧带、筋膜拉长，脊柱的稳定性加强，同时也增加了柔韧性和灵活性。训练中特别注重肌肉收缩的神经激活，采用快速动员肌肉、快速反应和增强动态稳定性等练习方式,提高神经传输速率、神经—肌肉募集能力和反应—动员能力,从而获得良好的兴奋性、快速的反应能力和伸缩复合能力极高度的动态稳定性。同时,对保持机体工作能力,防止肌肉萎缩、骨质疏松以及预防颈、肩、腰、腿和关节疾病起到了很好的作用。运动训练后,骨骼肌内线粒体数量和体积增加,有氧代谢酶活性增强,肌红蛋白和肌糖原含量增加。

身体运动功能训练非常强调动作模式的练习,而本体感觉是产生有效动作模式的基础。因此,在练习中要特别注意体会动作的准确性。

二、能量代谢特点

(一) 运动能量来源

肌肉收缩的直接能源是三磷酸腺苷(ATP)。骨骼肌中 ATP 的储量很少,ATP 一旦被分解,便迅速由肌肉中的另一高能磷酸化合物 CP(磷酸肌酸)分解释出能量将 ADP 再合成为 ATP 来补充。CP 储量也不多,每公斤湿肌肉约 17mmol/L,只能满足几秒钟剧烈运动的需要。肌肉中 CP 的再合成则要靠三大能源物质的分解。因此,ATP 最终来源于糖、脂肪、蛋白质的氧化分解。

(二) 三大供能系统

运动所需的能量由三种不同方式的供能系统提供,即磷酸原系统(CP-ATP 系统)、糖酵解系统和有氧氧化系统。多数运动都是在三大供能系统共同参与下完成的(表 2-2)。

表 2-2 三大供能系统

供能系统	CP-ATP 系统	糖酵解系统	有氧氧化系统
供能方式	CP+ADP→ATP+C	葡萄糖+ADP+Pi→乳酸+ATP	葡萄糖(脂肪、蛋白质)+ADP+Pi→CO_2+H_2O+ATP
供能特点	供能快但少,不需氧、不产酸,功率高,时间短	供能较少、较快,不需氧,产生乳酸,时间较短	供能多、较慢、氧充足、不产酸、时间长
运动项目	高强度、时间少于 10 秒的运动。如:100 米、举重	高强度、时间 1~2 分钟的运动。如:400 米、体操	耐力运动,时间可长达 2 小时以上。如:长跑等

（三）身体运动功能训练中的能量代谢特点

在运动中糖的利用速度最快，是最经济的能源。运动开始时机体首先分解肌糖原，持续 5~10 分钟，血糖开始参与供能；运动继续进行，肝糖原开始分解补充血糖，以供应骨骼肌、大脑等组织利用。随着运动时间的延长，供能物质由以糖有氧氧化为主逐渐过渡到以脂肪氧化为主。运动的强度较低、活动时间较长时，脂肪氧化分解成为主要能源。运动强度大、持续时间久时，蛋白质也会作为能源供能。

不同强度的运动，能量消耗有所不同。研究表明，运动强度低于 50%VO_2max 时，血浆中游离脂肪酸的浓度每两分钟就更新 50%，说明脂肪代谢非常活跃。主要是因为体内儿茶酚胺类激素分泌增加，使脂肪组织的分解作用增强。当运动强度超过 50%VO_2max 时，糖的分解供能显著加强。

身体运动功能训练的强度基本处于 50%VO_2max~70%VO_2max 范围内，而较理想的运动时间应为 30~60 分钟，能量供应以糖和脂肪的有氧氧化为主。长期规律性的运动锻炼，可提高人体在安静状态下的基础代谢，增加安静状态下的脂肪供能，有助于调整体重，防止脂肪堆积，避免肥胖。

此外，运动时的能量代谢还受年龄、性别、体重、环境温度、饮食习惯及锻炼适应等多种因素影响。

三、心肺功能变化

运动中所需的能量来自于能源物质的氧化分解，而机体的氧供主要是通过血液循环系统和呼吸系统来完成的。因此，心肺机能在运动中具有重要作用。

（一）呼吸机能

呼吸机能是保证机体在新陈代谢过程中实现气体交换的重要条件，同时正确的呼吸方式方法也为运动中某些动作提供有效的保障。

1. 呼吸运动的基本原理

呼吸肌是完成呼吸机能的动力。人体的呼吸肌主要有膈肌、肋间肌和腹壁肌肉。在用力呼吸时，肩部、背部和胸部的肌肉也可起到辅助作用。呼吸形式有以肋间肌为主的胸式呼吸和以膈肌为主的腹式呼吸两种，可以针对动作需要采取不同的呼吸形式。如做双臂支撑动作时，需要肩、胸部稳定，则采用腹式呼吸；如做躯体直角动作时，需要腹部重心稳定，则采用胸式呼吸。

呼吸中枢在延髓和脑桥，主要通过肺牵张反射调节呼吸频率和深度。常用的评定呼吸机能指标有：肺活量、最大肺通气量、呼吸深度、呼吸频率、时间肺活量等。

2. 身体运动功能训练的呼吸特点及影响

身体运动功能训练注重呼吸节奏的调控，做到动作与呼吸有机地结合。经过一段时间的训炼，可以促进呼吸肌发达，加强呼吸肌力量，增加呼吸深度，减少呼吸频率，减少生理无效腔所占的通气比例，有效地提高了肺的通气效率，同时也大大节省了呼吸肌的能量消耗。训练还能加大胸廓的扩张能力，呼吸差加大，肺活量增加，同时提高呼吸肌耐力和机体利用氧的能力。

在进行身体运动功能训练中，特别是上肢和躯干的稳定性练习中，有时会运用憋气这种特殊的呼吸方式。憋气时，会反射性地引起肌张力增高，有利于增强肌力。同时呼吸肌停止收缩，胸廓保持静止，为躯体上部分的稳定提供了有力的保证。但憋气也会引起肺内压急剧升高，回心血量减少以及射血的阻力增加以致组织供血供氧的不足，甚至出现头晕眼花等不良反应。因此，在锻炼中要合理运用憋气。

（二）心血管机能

1. 心血管机能变化

系统的运动训练可以引起运动员心脏结构和功能的相应改变，这是对运动的一种适应性反应。运动训练对心血管机能的影响主要表现在心脏体积、心肌微细结构、心肌收缩力、心输出量、心力储备及心率和血压等多方面的变化。

（1）心输出量

心输出量是指每分钟由心室收缩射入动脉的血量，等于每搏输出量与心率的乘积，是评定心脏功能最重要的指标之一。

运动时，由于交感神经活动加强，迷走神经活动减弱，同时肾上腺髓质分泌肾上腺素和去甲肾上腺素增多，血液中儿茶酚胺浓度升高，使心率加快，心肌收缩能力加强，搏出量增加，心输出量增加；身体运动功能训练调动更多的肌纤维参与收缩，充分发挥了骨骼肌的挤压作用，促进了静脉回流，加大了心室舒张期的充盈，增加了心肌收缩的初长度，也使心输出量增加；肌肉活动增多造成外周阻力增加，同时耗氧量增多，引起心率加快，这些变化都会使心肌活动加强，心输出量特别是搏出量增加。还要注意的是，运动中体位的改变也会引起静脉回流量的变化。

心输出量随机体代谢需要而增长的能力称之为心力储备，代表着心脏的训练水平。安静状态下，正常人心输出量与运动员区别不大，为5升/分钟左右；剧烈运动时，由于运动员心肌收缩力大，搏出量优势明显，因而每分心输出量可增加到30升/分钟以上，耐力运动员增加更多。身体运动功能训练可适当增加机体的心力储备，但不是很明显。

(2) 心率

运动时心率加快是血液循环机能变化中最易察觉的表现。心率主要受神经活动的调节，并且与耗氧量之间也存在线性关系。此外，本体感受器受到刺激也会对心率起到调节作用。

(3) 血压

动脉血管弹性是影响血压的重要因素之一。经常参加运动锻炼，可以使动脉血管壁中膜增厚，弹性纤维和平滑肌增厚，血管壁弹性增强；肌肉收缩对血管的经常挤压也有利于保持良好的血管弹性，从而有效预防高血压。

(4) 其他方面

心肌的微细结构也会随着锻炼而发生相应的改变，如心肌 ATP 酶活性提高、线粒体功能改善及数量增加、心肌细胞内的蛋白质合成增加，心肌纤维增粗，冠状动脉供血良好等。并且心脏的调节机能也会得到改善，经常锻炼者在进行定量负荷时，心血管机能动员快、潜力大、恢复快。

2. 心血管机能评定

(1) 心率

心率是最简便易行的监测指标之一。常用的有基础心率（晨脉）的应用，如果晨脉增加超过 3~4 次/分钟，则表示运动量过大或机体状态不良。心率还经常被用来推算运动强度，最大心率 =220- 年龄。因此，运动实践中通常以心率达到 180 次/分钟作为评定大强度训练的标准。身体运动功能训练中根据不同的锻炼方式和运动强度，适宜的心率大约为 130~160 次/分钟。

(2) 血压

血压也是反映心血管机能状态的重要生理指标。安静时的血压比较稳定，变化幅度小于 10mmHg。随着训练水平的提高，安静时的血压可略有降低。如果清晨卧床血压比平时高 20% 以上且持续超过两天，则可能是机能下降或过度疲劳。

通过定量负荷或最大强度负荷试验，比较负荷前后心率和血压的变化以及运动后的恢复过程，可以对心脏功能及身体机能状况作出恰当的判断。常用的有联合机能试验和台阶试验。运动后理想的血压变化是收缩压相应升高而舒张压保持不变或略有下降。

第三节　身体运动功能训练的心理学基础

体育教育专业的培养目标是中小学体育教师，中小学体育教师如何利用儿童青少年的心理特点提高身体运动功能训练的效果，如何运用身体运动功能训练促进儿童青少年心理素质的健康发展，是本节内容的两个重要方面。

一、儿童青少年心理发展规律

心理学泰斗朱智贤把从出生到 18 岁分为六个重要阶段：乳儿期（0~1 岁）、婴儿期（1~3 岁）、学龄前期（4~6 岁、7 岁）、学龄初期（6 岁、7~11 岁、12 岁）、少年期或学龄中期（11 岁、12~14 岁、15 岁）、青年初期或学龄晚期（14 岁、15~17 岁、18 岁）。现代心理学把后三个阶段统称为儿童、青少年期，本教材仅涉及后三个阶段。

（一）学龄初期儿童心理发展规律

1. 感觉的发展

（1）视觉

学龄初期儿童的视觉发展很快，比较成熟的研究是颜色视觉和颜色偏好。如果 7 岁儿童的颜色差别感受性为 100%，10~12 岁可提高 60%；6 岁前没有性别差异，最喜欢的颜色为橙、黄、红、绿；6 岁后，男性喜欢黄、蓝色，女性则最喜欢红、黄色。

(2) 听觉

辨别音调的能力,随着年龄的增大显著提高。如果 6 岁辨别音调的能力为单位 1,则 7 岁为 1.4,8 岁为 1.6,9 岁为 2.6,10 岁为 3.7;专门练习后,他们能够分辨出每分钟 118 和 120 的振动数。

(3) 运动觉

7~12 岁儿童的手部关节的骨化过程还没有完成,肌肉力量不断增加,握力从 7 岁到 12 岁增加一倍,但与成人还相差很远,不能胜任有精细动作的活动,也不能胜任需要持久用力的工作。

2. 空间和时间知觉的发展

(1) 空间方位知觉

学龄初期儿童能很好地辨认前后、上下、左右,但对于左右方位的辨别还未达到很完善的地步,一年级儿童执行"向左转""向右转"口令时,约 30% 的儿童会发生错误。另外,让 7、8 岁的儿童指出面前桌子上三样东西的左右关系是比较困难的。

(2) 时间知觉

学龄初期儿童对于时间单位的理解具有直观的、表面的性质。相对来说,学龄初期儿童最容易掌握的时间单位是小时,其次是日和周,对于月的理解较差;对几分钟的理解随年龄的增长越来越准确。

3. 观察力的发展

观察是一种有意识、有计划、持久的知觉,是知觉的高级形态。6、7 岁儿童观察的精确性水平很低,只能说出物体的颜色等个别属性,8、9 岁以后明显提高;6、7 岁儿童观察随意性较强,集中注意观察的时间较短,错误较多,8、9 岁以后目的性有所改善,但不显著;6、7 岁儿童观察事物凌乱,没有顺序性,不系统,中高年级有较大发展,但 8、9 岁和 11、12 岁没有明显区别。

4. 记忆的发展

学龄初期儿童的记忆差别,既表现在数量上,也表现在质量上。从记忆的数量来说,7、8 岁和学前儿童差别不大,但 9~11 岁记忆效率增加一倍以上。从记忆的质量来说有三个特点:第一,有意识记忆和有意重现等目的性的记忆逐渐增加；第二，有意义的，理解的识记方法逐渐占主导地位；第三，抽象内容的记忆迅速发展。

最值得关注的还是动作记忆保持和遗忘规律。研究表明：运动技能学习独立于其他心智学习，有其自身的特点，记忆和遗忘规律也有明显差异。

"动作记忆"是以身体的运动状态或动作形象为内容的记忆。它包括对身体各部分移动的位置和距离的记忆，对运动形式、方向、速度的记忆，对动作的用力特点和时机的记忆。20世纪60年代美国心理学家弗莱斯曼等发现"动作记忆的保持远比词语概念记忆持久"；中国学者许尚侠，研究了动作记忆的遗忘规律：学习后第一天为最高（30.7%），第二天有记忆恢复现象，遗忘率仅7%，第三天以后遗忘率有增加，但均小于第一天。动作技能遗忘曲线呈"V"形，完全不同于德国心理学家赫尔曼·艾宾浩斯的"L"形遗忘曲线。

5. 注意的发展

有意注意开始发展，但无意注意仍然占主导地位；对抽象材料的注意逐步形成，但具体的、直观的事物对他们的注意仍然起重要作用；这个时期的注意带有情绪色彩。

（二）青少年心理学发展规律

相对于学龄初期儿童，少年期和青春初期阶段更应该关注情绪、个性及人际交往的心理学品质。

1. 情绪的发展

情绪是指伴随着认知和意识过程产生的对外界事物态度的体验，按内容分为基本情绪和复合情绪。基本情绪是指先天的、进化过程中为适应个体的生存演化而来的喜、怒、哀、惧等情绪，不需要认知参与可自发地产生；复合情绪是以基本情绪为基础，在社会情境中由自我认知而产生的混合情绪，如紧张、抑郁、害羞、骄傲等。

（1）情绪体验

从学龄初期到青少年是一个情绪"滑坡"阶段，"烦恼"增加，幸福感锐减；积极的情绪体验随年龄增加而下降，消极情绪呈U形趋势；15~18岁，学生的消极心理体验较高并且存在性别差异，女生体验强度显著高于男生。

(2) 情绪识别

10~14 岁个体的情绪表情识别能力进入快速发展期，到了 15 岁，面部表情的识别能力已趋于成熟稳定，尤其是对高兴、愤怒、轻蔑、惊讶、恐惧、厌恶的识别。伴随着识别能力的发展，青少年自觉运用可控表情的能力也得到进一步发展，经常出现"喜怒渐不形于色"。

(3) 情绪调节

人的情绪不总是与环境的变化相一致，当情绪与其所处的生活环境发生矛盾和冲突时，需要他们对情绪进行调节以适应社会生活环境。有三个方面的含义：第一，情绪调节包括负性情绪和正性情绪两个方面，既可以是抑制和削弱的过程，也可以是维持和增强的过程；第二，既包括有意识的调节，也包含无意识的调节，是一个从无意识到有意识的过程；第三，具有情境依赖性，即情绪调节可能会得到较好的结果，也有可能会让事情变得更糟，依赖于当时的情境。

2. 个性发展

自我意识是个性的主要内容，是一个多维度、多层次的综合性心理系统，由知、情、意三方面构成。"知"即自我认知，包括自我概念和自我评价等；"情"即自我的情绪体验，包括自我感受、自尊等；"意"即自我控制，包括自我控制和自我调节等。其中自我概念、自尊和自我控制是最主要的。

(1) 自我概念

自我概念是自我意识中最主要的，集中反映了个体自我认识乃至自我意识的发展水平，也是自我体验和自我控制的前提。

(2) 自尊

自尊是自我所作出的对自己的价值判断，以及由这种判断所引起的情感。自尊需要是儿童自我意识发展的内在动力，主要由三个方面组成：学业自尊、社会自尊、身体自尊。不论年龄、性别、社会经济地位、种族群体，有较高自尊的个体倾向于能更好地自我调节；相反，在各个方面表现出低自尊的个体，则与焦虑、抑郁、反社会行为相联系。

(3) 自我控制

自我控制是对优势反应的抑制和对劣势反应唤起的能力。所谓优势反应指对儿童具有直接、即时吸引力的事物或活动所引起的想要获得或参与的冲动趋向，劣势反应与此相反。大量实验研究表明：在延迟满足情境下能等待较长时间的儿童，青少年期有较高的学业和社会能力，言语流畅、理性而又专注，在学业能力倾向测试中比同伴的得分更高。

3. 人际交往

人际交往是指个体通过一定的语言、文字或肢体动作、表情等表达手段将某种信息传递给其他个体的过程。

（1）与同伴的关系

学龄初期喜欢 6~7 个人在一起游戏，随着年龄的增长交友的范围逐渐缩小，学龄中期，"团伙时代"趋于解体，到青春期好朋友数量逐渐减少到 1~2 个。选择的标准通常是：有共同志趣和追求、苦闷和烦恼、性格相近的同性。

学龄前儿童交往一般不分性别，进入青春期后，逐渐对异性产生兴趣。但最初对异性的兴趣以一种相反的方式表达：如在异性面前表现出漠不关心、轻视，或以不友好的方式攻击对方。表面上看是相互排斥，其实是为了突出自己、引起异性的注意。

（2）与成人的关系

进入青春期后，父母榜样的作用逐渐削弱，在情感、行为和观点上与父母逐渐脱离，喜欢自己进行分析和判断，不愿意接受现成的观念和规范。

二、儿童青少年身体运动功能训练的心理学目标

儿童青少年的生理素质是基础，社会素质是追求目标，心理素质是联系上下两个层面的中介，对两个层面素质的发展具有直接的影响，并成为两者发展的内因。因此，一方面，身体功能训练应遵循儿童青少年的心理发展规律，使身体功能训练的效果得以最大程度地显现；另一方面，身体功能训练的目标不能仅限于身体解剖结构和生理功能的实现，也应重视儿童青少年健康心理的发展，不可偏废。

（一）身体运动功能训练视心理健康为培养目标

心理健康是一种"生活适应良好的状态"，心理是否健康从 4 个方面评价：第一，认知，即一个人智力是否正常，思考问题的方法是否与常人相同；第二，

情绪，即一个人在多数情况下是否积极乐观，能否很好地控制自己的情绪，有无紧张、焦虑、抑郁等不良情绪；第三，个性，即一个人在为人处事上有无不良的思维和行为习惯，如心胸狭窄、敏感多疑、自卑、独断专行、难于合作等；第四，人际交往，即是否对自己与周边世界的关系有适当的认识，能否适应生活环境，能否与自己周围的多数人保持良好的关系，能否接受自己并用接近正确的态度评价自己等。

运动能力很好，专项技术精湛，可在较高级别的运动会上叱咤风云，在同龄人中有很多粉丝……但训练过程中稍不如意就摔东西、发飙，习以为常；具有较好的运动能力，但运动成绩一旦达不到预想的目标，就怨天尤人，寻死觅活，或者精神一蹶不振；团体项目中喜欢单打独斗，出现失误，推卸责任，对队友冷嘲热讽；倚仗自己有一身的好"武艺"，打架斗殴，恃强凌弱……以上诸多现象的频发，与部分老师、教练和家长只注重教学的认知、技能目标，忽略情感、人格和人际交往等目标不无关系。

（二）利用身体运动功能训练促进心理素质的健康发展

1. 儿童青少年心理发展的普适性

儿童青少年心理年龄特征是指一定社会和教育条件下，在不同年龄阶段中所形成的一般的（具有普遍性）、典型的（具有代表性）、本质的（具有一定的性质）心理特征。

（1）连续性与阶段性

目前较综合的观点认为：儿童心理发展既体现出量的积累，又表现出质的飞跃，当某些代表新质要素的量积累到一定程度时，就导致质的飞跃，表现为发展的阶段性。

（2）方向性和不可逆性

正常情况下，心理发展具有一定的方向性和先后顺序，既不能逾越，也不会逆向发展。如个体动作的发展，遵循自上而下、由中心向外围、从粗到细动作的发展规律；各大系统成熟的顺序是：神经系统、运动系统、生殖系统等。

（3）敏感期

关键期一词通常意味着在这一时期缺失了有效刺激，会导致能力水平低下，且难以通过教育与训练得到改进。有研究认为，在敏感期内，个体对某些刺激和某些形式的学习比较容易接受，这个时期过后，这种心理功能的产生和发展可能性依然存在，只是可能性比较小，形成和发展比较困难。因此，对人类大部分心理功能而言，用"敏感期"一词更合适。

2. 儿童青少年心理发展的个体差异性

一方面，儿童青少年心理年龄特征具有一定的普遍性和稳定性，如阶段的顺序，每一阶段的变化过程和速度，大致是相同的、稳定的；另一方面，由于社会和教育条件不同，同龄儿童之间的心理发展过程和速度又存在差距，每个人的发展优势（方向）、发展的速度和高度（达到的水平）千差万别，即存在个体差异性。

（三）特殊心理的关注

1. 孤独、压抑

青春期开始的"心理断乳"给青少年带来很大的不安。他们在主观上有独立的要求和愿望，但实际上很难在短时间内适应，内心冲突及在现实中所遇到的挫折较多，依靠自己的力量解决不了，又不想求助于他人，孤独随之产生。压抑与孤独相伴而生，是当需求或愿望等不能得到满足和实现时产生的一种心理体验，有生理方面的，也有心理方面的。

青少年的孤独和压抑既有情境性，也有一定的稳定性，适时关注、缓解不会导致更严重的问题。

2. 多动症（注意障碍）

一部分学龄初期儿童看起来过度地活跃，很难把注意力较长时间集中在一项活动上，过多的自主或非自主动作，注意力涣散，行动先于思考。这种情况被称为多动症，西方心理学称注意障碍。

多动症儿童存在很多现实问题，如学习成绩落后，人际关系差，给家庭带来一些烦恼。行为矫正是目前公认的四种有效方法之一。

行为矫正方法：让表现好的儿童做示范，直观地明示、告诉多动症儿童，动作不是越快越好，然后让多动症儿童效仿慢动作，及时给予肯定和表扬，最终可改善多动症儿童行为。身体运动功能训练强调动作速度的控制，与行为矫正方法与密切相关，结合游戏形式、语言提醒等设计行为矫正方法是可行的。

3. 抑郁症

抑郁症是儿童青少年以情绪低落为主要表现的一类精神障碍。童年期抑郁症发病率无明显性别差异，少年期发病率男女之比为 2∶1，与成年人相近似，提示成年人抑郁症常始于少年期。

学龄儿童抑郁症和抑郁症状往往表现为长时间情绪不愉快，社会交往减少，睡眠障碍，易激惹，嗜睡，学习成绩下降，注意力不集中，记忆减退，兴趣减少，自我评价贬低，自责，产生消极意念或自杀企图等。

研究表明，社会支持与抑郁有较高的负相关，同伴关系差的小学生与具有良好同伴关系的小学生相比，更易患抑郁症。可利用安全、便捷、软质、色彩鲜艳的器械，设计气氛活跃、娱乐性强的身体运动功能训练方案，减少儿童抑郁几率。

4. 攻击行为

攻击行为是一种在儿童青少年中常见的反社会行为。攻击行为的界定需符合四个条件：潜在的伤害性/毁坏性、行为的有意性、身心的唤醒性及受害者的排斥性。发生于校园、街头巷尾的青少年欺辱、暴力事件，导致被害者心理异常、身体伤残、致命的现象就是典型的攻击行为。

亲社会行为指对他人有益或对社会有积极影响的行为，出于自愿，不考虑有任何酬偿，主要有三种形式：分享、合作与助人。身体运动功能训练实施过程中，体育教师以身作则，创设分享、合作的环境和氛围，鼓励、引导儿童青少年亲社会行为，减少反社会行为的心理产生。

思考题

（1）以日常生活、休闲体育、竞技体育中的动作为例，说明肌肉收缩的三种形式。

（2）简述筋膜的特性及功能。

（3）根据身体运动功能训练的生物力学特征，设计符合自己专项的训练手段。

（4）结合自己的专项动作特点，阐述你对人体运动链的理解。

（5）谈谈本体感觉在身体运动功能训练中的作用。

(6) 试分析肌肉运动的神经调控。

(7) 结合社会现象，阐述儿童青少年身体运动功能训练的心理学目标。

参考文献

[1] 柏树令，应大君. 系统解剖学 [M]. 第 5 版. 北京：人民卫生出版社，2001.

[2] 陆爱云. 运动生物力学 [M]. 第 1 版. 北京：人民体育出版社，2010.

[3] Thomas W. Myers. 解剖列车——徒手和动作治疗 [M]. 关玲，译. 第 3 版. 北京：军事医学科学出版社，2015.

[4] 尹军，袁守龙. 身体运动功能诊断与训练 [M]. 北京：高等教育出版社，2015.

[5] 王瑞元. 运动生理学 [M]. 北京：人民体育出版社，2002：205-207.

[6] 谢敏豪，冯炜权，严翊. 运动内分泌学 [M]. 北京：北京体育大学出版社，2008：1-5.

[7] 邓树勋，陈佩洁，乔德才. 运动生理学导论 [M]. 北京：北京体育大学出版社，2007：81-83.

[8] 朱智贤. 朱智贤全集（第四卷）——儿童心理学 [M]. 北京：第 1 版. 北京师范大学出版社，2002.

[9] 桑标. 儿童心理学 [M]. 北京：第 1 版. 开明出版社，2012.

[10] 李四化. 青少年体育心理 [M]. 北京：第 1 版. 北京体育出版社，2014.

第三章 年龄与性别差异的身体运动功能训练

【本章导语】 本章从生理学、训练学的角度出发,阐述了儿童青少年生长发育的概念、一般规律及影响因素;生长发育年龄阶段的划分、青春发育期及身体各系统特点;生长发育阶段身体素质发展的基本规律及训练要点等相关问题,是对中小学生进行身体运动功能训练实践必须掌握的基础理论。

第一节 生长发育的概念、规律及其影响因素

一、生长发育的三个基本概念

(一) 生长

生长是指人体随着年龄的增长,机体内细胞增殖、增大和细胞间质增加,整体上表现为组织、器官及身体形态和重量的变化,以及身体组织化学成分改变的过程。随着生物科学研究的发展,对生长的认识还包含了身体组成的化学成分的变化,即化学的生长。

(二) 发育

发育是指人体随着年龄的增长,各器官系统的功能不断分化和完善,心理、智力持续发展和运动技能不断获得和提高的过程。发育通常涉及人体达到成熟过程中所出现的一系列变化。

(三) 成熟

人体进入成熟期就意味着生长发育的结束。机体在形态和机能等方面达到成

人水平，具体表现为身高、体重达到一定水平，各系统功能基本完善，骨骼牙齿的钙化基本完成，性器官具有繁殖后代的能力等。

二、生长发育的四个一般规律

(一) 量变到质变规律

人体生长发育是从婴儿、幼儿、少年、青年、壮年直到老年的完整过程，是从微小的量变到根本性的质变的一个复杂的发展过程，是在身体体积生长增大的过程中，完成结构和机能的分化与成熟的过程。特别是脑的生长，具体表现为思维记忆和分析综合机能不断发展，而且在脑的重量不再增长后，其机能仍在进一步完善。这种量变到质变之间没有明显的界限，但又不是一种无区别的现象。

(二) 连续性和阶段性规律

生长发育过程是连续的，而不是跳跃的。整个过程自然地表现出阶段性的质的特点，并有一定的变化程序。如运动器官和神经系统的生长发育过程从头部的转头、抬头逐渐过渡到上肢的抓握物体，再发展成躯干的翻转、直坐，最后发展到下肢的站和走的从头部向下发展的"头尾发展规律"；还有肢体的由正中部位向末端发展的"正侧发展规律"都有一定的规律可循。

(三) 波浪式规律

生长发育不是匀速直线上升，而是有时快、有时慢的波浪式发展。其中最为明显的是生长发育的两个"突增期"：第一次突增期是胎儿从一个特大的头、较长的躯干及短小的四肢，发育到儿童时期的身体各部分较匀称的比例。第二次突增期则是下肢迅速发育，再向躯干发育，最后发展成头较小、躯干较短、腿较长的体型。整个过程头大约增长1倍，躯干大约增长2倍，上肢大约增长3倍，下肢大约增长4倍。

(四) 不平衡规律

人体各部位和各器官系统发育的时间和速度不同。神经系统发育最早，这主要表现在脑重的变化上，6岁左右，脑的重量已经达到成人的90%，神经系统的机能也在语言和肌肉活动调节方面发展迅速，在 20 岁左右达到神经系统机能上的完善。淋巴系统的发育也特别迅速。12 岁左右淋巴系统已经达到成年时的 200%，使机体对疾病的抵抗能力增强，然后，随着机体各系统的成熟和抵抗力的增强，淋巴系统逐渐退缩。在人体各系统的发育过程中，生殖系统的发育最晚，从 10 岁后才逐渐发育，进入青春期迅速成熟。

三、生长发育的六个主要影响因素

生长发育是遗传性与适应性的对立统一过程。主要是机体的先天条件与后天外界相互影响和共同作用的结果。遗传因素决定着机体发育的可能性，环境条件影响着发育的整个进程。其主要影响因素有以下六个方面：

（一）遗传因素

遗传对生长发育的影响是肯定的，它隐含并预示着未来身体的高度或体重、体型、面貌和上代及其相似的多方面特征，并在生长发育的进程中表现出个体的差异性及较大的可塑性。

（二）营养因素

营养是生长发育的物质基础。研究表明：营养对生长发育无论在形态、机能和智力方面都会产生一时性的和永久性的影响。为此，生长发育必须有充分的营养物质做供应，才能保证机体同化作用超过异化作用的新陈代谢正常运行。

（三）疾病因素

疾病对生长发育的影响是至关重要的，不同的疾病会导致机体不同器官的器质性改变，影响其本身乃至整个机体机能，破坏机体新陈代谢正常运行，影响身体的生长发育。

（四）气候与季节因素

相关研究表明，气候条件对人的身高有一定的影响。季节对生长发育影响更为明显。一般情况下，春季身高增长最快，秋季体重增长最快。寒冷刺激与甲状腺机能增强有关。

（五）社会因素

社会因素对生长发育会产生综合性影响。经济发展状况，以及与之有关的营养、居住、医疗和体育等条件是其中主要的决定因素。贫富差距、环境污染、食品安全也是不可忽视的重要的社会因素。

（六）身体运动训练

如果说营养因素是生长发育的物质基础的话，那么，对身体进行的各种运动训练则是生长发育的源泉。它是促进身体发育和增强体质的最有利因素。尽管先天遗传特征可以使机体自然增长，但在保证营养供给充足的前提下，参加体育锻炼可以充分发挥机体的生长潜能，有效利用各种营养物质，促进代谢过程加强，全面提高人体形态和功能的发育水平，并且可提高细胞免疫活性及体内非特异性免疫水平。还可使机体的新陈代谢及神经内分泌系统的作用机制产生相应的调节，对形态发育产生不同程度的影响。研究表明：诸多后天影响因素中，身体运动训练起着不可忽视的作用，特别是在青春期，后天影响因素对机体的作用高于其他任何时期，如身高，后天影响可以占到25%；如体重、围度指标、机能和身体素质指标等，后天影响可以占到50%~70%。但这一过程需要一个长期的积累，短期性的体育锻炼对身体的生长发育没有明显的提高。长期的各种身体运动训练，对机体会产生以下几个方面的显著影响：

1. 对体格发育的影响

各种横向与追踪调查研究证明：经常参加体育运动的儿童青少年其身高、体重和胸围的增长速度，一般高于不经常运动的儿童和青少年。体育运动可使脂肪消耗增加，增加瘦体重，从而改变体成分，使青春期少年体格得以协调匀称地发育。

2. 对骨骼肌肉系统发育的影响

经常性的各种身体运动训练，可明显改善骨的血液供应，使其得到充分的营养物质，促进骨的生长，使管状骨变长，横径增粗，骨重量增加。同时还有利于平衡全身及骨骼的钙磷代谢，加速矿物质在骨内沉积，使骨皮质变厚，骨密度增大。长期坚持可使机体新陈代谢旺盛，有利于骨细胞的增殖，加速钙化过程，使骨质坚实。运动时血液循环加速，使肌肉获得更多的营养物质，肌纤维变粗，体积增大，弹性增强，肌肉变得发达。

3. 对生理机能发育的影响

身体运动训练会对心血管系统、呼吸系统、肌肉力量等机能产生一定的影响。其主要表现在以下几个方面：在心血管系统方面主要表现有心肌收缩力增强、心输出量增加、心脏容积增大、心脏质量增加、窦性心律徐缓等；呼吸系统方面主要表现为呼吸深度加深、呼吸频率加快等；肌肉力量方面主要表现为肌肉力量的明显增强并可产生较高水平的肌肉耐力。

4. 对神经、内分泌和免疫机能的影响

身体运动训练能使大脑和神经系统得到锻炼，提高神经系统工作过程的强度、均衡性、灵活性和神经细胞工作的耐久力；能使神经细胞获得更充足的能量物质和氧气的供应，从而使大脑及整个神经系统在紧张的工作过程中获得充分的营养，使大脑的兴奋与抑制过程合理交替，避免神经系统过度紧张；按照大脑皮质功能轮换的原则，可以消除学习负担过重造成的脑力疲劳。可使身体各器官系统的控制和调节能力得到提高和完善，有助于形成良好的情绪，增进心理健康。可使生长激素和皮质激素分泌增加。其中血清雄性激素含量的提高有助于协同生长激素加速青春期的生长。可使非特异性免疫功能增强，是一种增强人体非特异性免疫的有效手段。

第二节 生长发育年龄阶段的划分、青春发育期及身体各系统特点

一、生长发育年龄阶段的划分

根据生长发育的规律以及形态、生理和心理的特点，目前普遍认可的生长发育年龄段的划分是：婴儿期阶段：2~3岁；幼儿期阶段：4~6岁；学龄儿童阶段：7~12岁；少年期阶段：13~17岁；青年期阶段：18~25岁。各年龄阶段的上下之间并无明显的界限，通常情况下把7~17岁称为儿童少年时期，这一时

期是人体生长发育中最为重要的黄金时期，也是我国青少年成长最为关键的中小学阶段。

二、青春发育期

青春发育期也叫青春期，是由儿童少年时期过渡到成人的一个迅速发育的阶段，以生长突增为青春发育期开始的标志，以性成熟为结束，其阶段性划分与特点如表 3-1 所列。

表 3-1 青春期的阶段划分及发育特点

类别	青春期前期	青春期中期	青春期后期
男性	约在 12～14 岁年龄段	约在 14～17 岁年龄段	约在 18～24 岁年龄段
女性	约在 10～12 岁年龄段	约在 13～16 岁年龄段	约在 17～23 岁年龄段
主要特点	出现身体形态发育突增现象，机体进入一个迅速生长阶段	第二性征发育为主，形态的发育速度减缓，性成熟	身体发育到完全成熟阶段

三、生长发育阶段身体各系统特点

（一）神经系统的发育特点

神经系统是发育最早最快的器官。大脑随年龄的增长体积增大，脑细胞数量增多，突起增多变大并向皮质各层深入，脑的机能逐渐发育。7～8 岁时动作的协调性和精准性得到发展。以后随着年龄的增大，神经细胞突起的分支越来越多，联络纤维大大增加，形成许多新的神经通路，脑的功能不断完善并趋于复杂化，机能也逐渐完善，并表现出在不同发育阶段各有其机能上的特点。

（二）呼吸系统的发育特点

儿童少年时期由于胸廓狭小、呼吸肌力较弱且呼吸表浅，因此，在此年龄段肺活量小，呼吸频率快。随着年龄增大呼吸深度增大，而频率逐渐减少肺活量逐渐增大。在 10~14 岁区间摄氧量增大较明显，16~17 岁增加较缓慢。儿童少年肺通气量小，每公斤体重相对值较大，在运动时主要靠加快呼吸频率来增加肺通气量，而呼吸深度增加得很少。这是因为儿童少年的呼吸肌较弱、调节机能不完善所致。

（三）运动系统的发育特点

儿童少年的骨骼由于软骨成分、水分和有机物质较多，无机盐少，骨密质较差，所以骨富有弹性而坚固不足，不易完全骨折而易于发生弯曲和变形。随着年龄增长坚固性增强而韧性降低，下肢骨在 16~17 岁以后骨化迅速，而脊柱椎体在 20~22 岁才完成骨化，直到 20~25 岁骨化完成后，骨不再生长，身高也不再增长，但骨的内部结构仍在变化。

儿童少年的关节面软骨相对较厚，关节囊及韧带的伸展性大，关节周围的肌肉细长，关节活动范围大于成人，牢固性相对较差，在外力作用下较易脱位。

儿童少年的肌肉水分多，蛋白质、脂肪和无机盐类少，收缩机能较弱，耐力差，易疲劳。随着年龄增长，有机物增多，水分减少，肌肉重量增加，肌力也相应增强。肌肉发育的基本顺序是：躯干肌肉先于四肢肌，屈肌先于伸肌，上肢肌先于下肢肌，大块肌肉先于小块肌肉。在 8~9 岁以后，肌肉发育速度加快，15 岁以后，小肌肉群也迅速发育，15~18 岁是躯干力量增长最快的时期。全身整体肌肉力量男子在 25 岁，女子在 20 岁左右达到峰值，30~35 岁以后慢慢开始减退。

肌肉发展的规律是：在生长加速期，主要向纵向发展，长度增加较快，但落后于骨骼增长，此时肌肉收缩力量和耐力都较差。生长加速期结束后，身高的增长缓慢，肌肉横向发展较快，肌纤维明显增粗，肌力显著增加。女孩在 15~17 岁、男孩在 18~19 岁肌力增长最为明显。

（四）循环系统的发育特点

儿童少年血量占体重的百分比略高于成人，约占体重的 11%~15% 之间。其心脏重量和容积均小于成人，但相对值，即按体重的比值却大于成人，幼儿心脏重量占体重的 0.89%，成人占 0.50% 左右。心脏的重量随年龄逐渐增大，到青春期达到成人水平。由于儿童心脏发育不够完全，神经调节也不够完善，而新陈代谢又比较旺盛，因而心率较快。随着年龄的增长心率逐渐减慢，20 岁左右趋于稳定。

儿童少年的血管系统在6~7岁以前发育比心脏早，血管壁弹性好，血管口径相对较成人大，外周助力较小，血压较低。儿童的心脏发育尚差，心力弱，脉搏每搏和每分输出量比成人小。由于这一时期交感神经调节占优势，心肌发育不十分完善，运动主要靠加快心率增加心输出量以适应需要。

第三节　生长发育阶段身体素质发展的基本规律及训练要点

一、自然增长规律

儿童少年各项身体素质随年龄增长而增长的现象，称为身体素质的自然增长。从年增长率的曲线看，增长的速度有快有慢，不是直线的、等比的增长，而是波浪式的、非等比的增长。在不同年龄阶段，各项身体素质的增长速度不同，即使在同一年龄阶段，不同身体素质的发育速度也不一样。身体素质的发展有先后顺序之分，大致顺序为：速度、灵敏、柔韧、力量、耐力。一般情况下，各项身体素质在青春发育期内增长的速度快、幅度也大，男生在15岁左右，女生在12岁左右。青春期是身体发育的加速期，身体素质发育的速度快、幅度大。性成熟期结束时，身体素质增长的速度开始减慢，男生在16~20岁，女子在13~20岁。25岁以后，身体素质的自然增长即已结束，若不进行训练，身体素质一般不再进一步提高。

值得注意的是，各项身体素质的增长值存在性别差异，男性增长值高于女性。在12岁以前，男女之间各项身体素质的差别不大，13~17岁之间身体素质的性别差异迅速加大，女子约为男子逐年增长平均值的50%，18岁以后达到最大，并趋于稳定。

二、阶段性规律

青少年各种身体素质发展得快慢不等，具有明显的阶段性特征。根据青少年身体素质增长速度的特点和基本趋势，一般将青少年身体素质的发展分为四个时期：快速增长期、缓慢增长期、稳定期和下降期。青少年身体素质发展的总趋势是由增长阶段（包括快速增长阶段和缓慢增长阶段）过渡到稳定阶段。稳定阶段表现为：随着年龄的增长，身体素质发展速度明显变慢或停滞，甚至有时身体素质有所下降。各项身体素质由增长阶段过渡到稳定阶段的先后顺序是：速度素质最先，耐力素质次之，力量素质最晚，男女顺序一致。

青少年的各种身体素质的发展趋势由增长阶段过渡到稳定阶段，其年龄界限不完全一致，男女之间也存在差异（见表3-2）。男生各项素质指标的高峰，除了速度素质（50米跑）在7~8岁出现外，其他素质指标均在12~16岁期间出现；女生各项素质指标，除柔韧性（立位体前屈）在18~19岁出现高峰外，其他素质高峰期在7~9岁出现。20岁以后，无论男女，各项身体素质的增长速度都进入下降期，男女身体素质发育的稳定阶段基本能保持到25岁左右。

表3-2 青少年身体素质增长阶段和稳定阶段的年龄

身体素质	增长阶段（岁）		稳定阶段（岁）	
	男	女	男	女
50米跑	7~15	7~13	15以后	13以后
立定跳远	7~16	7~13	16以后	13以后
立位体前屈	12~18	11~20	7~12	7~11
仰卧起坐	—	7~12	18以后	20以后
引体向上	13~19	—	19以后	12以后

值得注意的是，女生在身体素质发育过程中，其在快速增长阶段和缓慢增长阶段之间可能出现数年停滞的现象，称为身体素质发育的停滞阶段。

三、身体素质发展的敏感期

（一）身体素质敏感期的概念

"敏感期"一词是荷兰生物学家德·弗里在研究动物成长时首先使用的。后来，蒙台梭利在与儿童的长期相处中，发现儿童的成长也会产生同样的现象，因而提出了敏感期的理论，并将它运用在幼儿教育上。她认为，在孩子生命成长的某个时间段，会受内在生命力的驱使，本能地专心尝试或学习其所感兴趣的特定事物，直至内在需求获得满足或这种兴趣减弱。孩子正是通过一个接一个的敏感期来成长和发展自己的。在幼儿的教育上，抓住敏感期对提升幼儿的智力有极其重要的作用。

身体素质的发展同样存在敏感期。青少年在成长过程中，各种器官机能的发展不均衡，但身体素质有着较明显的发展规律，表现在不同的年龄阶段，各项素质增长的速度不同，存在着一个或几个某种身体素质增长速度特别快的期间或年龄段，该期间或年龄段即为相应身体素质增长的敏感期，在这段时期所对应的身体素质能力发展相对迅速。通常以年增长率的均值加一个标准差作为确定敏感期范围的标准。年增长率等于或大于标准值的年龄阶段为敏感期，小于标准值的为非敏感期。身体素质发展的敏感期大多集中在儿童少年时期，其发展到高峰的年龄男子一般在19~22岁，23岁后缓慢下降呈单峰形；女子在11~14岁出现第一个波峰，14~17岁趋于停滞或下降，18岁后回升，19~25岁出现第二次波峰，呈双峰形。

(二) 身体素质敏感期的重要性

身体素质敏感期大多集中在青少年时期，对普通儿童少年而言，在其敏感期发展相应的身体素质对日后的身体技能学习极为重要。如果身体素质发展错过了相应的敏感期，则相应的身体素质将很难达到理想水平，错失敏感期可能带来无法弥补的损失。例如，成年人学习游泳往往缺乏协调性和柔韧性，身体僵硬、精神紧张、动作不协调，造成游泳时身体总是下沉，很难掌握游泳的技巧，而且最后即使学会了游泳，也同青少年时期即掌握游泳技能的人有很大区别。运动能力差会对人的心理造成不同程度的影响，使人产生自卑的心理，长期在运动场边充当旁观者，不愿意在公共运动场所活动，这对其未来的身心发展都会带来负面的影响。虽然运动能力在一定程度上受到地域和先天遗传基因等因素的影响，但大部分的运动能力都是通过后天的培养和训练获得的。当前国内外一些优秀运动员能取得骄人的成绩，与其在身体素质敏感期打下良好的基础是密切相关的。

我国青少年身体素质的下降趋势已经持续了二十多年。2007年5月，教育部等有关部门指出青少年时期是各项身体素质发展的关键期，要求学校、社区和家庭联合起来，鼓励学生走向操场、走进大自然、走到阳光下，培养青少年良好的体育锻炼习惯和健康的生活方式。2014年1月，共青团中央、教育部、国家体育总局、全国学联也开展了大学生"走下网络、走出宿舍、走向操场"主题群众性课外体育锻炼活动，旨在引导和帮助大学生提高参加体育锻炼的积极性、形成良好的体育锻炼习惯、提升身体素质。基于此，政府职能部门、社会各界、学校和家庭需要共同努力，促使青少年加强体育锻炼，在各个身体素质敏感期发展相应的身体素质，这不仅可以让青少年取得良好的锻炼效果，扭转青少年身体素质下降的趋势，而且可以为日后运动技能的学习打下坚实的基础，在提高运动能力的同时延长运动寿命，减少运动伤害事故。特别是处于生长发育期的青少年，全面发展身体素质，对于提高广大青少年的健康水平至关重要。体育锻炼如能与遗传、自然生长发育有机地配合，并注意在身体素质发展的敏感期有计划、有目的、科学地进行安排，会取得事半功倍的效果。

（三）各项身体素质发展敏感期

在青少年生长发育过程中，其身体素质随着年龄的增加而不断发展。伴随着各器官系统机能的不断完善，各项运动能力的发展呈现明显的波浪形和阶段性特征。儿童少年时期身体的生长发育从身体形态、机能、骨骼和肌肉看，先后顺序为：先远端后近端，先四肢后躯干，先下肢后上肢，即足→小腿→下肢→手→上肢→躯干。而且，在青少年时期，男孩和女孩的成长发育过程并不同步，男孩的成长最快期要比女孩晚两年，在性成熟时身高和体重的最快发展期女孩要早于男孩一年或两年。但不论是男孩还是女孩，他们身体的形态特征发展的最快时期都在 12～15 岁。因此，从年龄上看，各身体素质敏感期均有所不同。

1. 力量素质的发展

力量素质自然增长的总趋势是，在 18～19 岁以前随年龄的增长而持续稳定地增长。但是在青少年生长发育期间，发展不同力量素质的最佳年龄是不一样的，男、女也存在较大差别。

（1）最大力量

男子 17 岁以前，女子 15 岁以前最大力量增长较快。其中，男子 12～15 岁，女子 10～12 岁增长速度最快，为最大力量快速增长的突增期。男子 18～25 岁，女子 16～20 岁增长速度缓慢；男子 25 岁左右，女子 20 岁左右达到最高水平。男、女均持续到 35 岁左右仍保持有较高的最大力量水平。

12 岁以前的儿童时期，男、女的最大力量差异较小，女子大约为男子的 80%～90%。13 岁以后，由于男子最大力量增长较快，而女子增长速度减慢，使男、女之间的差距逐渐加大。从 13 岁开始，呈现出随着年龄的增加，男、女之间最大力量差距逐渐加大的趋势。到成年，女子的最大力量为男子的 2/3 左右。

（2）力量耐力

男子 18 岁以前，女子 12 岁以前力量耐力增长较快。其中，男子 15～17 岁，女子 10~11 岁增长最快；男子 22 岁左右，女子 20 岁左右达到最高水平；男子 19~22 岁处于缓慢增长阶段；一般情况下，23 岁以后，力量耐力水平缓慢下降。如果从 20 岁后仍坚持系统的体育锻炼，直到 35 岁仍可保持较高的水平。女子的力量耐力，一般在 12 岁左右出现一个高峰（腰腹肌力量耐力达到最高水平），13~18 岁出现下降或增长停滞现象；直到 19~20 岁左右，又出现一个高水平阶段。

10 岁前，男、女力量耐力差异较小；11 岁后，男、女之间的差距逐渐加大；15 岁以后女子的腰腹肌力量耐力约为男子的 75%。克服自身体重的臂肌力量耐力女子只有男子的 30% 左右。

(3) 速度力量（爆发力）

一般上肢肌肉的爆发力表现为投掷能力的强弱，下肢肌肉的爆发力表现为弹跳力的好坏。研究表明，下肢肌肉的爆发力（弹跳力），男子 15 岁，女子 13 岁以前增长较快。其中，男子 10~14 岁，女子 8~12 岁为快速增长期；男子 16 岁，女子 13 岁以后增长速度减慢；男子 20 岁，女子 18 岁左右达到最高水平，此后开始逐渐下降。上肢的爆发力随年龄变化的趋势与下肢爆发力的变化趋势基本相同，只是上肢爆发力达到最高水平后，一直到 30 岁仍能保持较高的水平。

国外曾有专家研究发现：男子 8~11 岁、女子 9~10 岁为跳跃能力发展的决定性时期；男子 9~15 岁、女子 8~12 岁为投掷能力发展的决定性时期。

下肢肌肉的爆发力，12 岁以前男、女之间的差异较小，女子约为男子水平的 90%。此后，随年龄的增长其差距逐渐加大，17 岁以后女子约为男子水平的 2/3。上肢肌肉的爆发力，男女 7~20 岁各年龄间差异比较稳定，女子大约为男子水平的 2/3。

2. 速度素质的发展

男子在 8~13 岁，女子在 9~12 岁，速度素质的自然总增长率最大。若从小注意训练，14 岁以后增长率减慢，16~18 岁不再出现明显的增长。

(1) 反应速度

反应速度随年龄的增长而提高，其中，起重要作用的是遗传因素（遗传度高达 0.75 以上），后天的体育锻炼主要是使受遗传因素决定的反应速度表现出来。青少年在 6~12 岁阶段，反应速度大幅度提高，尤其是在 9~12 岁明显加快，到 12 岁时达到第一次高峰。12 岁以后反应速度增长减慢，16~20 岁出现增长的第二次高峰。总的来说，反应速度随年龄增长而提高。2~3 岁的反应速度为 0.50~0.90 秒，5~7 岁为 0.30~0.40 秒，12~14 岁时接近成人为 0.15~0.20 秒。9~12 岁阶段如果能加强体育锻炼，反应速度将增长最快，否则增长缓慢或不易提高。从事体育锻炼的青少年较不锻炼的青少年在反应速度方面有很大的差别。

(2) 动作速度

4~5 岁小孩的动作角速度为 26.1~37.1rad/s。随着年龄的增长，动作速度不断提高。13~14 岁时，完成单个动作的速度已接近成年人的水平。如，角速度可达到 42.0~86.1rad/s。因此，在 9~13 岁时发展动作速度可取得较好的效果。

(3) 位移速度

苏联日丹若夫和德国帕特尔等对青少年跑的最高速度变化的多年研究结果表明：7~13 岁是位移速度提高最快的时期。其中，男子 8~13 岁、女子 9~12 岁增长速度最快。男、女增长的总趋势是：13 岁以前，男、女的位移速度差别不大；13 岁以后，男子仍然持续增长，提高的幅度明显超过女子。

3. 耐力素质的发展

耐力素质发展的最佳时期为男子 10~20 岁，女子 9~18 岁。由于耐力素质的好坏取决于有氧供能系统和无氧供能系统的机能状况，因此，它可分为有氧耐力和无氧耐力。其中，无氧耐力的发展早于有氧耐力。

(1) 有氧耐力

女子 9~12 岁时，有氧耐力指标有较大幅度的增长，进入性成熟期后 2 年（即 14 岁以后），有氧耐力水平下降，16 岁以后下降速度减慢。男孩 10~13 岁时，耐力素质大幅度提高，出现第一个增长高峰；16~17 岁时有更大幅度的提高，出现第二个增长高峰。特别是 16 岁时，60% 强度的有氧耐力指标增长幅度超过 40%。

(2) 无氧耐力

男子在 10~20 岁期间，无氧耐力水平逐年增加，并在 10 岁、13 岁、17 岁出现三次增长高峰。特别是 16~20 岁增长幅度最大，说明此时无氧耐力正处在良好的发展时期。女子无氧耐力从 9~13 岁均逐年递增，14~17 岁时有所下降。出现下降的主要原因是女子在此阶段体重增加较快，与最大吸氧量有关的指标在 14 岁时已接近最高水平，15~17 岁时仍停留在已有的水平上，所以在 15~18 岁期间应加强无氧耐力训练。

总之，男、女在青春发育期前耐力素质差异很小，随着年龄的增长其差距逐渐加大，12岁前女子耐力水平约为男子的95%，16岁后女子约为男子的80%。

发展耐力素质应从培养有氧耐力入手，并在9~12岁时就为一般耐力的发展打下基础，从15~16岁开始逐渐进行无氧耐力训练。

4. 灵敏素质的发展

灵敏素质是各种素质能力的综合表现。7~13岁是灵敏素质发展效果最好的阶段，10~13岁可以学习任何复杂、高难度的技术动作。研究表明，灵敏素质在儿童时期发展较快，特别是7~9岁阶段发展最快。男、女均在19岁左右达到最高水平，此后有缓慢下降的趋势。灵敏素质的性别差异是：12岁前男、女差异较小，男子比女子稍灵活些，此阶段女子灵敏性约为男子的95%，年龄越小其差异越小。到成年时，女子灵敏性约为男子的85%。

5. 柔韧素质的发展

研究发现，四肢的柔韧性与身体运动能力的关系很小，而躯干和髋部的柔韧性与运动能力的关系密切。所以体质研究人员多对人体躯干和髋部关节的柔韧性进行研究。研究结果显示：脊柱伸展的灵活性，男性在7~14岁，女性在7~12岁有显著性提高，年龄较大时提高缓慢。肩关节灵活性在12~13岁以前提高较快。髋关节灵活性是在7~10岁提高幅度最大，以后柔韧性提高缓慢，13~14岁时接近成年人的水平。

儿童时期柔韧性最好，这是由于儿童时期骨骼的弹性好，可塑性大，关节韧带的伸展度大。如果从儿童时期开始柔韧性练习，对发展柔韧素质会更有成效。到11岁左右，由于进入人体发育的快速阶段，身高、体形、生理等方面变化很大，此时柔韧素质发展速度减慢，至青春发育后期18~20岁左右趋于停止。此后柔韧素质处于逐渐下降的趋势。男、女比较表明，女子的柔韧素质比男子好些。

总而言之，任何人都具备基本的身体素质，但是经过锻炼的人要比未经过锻炼的人身体素质水平高，因为科学的体育锻炼可以全面提高人的身体素质。

四、各项身体素质训练要点

儿童、青少年时期身体发育旺盛，神经系统灵活，适应性和模仿能力强，有很大的可塑性，是进行身体素质发展的大好时机，前节描述了该时期不同身体素质发展的敏感期,因此,要充分运用不同身体素质发展的敏感期,对不同年龄阶段的儿童、青少年有所侧重地采用不同的身体素质锻炼方法来充分发展其相应的身体素质。因此,针对儿童、青少年的身体素质训练总的要点就是充分把握好各身体素质发展的敏感期,在敏感期内发展相应的身体素质。

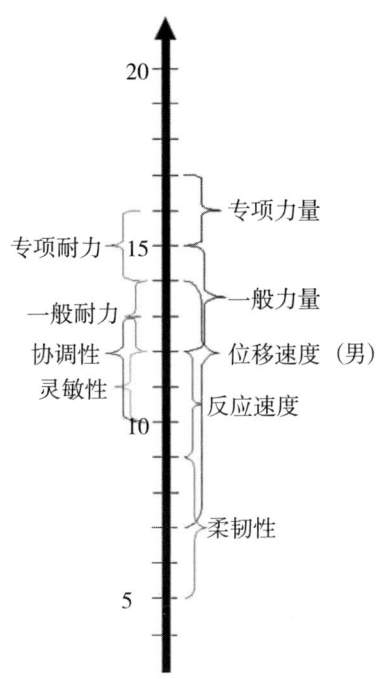

图 3-1 不同身体素质的敏感期特征

表 3-3 不同身体素质的发展敏感期

反应速度	动作速度	跑的速度	动作频率	速度力量	爆发力
9~12	9~13	7~13 8~13(男) 7~12(女)	4~9	7~16(男) 7~13(女)	10~14(男) 10~13(女)
力量耐力	绝对力量	耐力	灵敏	柔韧	协调能力
7~17(男) 7~13(女)	11~13(男) 16(男) 9~12(女)	10~13(男) 16(男) 9~12(女)	7~13	7~14(男) 7~12(女)	7~14 6~9(一般) 9~14(专项)

(一) 力量素质训练要点

儿童时期骨骼系统中软组织多，骨组织内的水分和有机物较多，无机盐少，骨骼弹性好，不易折断，但坚固性差，易弯曲，鉴于这些生理学特点，儿童时期的力量训练不宜采用大强度。这个时期可适当进行发展力量耐力的训练，通过小负荷，特别是克服自身体重的练习，如俯卧撑、仰卧起坐、反复下蹲等练习，使全身肌肉力量得到适当发展，增加肌肉中毛细血管和肌红蛋白的数量，改进输氧功能。12岁以后，逐渐进入青春期，可逐渐增加力量训练，并以动力性力量为主，少用或不用静力性练习，特别要尽量避免出现憋气动作，以免胸内压的突然变化而影响心脏的正常发育。

(二) 速度素质训练要点

根据动作速度和动作频率自然增长的规律，训练时应在发展速度的同时兼顾力量等其他素质的发展。因此，7~11岁期间训练的重点应放在动作速度和跑的频率的安排上。从入学年龄起，就要充分利用一切能提高动作频率和动作速度的手段进行练习，练习中要采用适当的手段调动、提高和保持少儿对练习的兴趣和积极性，防止练习过程中因疲劳而产生不良影响。

12~15岁期间的练习，要在力求稳定已经获得的动作速度和动作频率的前提下，采用提高速度力量和肌肉最大力量的方法来培养速度。

16岁以后，在防止产生"速度障碍"的前提下，其训练几乎与成人完全一样，可以用最大力量负荷和最高频率进行最高速度的训练。为防止产生"速度障碍"，应经常变换练习的各种组成手段及指标。

(三) 耐力素质训练要点

少年儿童耐力训练必须以有氧耐力训练为主。过早地进行无氧耐力训练，会严重地影响到他们的循环系统未来的功能水平。此外，从生理上讲，少儿血红蛋白、肌红蛋白含量较成年人少，无氧代谢能量贮备不足，酸中毒现象要靠心血管系统补偿来消除，因此，无氧代谢能力的发展受到限制。少年运动员从青春期开始以后进行无氧耐力训练为好。

少儿进行耐力训练的内容手段应是多种多样的，不应只局限于长跑的练习，可选用活动性游戏、球类活动、骑自行车、滑冰、登山和循环练习等。

少儿进行耐力训练的基本方法为持续训练法。此外，还可用法特莱克式的变速跑等。假如使用间歇训练法，则应以小强度的间歇法为主，工作强度控制在 30%~60%，练习的总时间为 20 分钟左右。练习与休息时的比例可按 1∶1 安排。随年龄增长，到 15 岁以后可使用较大强度的间歇训练法。

(四) 灵敏素质训练要点

神经系统是人体生长发育最早和最快的系统，如 6~12 岁孩子节奏感较好、7~11 岁具有良好的空间定向能力、7~12 岁具有良好的反应能力等，这些都为发展灵敏素质提供了良好的条件。女子进入青春期后，由于体重增加，内分泌系统也发生了变化，会影响到灵敏素质的训练与表现。

灵敏素质训练一般安排在训练课的前半部分，在机体体力充沛、精神饱满时进行。教练员在指导灵敏素质训练时，应采用多种手段，消除某些专门练习时参与者的紧张心理，以保证取得最佳效果。

(五) 柔韧素质训练要点

由于少年儿童的生理特点，发展少儿柔韧素质较为容易，因为和成年人相比，其关节面角度大、关节面的软骨厚、关节内外的韧带较松弛等。因此，对柔韧性要求很高的运动项目（如健美操、体操、武术、体育舞蹈、花样滑冰等）应在 7 岁以前进行练习，力争在 12 岁以前得到较好的发展。有些项目对柔韧性要求并不高，只要少儿选手的柔韧性能达到专项技术动作要求，并有一定的柔韧性"储备"，就没有必要过分地发展。

在进行柔韧性训练时，应多用"缓慢式"和"主动性"活动，这是因为少儿关节牢固性差，骨骼易弯曲变形，长时间用力掰、压等，容易造成关节、韧带的损伤和骨骼的变形，不利于健康成长。少儿 13~16 岁生长发育较快，身高、体重明显增加，柔韧性下降，骨骼能承担的负荷较弱，易出现骨骼损伤，因此，要防止过分扭转肌肉骨骼的活动，以免造成损伤。16 岁以后，可逐渐加大柔韧性练习的负荷量和负荷强度。

思考题

(1) 体育锻炼对机体能产生哪些方面的影响？
(2) 什么是敏感期？敏感期具有什么意义？
(3) 青少年身体素质发展具有什么特征？

(4) 试简述儿童、青少年阶段主要身体素质敏感期的年龄特征。

(5) 试简述儿童、青少年阶段主要身体素质的训练要点。

参考文献

[1] 王瑞元（主编）.运动生理学［M］.人民体育出版社，2005，6.

[2] 李鸿江（主编）.青少年体能锻炼［M］.高等教育出版社，2007.

[3] Oded Bar-Or（Editor）. The Child and Adolescent Athlete［M］. Blackwell Science，1996.

[4] James H. Humphrey（Editor）. Child Development Through Sports［M］. Routledge，2010.

第四章 测试与评估

【本章导语】 本章共包含两节内容：第一节着重介绍了 FMS、SFMA 以及 Y-balance 测试，通过这三项测试评估运动员的伤病情况，是否存在潜在的伤病风险，再告诉运动员和教练员训练前应该解决什么、训练中需要规避什么，以保证训练科学有序地进行；第二节介绍了多种身体运动功能的测试，其中涵盖有力量测试、速度灵敏测试、耐力测试、柔韧测试等等，这些测试有的可以运用到各个项目中，有的是某项目特有的测试。通过本章的学习，希望学习者可以了解选取各种测试的目的，掌握身体运动功能训练中的测试流程，并熟练地对各种测试进行操作。

第一节 FMS 测试以及 SFMA 测试、Y-balance 测试

FMS 测试、SFMA 测试和 Y-balance 测试是身体运动功能训练前进行的测试中最常用的三种检查手段，其主要目的是检查发现身体在运动中存在的受伤风险，发现并解决身体存在的薄弱环节，并为之后的训练和治疗提供依据和参照。

按照测试名称的英文构成（Functional Movement Screen，Selective Functional Movement Assessment，Y-balance Test）我们对三项测试进行分析。

(1) test（测试）——测试运动能力；

(2) screen（筛查）——评定损伤风险；

(3) assessment（评估）——评定运动损伤（有明确疼痛部位）。

能力等级：

在进行身体运动功能训练之前，我们首先通过 SFMA 对运动员的身体进行检查，了解运动员出现疼痛的具体部位以及活动受限的具体环节，再通过 FMS 对运动员受限的动作进行检查，确定运动员哪些受伤的隐患在身体功能训练中是需要提前解决，哪些动作在训练中是要规避的。最后，通过 Y-balance 测试对比身

体上下肢左右侧的肌肉力量,关节稳定和灵活,躯干的稳定性,本体感觉做出对比。因此,Y-balance Test 实际上是比 FMS 测试和 SFMA 测试更高级的测试。

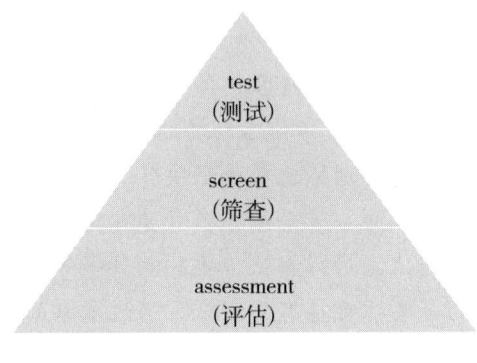

图 4-1

一、功能性动作筛查(FMS)

功能性动作筛查全名为"Functional Movement Screen",简称 FMS,是一种简单的、量化的基础运动能力评估方法。它通过简单的七个动作来测试受试者在进行这些动作时动作是否稳定,关节是否灵活,左右两侧是否相对对称,是否存在疼痛或者是功能障碍,是否出现功能性代偿,从而预估被测试者受到运动损伤的风险,同时对受试者的康复治疗或是身体运动功能训练给予方向性的指导。

(一)测试方法

FMS 测试包括深蹲测试、跨栏架、前后分腿蹲、肩关节灵活性、直腿上抬、躯干稳定俯卧撑、旋转稳定性共七项测试。测试的评分按 3、2、1、0 分记分。3 分表示受试者能标准完成要求动作,不出现任何代偿或者不稳定的现象。2 分表示受试者能完成动作但是存在不稳定或者是代偿,或是能够完成降低难度后的动作。1 分表示受试者不能按要求完成动作。但所有有分的基础都是建立在其做动作时没有疼痛，或者是排除性测试检查没有疼痛之上。一旦出现疼痛则该动作只能计作 0 分。

1. 深蹲测试

深蹲测试主要检测受试者身体两侧的对称性，身体后链的紧张度，以及肩、髋、膝、踝关节的灵活性。测试时，受试者两脚平行开立略比肩宽，脚尖朝前，双手握杆屈肘 90°放置于头上，使大臂和横杆与地面平行。开始时受试者双手握住横杆上举并伸直手臂后缓慢下蹲至不能继续下蹲（图 4-2）。下蹲时要求受试者双脚始终紧贴地面，抬头挺胸，两眼平视前方。在平地上不能很好完成下蹲动作，则将其足跟抬起，踩在木板上完成该测试。在此测试之后要进行体前屈的排查测试，测试者双脚并拢，做体前屈的动作，在做这个动作的时候如果出现疼痛症状，则深蹲测试评分为 0。

起始动作

3 分动作

2 分动作

身体运动功能训练

1 分动作

图 4-2

2. 跨栏架测试

跨栏架测试主要检测受试者髋、膝、踝、关节的灵活性与稳定性。测试时，受试者双脚并拢，脚尖抵住栏架挡板，栏架高度为小腿胫骨粗隆到地面的高度，将横杆扛于肩上并与地面保持平行（图 4-3）。测试时，受试者保持身体其他部分不动，单腿跨过栏架，脚后跟接触地面后抬腿跨回到起始姿势。整个过程要求控制好自己的身体缓慢进行，且需要连续跨过栏架 3 次。

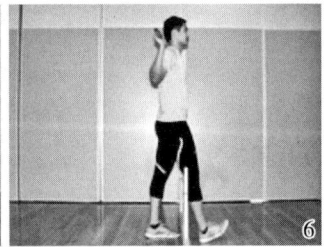

3 分动作

2分动作

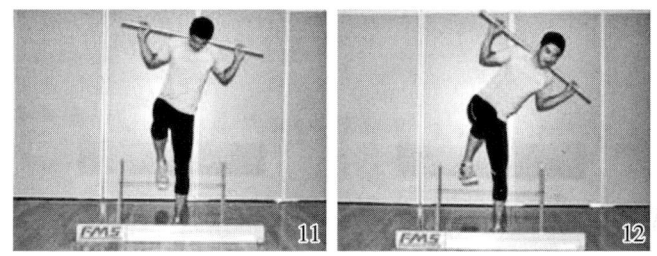

1分动作

图4-3

3. 前后分腿蹲测试

前后分腿蹲测试主要用于检测膝关节、踝关节的稳定性和髋关节的灵活性。受试者双脚前后站立在测试板上,左脚脚尖踩在测试板0刻度线以后,右脚向前跨出,其足跟的位置为之前所测小腿胫骨粗隆到地面的距离刻度。受试者将木杆放于身后,左手从颈后握住木杆上端并贴紧颈部,右手从背后握住木杆底部并贴紧腰背,保持木杆与头、肩背、臀三点接触并缓慢竖直下蹲至后脚膝关节触到测试板,每一测需连续完成3次下蹲(图4-4)。

起始动作

3 分动作

2 分动作

1 分动作

图 4-4

4. 肩关节灵活性测试

肩关节灵活性测试可以检测运动员身体两侧肩关节的活动范围和肩关节内收

内旋外展外旋能力。受试者站立两脚并拢身体挺直，先伸直手掌测手的长度。测试时，双手握拳，拇指握于掌心，两臂从侧平举开始，两手分别从颈后和腰骶相互靠近，测试两拳之间的距离（图4-5）。每一侧手需要连续完成3次后方可换另一侧做，且测试过程中要求受试者每次完成动作时都一次性到最大范围。在此测试之后，测试者需进行肩关节疼痛排除性测试，其动作要求测试者将一侧手放在对侧肩上，按住并向上抬肘至最大幅度，其间手掌不能离开肩部，如上抬过程中出现疼痛则肩关节灵活性测试为0分。

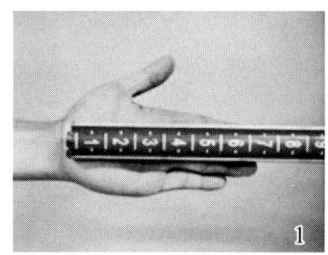
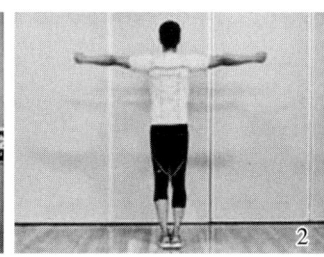

起始动作

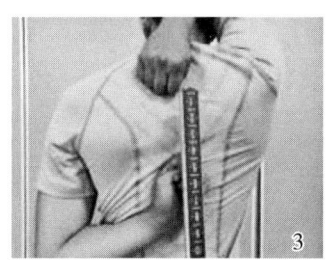
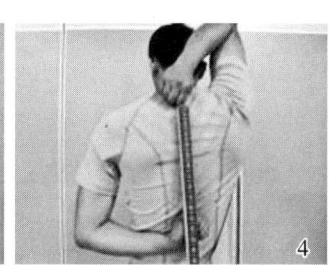

3分动作　　　　　　　　　　2分动作

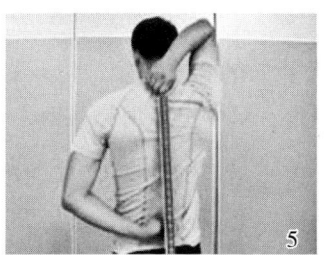
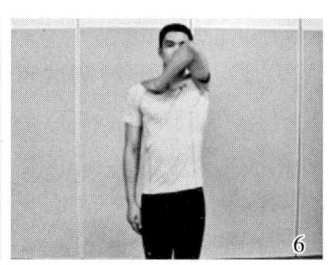

1分动作　　　　　　　　　　排除性测试动作

图4-5

5. 直腿上抬测试

直腿上抬测试主要用于检测受试者后侧肌群的柔韧性、前侧主动收缩能力以及骨盆稳定性。受试者仰卧平躺，双手自然放于体侧，掌心向上。膝关节压在测试板上，测试者找到受试者髂前上棘到膝盖之间的中点并树立标志杆。受试者左腿膝关节始终压住木板并保持脚尖向上，左腿膝关节伸直并缓慢向上抬起至最大限度后下落（图 4-6），每一侧连续重复完成 3 次。

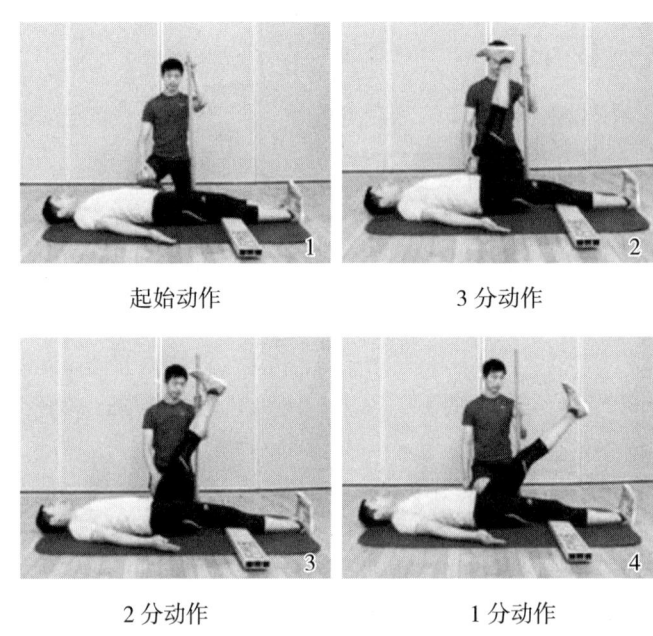

起始动作　　　　　　　　　　3 分动作

2 分动作　　　　　　　　　　1 分动作

图 4-6

6. 躯干稳定性俯卧撑测试

躯干稳定俯卧撑可以检测被测试者矢状面的躯干稳定性以及肩关节的力量。受试者从俯卧位开始，双脚并拢膝关节伸直，双手撑地拇指相对，虎口位置与两侧肩峰同宽，拇指高度为头顶发际位置（女性为下颚位置）。开始时，小腿绷直，膝关节离开地面，两侧肘打开与地面垂直，一次性发力将身体推起完成一个标准的俯卧撑，推起过程中需要受试者身体绷直，不出现上臂与腰腹部分先后推起的过程（图 4-7），如若受试者不能按标准完成，则降低难度（男性到下颚，女性到锁骨位置）再次进行测试。测试后还需进行躯干稳定俯卧撑的疼痛排查，受试者俯卧，双手将躯干撑起，头部后仰，髋关节以下仍然保持压在地面上，如动作出现疼痛，则本测试 0 分。

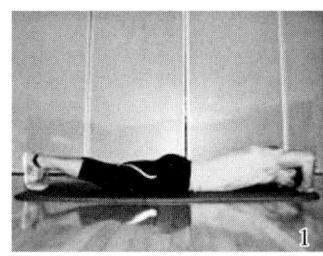

3 分动作

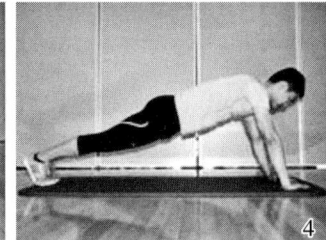

2 分动作

1 分动作　　　　　　　　排除性测试动作

图 4-7

7. 旋转稳定性测试

旋转稳定性测试可以检测被测试者在上下肢同时运动时，躯干的稳定性。测试者从六点支撑跪姿开始，双手在肩关节以下，膝关节在髋关节以下，并分别与地面垂直，勾脚尖。双手、双膝以及双脚均在测试板两边并夹住测试板，测试者尝试用一侧手臂与另一侧腿同时向前向后伸展至最远后，用该侧手臂肘关节触碰另一侧膝关节，连续进行三次（图 4-8）。两边均顺利完成三次伸展与肘碰膝后尝试用同一侧手臂和腿支撑，另一侧伸展和肘碰膝。在测试过程中手臂、膝盖和脚始终接触测试板，重心保持稳定。测试后还需进行跪姿伏地的疼痛排除性测试，受试者双膝跪坐在地面，手臂前方，肩关节打开，臀部坐于后脚跟处，躯干下压。如果出现疼痛，则本测试0分。

起始动作

3分动作

 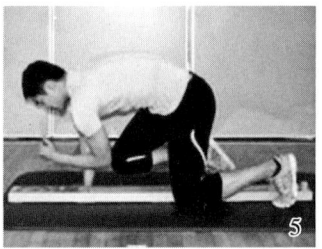

2分动作

1分动作

排除性测试动作

图 4-8

(二) 评分标准

表 4-1 FMS 评分表

测试项目	得分标准		
1. 深蹲	3	2	1
体前屈 痛/不痛 总得分	*上身与胫骨平行或接近垂直 *股骨低于水平线 *膝与脚成一条直线 *圆棍在脚的正上方	*不能完全满足以上条件，但仍能完成动作 *在足跟下垫木板的前提下能完成动作	*躯干与胫骨不平行 *股骨没有低于身体水平线 *膝与脚不成一条直线 *腰部明显弯曲
2. 跨栏架步	3	2	1
左腿起 右腿起 总得分	*髋、膝、踝在矢状面上成一条直线 *腰部没有明显的移动 *木杆与栏架保持平行	*髋、膝、踝在矢状面上不成一条直线 *腰部有移动 *木杆与栏架不平行	*脚碰到栏绳 *身体失去平衡
3. 前后分腿蹲	3	2	1
左腿前 右腿前 总得分	*木杆仍保持与头、腰椎或骶骨接触 *躯干没有明显移动 *木杆和双脚仍处于同一矢状面 *膝盖接触木板	*木杆不能保持与头、腰椎或骶骨接触 *躯干有移动 *两脚没有处于同一矢状面 *膝盖不能接触木板	*身体失去平衡

(续表)

测试项目	得分标准		
4. 肩部灵活性	3	2	1
	*距离在一个手掌长以内	*距离大于等于一掌长，小于等于一个半掌长	*距离超出一个半手掌长
左手上			
右手上			
撞击测试 R 痛 / 不痛 L 痛 / 不痛			
5. 主动直膝抬腿	3	2	1
	*测试腿脚跟抬起超过大腿中点与髂前上棘间	*测试腿脚跟抬起停留在大腿中点于膝关节中点间	*测试腿脚跟未能超过对侧膝关节
左腿起			
右腿起			
总得分			
6. 躯干稳定性俯卧撑	3	2	1
	*在规定姿势下能很好地完成动作1次	*在降低难度的姿势下能完成动作1次	*在降低难度的姿势下也无法完成动作或者出现动作代偿
跪姿伏地 痛 / 不痛 总得分	*男运动员的拇指与发际在一条线上 *女运动员拇指与下颌成一条线	*男运动员的拇指与下颌在一条线上 *女运动员拇指与锁骨成一条线	
7. 旋转稳定性	3	2	1
左手起	*运动员进行重复动作时躯干与木板保持平行	*运动员能够以异侧对角的形式正确完成动作	*失去平衡或者不能正确完成动作
右手起			
撑地挺身痛 / 不痛	*肘和膝接触时同木板在同一线上		
总分			

二、选择性功能动作诊断（SFMA）

SFMA 是由 Gray Cook 等人结合运动学的一些动作、运动医学和临床医学的检测手段设计的。选择性功能动作诊断是一个基于动作模式的诊断系统。在实践中我们发现在很多运动医学的检查中,我们的思维往往受到标准化医疗流程的影响,我们更多是从"哪疼治哪,哪病医哪"的观点来看待疼痛,这样的思维模式很多时候使患者并不能得到最有效的治疗,而选择性功能动作诊断的出现则给康复医师们提供了一种新的思路。选择性功能动作评估从运动学的角度,从整体的功能性出发,帮助医生找到那些虽然不疼痛但是有严重功能障碍的动作,进而从中发现更详细的信息。他弥补了现有医学测试的不足,并有效地把身体姿势、肌肉的平衡性和基本动作模式等概念整合到了人体的运动系统中。只有清楚地了解了这些信息,再对患者进行手法治疗和矫正练习才不会再次引发病人的疼痛或使状况更糟。

(一)测试方法

SFMA 的评估分成两个阶段,如果受试者在第一阶段的某个测试动作中出现疼痛,则其将进入 SFMA 的第二阶段评估。SFMA 的第一阶段测试共有 10 个动作,而第二阶段的测试动作一共有 60 个。但是这并不意味着受试者需要对第二阶段的 60 个动作都进行检测,而是依据第一阶段的测试情况有选择地从第二阶段挑出部分动作进行后续测试,这也是 SFMA 为什么叫做选择性功能动作诊断的原因。通过 SFMA 两个阶段的评估,测试人员最终将发现导致受试者出现疼痛的原因所在。下面仅对 SFMA 第一阶段的 10 个测试动作进行描述。

1. 颈部动作测试一

受试者双脚并拢身体直立。开始时,受试者保持身体其他部分不动,尝试用下颌接触胸骨。动作过程中嘴部闭合。(图 4-9)

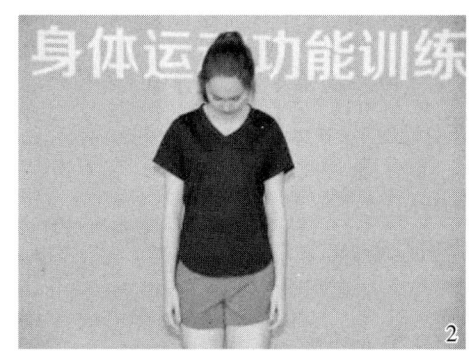

图 4-9

2. 颈部动作测试二

受试者双脚并拢身体直立。开始时，受试者保持身体其他部分不动，头部后仰至最大幅度，面部需与天花板平行。动作过程中嘴部闭合。（图 4-10）

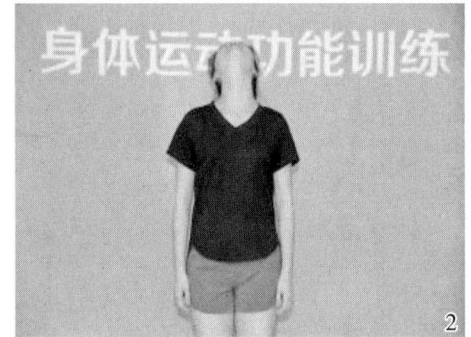

图 4-10

3. 颈部动作测试三

受试者双脚并拢身体直立。开始时，受试者视线朝前，头部以纵轴线为轴向右（左）侧平转转动头部至最大。（图 4-11）

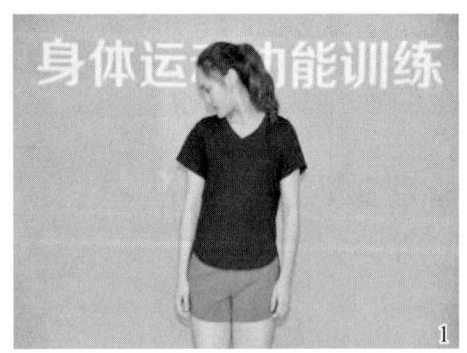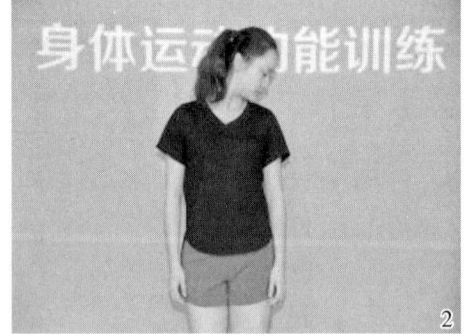

图 4-11

4. 上肢动作测试一

受试者双脚并拢身体直立。开始时，受试者用从下方背后用右手触摸左侧肩胛骨下角，用左手触摸右侧肩胛骨下角。如果某一侧不能触摸到肩胛骨下角，则记录该点距离肩胛骨下角的距离并对两侧做对比。（图 4-12）

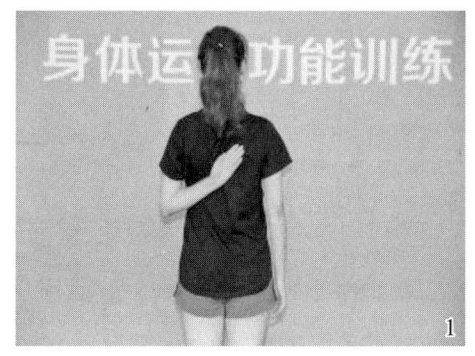

图 4-12

5. 上肢动作测试二

受试者双脚并拢身体直立。开始时，受试者右手过头上举触摸左侧肩胛骨上角，左手触摸右侧肩胛骨上角。如果某一侧不能触摸到肩胛骨上角，则记录该点距离肩胛骨上角的距离并对两侧做对比。（图 4-13）

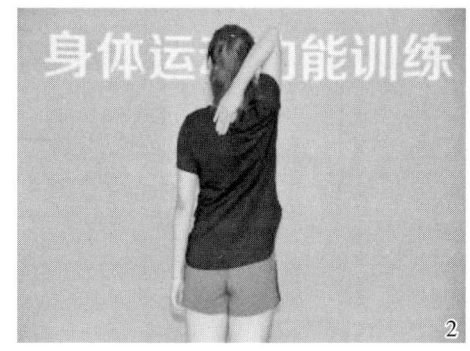

图 4-13

6. 多环节屈曲

受试者双脚并拢身体直立。开始时,受试者体前屈,双手指尖触摸脚尖,动作过程中,膝关节不能弯曲。(图 4-14)

图 4-14

7. 多环节伸展

受试者双脚并拢身体直立。开始时,受试者双手向上伸直掌心相对。受试者脚部不能移动并尽可能地向后伸展,肩胛骨上角应超过双脚脚后跟,且髂前上棘超过双脚脚尖。(图 4-15)

图 4-15

8. 多环节转动

受试者双脚并拢身体直立，双手置于体侧，掌心向内。开始时受试者以纵轴向右侧方向转体，双脚保持不动。测试人员站需在受试者正后方且能够看到其左肩。完成后测试另一侧方向。（图4-16）

图4-16

9. 单腿站立

受试者双脚并拢身体直立，双手置于身体两侧，掌心向前。开始时，受试者抬起右腿，使髋关节和膝关节呈90°并保持该姿势10秒钟后测试另一侧腿。完成后闭眼再进行测试。闭眼测试需先保持动作后再闭眼。（图4-17）

图4-17

10. 双臂上举下蹲

受试者两脚开立与肩同宽，两脚平行站立脚尖向前。开始时，受试者双臂伸直上举过头，然后尽可能向下做深蹲。下蹲时需要受试者双脚脚跟着地，上身挺直，视线朝前。（图 4-18）

图 4-18

（二）评分标准

评分标准细分共四个环节，分别是颈部、肩部、躯干和整体表现，四个环节中再分出十项分别对这四个环节的屈伸旋转模式进行评估，而在这十项评估中再次分成共五十个小项，对筛查者做更细致的分析，找出问题出现的大致区域。这五十个小项代表了五十分，分数越高，说明筛查者的问题越多。同时分数也为今后的治疗和训练提供了参照，对比其提高了多少，都在哪些地方得到提高。

表 4-2 SFMA 测试评分表

选择性功能筛查		
姓名：	时间日期：	总得分：
1. 颈部动作测试一		
□疼痛		
□下颚不能碰到锁骨		
□过度用力，表情痛苦或失去身体控制		

(续表)

2. 颈部动作测试二

☐疼痛

☐倾斜角小于10°

☐过度用力，表情痛苦或失去身体控制

注：在做颈部后仰测试时，要观察受试者是否利用胸部代偿做功。

3. 颈部动作测试三

☐向左转疼痛　☐向右转疼痛

☐左　☐右　　　鼻尖没过锁骨中央

☐左　☐右　　　过度用力，表情痛苦或失去身体控制

注：在做颈部旋转测试时，受试者不能利用肩部的转动带动颈部的转动，颈部转动到胸锁关节和肩锁关节的中间位置，即正常。

4. 上肢动作测试一

☐左侧疼痛　☐右侧疼痛

☐左　☐右　　　不能摸到肩胛内侧

☐左　☐右　　　过度用力，表情痛苦或失去身体控制

注：该测试，受试者肩外旋手指能触摸到对侧肩胛骨下角的位置，即正常。

5. 上肢动作测试二

☐左侧疼痛　☐右侧疼痛

☐左　☐右　　　不能碰到肩胛冈

☐左　☐右　　　过度用力，表情痛苦或失去身体控制

注：该测试，受试者肩外旋手指能触摸到对侧肩胛骨上缘的位置，即正常。

6. 多环节屈曲

☐疼痛

☐无法碰到脚尖

☐骶骨角度小于70°

☐非正常的脊椎弯曲度

☐失去重心

☐过度用力，表情痛苦或失去身体控制

注：该测试，受试者需双脚并拢，手指摸到脚尖即可。

7. 多环节伸展

☐疼痛

☐无法达到或保持躯干170°

☐髂前上棘没超过脚尖

(续表)

□脊柱曲线不平滑
□左 □右　　过度用力，表情痛苦或失去身体控制

8. 多环节转动

□左侧疼痛 □右侧疼痛
□左 □右　　旋转角度小于 50°
□左 □右　　肩转角度小于 50°
□左 □右　　脊柱侧弯
□左 □右　　屈膝
□左 □右　　过度用力，表情痛苦或失去身体控制

注：受试者双手自然放在体侧，先转动头部，再带动身体转动。在髋转动 50°基础上，肩仍需转动 50°，也可站在运动员身体的后方，受试者在转动时，看能否看到对侧的肩为评判标准。

9. 单腿站立

□左侧疼痛 □右侧疼痛
□左 □右　　睁眼站立不到 10 秒
□左 □右　　闭眼站立不到 10 秒
□左 □右　　无法直立
□左 □右　　过度用力，表情痛苦或失去身体控制

注：单腿支撑稳定性测试包括睁眼和闭眼两个测试，在进行闭眼测试时，先抬腿，再闭眼，容许受试者身体出现轻微的晃动。

10. 双臂上举下蹲

□疼痛
□偏离起始站立位置
□躯干或手臂弯曲
□大腿角度高于水平面
□左 □右　　身体向一侧偏移
□左 □右　　过度用力，表情痛苦或失去身体控制

注：该测试，受试者在下蹲到最低处时要保持 1 秒钟再起。

三、Y-balance 测试

Y-balance 由最初"星形测试"演变过来，由于经实验数据研究分析发现仅

Y字这3方向与运动损伤有关,但是另一个"倒Y字"器械则被证明与运动损伤无关;因此,逐渐将"星形测试"简化,形成了现在的Y-balance测试。

(一)测试方法

1. 上肢测试

受试者成俯卧撑姿势,双脚与肩同宽。一侧手置于Y-balance测试板上,手指并拢,拇指不超过红色标志线。开始时,受试者用另一只手按顺序依次分别推碰外侧方向,下侧和上外侧方向的滑块的红色部分外沿至最远距离,并记录该距离,测试需进行三次,记录最高值,每次之间可以有间歇,一旦在测试中测试者碰触到红色区域以外的区域或者不能支撑则需重新测试直到按要求完成(图4-19)。

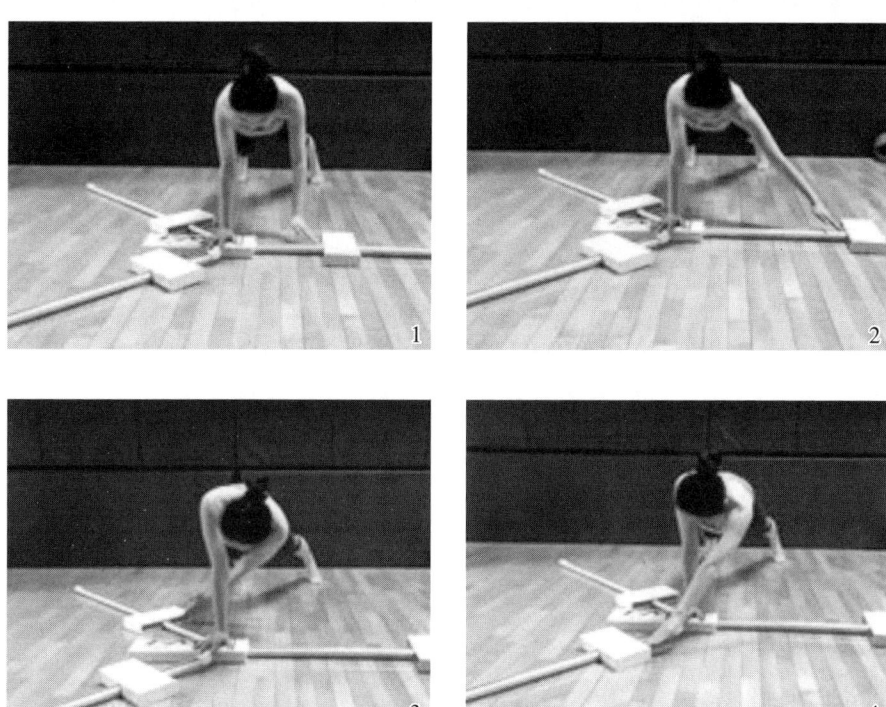

图4-19

2. 下肢测试

受试者单腿站立在测试板上，脚的拇趾垂直正对红色标志线。开始时，另一侧腿按顺序依次向前、斜后侧和后中部方向触碰测试滑块，使滑块的红色部分外沿至最远距离，并记录该距离，测试需进行三次，记录最高值，每次之间可以有间歇，一旦在测试中测试者碰触到红色区域以外的区域或者另一侧脚落地则需重新测试直到按要求完成（图4-20）。

图 4-20

（二）评价标准

由于受试者年龄、身高、性别和所从事运动项目的不同，因而很多时候Y-balance测试的结果是自身做对照，关注左右侧的差距和阶段训练前后的差距以及三个方向上的差距。

上肢的测试中，三个测试方向上，左右侧手测试结果差距不应该超过4厘米。

下肢的测试中，在向前侧方向伸出时，左右腿伸出距离对比，最大差不应超过 4 厘米。在向后中侧与后外侧方向伸出时，左右腿伸出距离的对比，最大差不应超过 6 厘米。

（三）Y-balance 测试注意事项

①测上下肢长度可选择在进行测试前或者后。测上肢长度时，从手臂抬起外展 90° 时测定第七颈椎棘突（颈部下方的骨性突起）到第三手指末端的距离。下肢长度起始位置髂前上棘，终止位置内侧踝下部。

②每个方向最多测试 6 次，分 3 种情况：a. 运动员在测试时最高测试上限次数为 6 次；b. 运动员在测试时前三次测试都有成绩，且第三次比第二次测试成绩有所降低，则可终止测试，以 3 次中最好成绩计算；c. 运动员在测试时出现 4 次测试失败，则直接计算成 0。

③如果单腿站立，异侧腿进行移动推出测试板，则测试腿为站立腿；同时计算方向时则以站立腿为基准，如右腿前侧、后内侧、后外侧。

第二节　运动能力测试与评估方法

一、力量测试与评估常用方法

力量测试主要是评价身体某个部位的力量，因此应选择青少年训练计划中经常使用和特定部位大量肌群参与的手段进行测试。

（一）克服自身体重的力量测试和评估方法

1. 引体向上

测试目的：检测受测者上肢肌肉力量和耐力发展水平（重点斜方肌、背阔肌和肱二头肌）。

测试方法：如图 4-21 所示，受测者双手分开与肩同宽，正握杠，身体呈直臂悬垂姿势。待身体停止晃动后，两臂同时用力，向上引体（身体不能有任何附加动作）；当下颌超过横杠上缘时，回到完全伸展的开始位置，为完成 1 次。测试人员记录受试者完成的次数。

测试要求：测试时，受试者要保持身体挺直，不得有屈膝、挺腹等动作；若借助身体摆动或其他附加动作完成引体，该次不计数；下降过程中身体不能猛然放松，身体要稍微紧张，5秒内不能连续完成第二次，测试即告结束。

图 4-21　引体向上示意图

2. 一分钟俯卧撑

测试目的：检测受测者上肢、胸部和腹部肌肉力量发展水平（重点是胸大肌和肱三头肌）。

测试方法：如图 4-22 所示，受测者开始时双手分开与肩同宽垂直支撑于地面，拇指位于腋窝的下方，手指前伸，两腿略微分开脚尖着地，保持头、颈、后背、臀部及双腿在一条直线上，胸部下方的地板上放一条卷起的毛巾。两肘屈臂降低身体，直至胸部接触毛巾，然后再撑直手臂，抬高身体，为完成1次。测试人员记录受试者完成次数。

测试要求：测试过程中收紧腹部，保持身体在一条直线上，胸部必须触到地板上毛巾方能撑起，恢复到起始姿势时手臂要伸直。

图 4-22　俯卧撑示意图

3. 平板支撑

测试目的：检测受测者核心肌群肌肉力量和耐力发展水平。

测试方法：如图 4-23 所示，受测者俯卧，双肘弯曲支撑在地面上，肩膀和肘关节垂直于地面，双脚并拢脚尖踩地，身体离开地面，躯干伸直，头部、肩部、胯部和踝部保持在同一平面，腹肌收紧，盆底肌收紧，脊椎延长，眼睛看向地面，保持均匀呼吸。测试者记录受测者支撑的时间。

测试要求：测试过程中后背和臀部不能拱起，胳膊尽量放松，一旦身体发生弯曲等变形动作，测试即结束。

图 4-23　平板支撑示意图

（二）抗阻力量测试和评估方法

1. 卧推

测试目的：检测受测者上肢肌群肌肉力量和耐力发展水平。

测试方法：如图 4-24 所示，受测者躺在卧推凳上，屈膝，两脚分开着地，从杠铃架上握紧杠铃（握距稍宽于肩）使杠铃杆下降触及胸部；然后用力上推杠铃，直到肘部完全伸直，为完成 1 次。如此尽最大可能连续推起若干次，根据不同年龄测试者特征，设置杠铃重量。

测试要求：测试前要做好准备活动，充分热身和牵拉，做 3~5 组递增重量卧推练习，确保不发生损伤，在最佳状态下投入测试。受测队员要完全控制杠铃，开始时必须使杠铃杆触及胸部，推起后肘关节完全伸直，如有弯曲，成绩不予承认。在推举过程中，要始终保持后背上部和臀部贴在板凳上，双脚平放在地面上，若推举过程中臀部翘起或脚离地，则该次成绩不予记录。

图 4-24　卧推示意图

2. 深蹲

测试目的：检测受测者下肢肌群肌肉力量和耐力发展水平。

测试方法：如图 4-25 所示，受测者肩负杠铃离开杠铃架后，要保持杠铃杆平衡置于肩背中部，挺胸展肩，两手自然握住杠铃杆，并用拇指锁住杠铃杆，两脚自然分开其宽度与身高成正比，用全脚掌着地，全蹲下去，听到深蹲合格感应器响声或达到参照标志杆高度后，再用力蹲起，为完成 1 次、如此尽最大可能连续蹲起若干次，根据不同年龄测试者特征，设置杠铃重量。

测试要求：测试前要做好准备活动，充分热身和牵拉，做 3~5 组递增重量的深蹲练习，确保不发生损伤，在最佳状态下投入测试。受测者必须掌握正确的技术，控制好杠铃，下蹲后避免低头、弯腰、躯干过分前倾或两膝并拢，整个动作过程要目视前方。

图 4-25　负重深蹲示意图

二、速度测试与评估方法

速度是指在尽可能短时间内完成动作的能力。速度包括反应速度、动作速度和移动速度，一般速度测试采用短距离计时跑，不同项目测试速度的距离不同。30 米冲刺跑是速度评价中最常用的距离。

1. 30 米冲刺跑

测试目的：检测受测者短距离快速冲刺的移动速度能力。

测试方法：如图 4-26 所示，受测者 1 人为一组，在 30 米起点线后准备起跑，听到"预备、跑！"口令后立即全力冲刺跑，身体任何部位移动开表，通过对侧终点线后停表（利用电子记录设备将自动计时）。每人可跑二次，取其中最好成绩。

测试要求：在发出"跑！"的口令前，身体不能有任何动作，不能抬起脚，否则判抢跑；成绩记录数据精确到百分之一秒（如3.61秒），身体任意部位移动开表。

图 4-26　30米冲刺跑示意图

2. 3/4篮球场冲刺跑

测试目的：检测受测者快速反应和起动加速能力。

测试方法：如图4-27所示，受测者在端线后准备起跑，听到"预备、跑！"口令后立即全力冲刺跑，身体任何部位移动开表，通过对侧罚球线后停表（利用电子记录设备将自动计时）。每人可跑二次，取其中最好成绩。

测试要求：在发出"跑！"的口令前，身体不能有任何动作，不能抬起脚，否则判抢跑；成绩记录数据精确到百分之一秒（如3.61秒），身体任意部位移动开表。

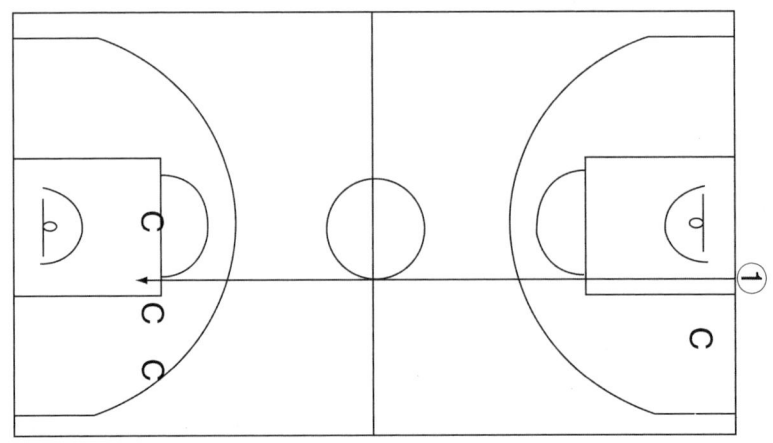

图 4-27　3/4篮球场冲刺跑示意图

三、爆发力测试与评估方法

爆发力即产生最大肌肉爆发力的能力。纵跳是常用来评估爆发力的测试方法，能有效地测量跳跃项目运动员专项爆发力。若想得到精确的功率评价，可采用公式来估计纵跳测试的功率结果。计算最大和平均功率的公式是：

最大功率（W）=6.19×跳跃高度（cm）+36×体重（kg）+1.822

平均功率（W）=21.2×跳跃高度（cm）+23×体重（kg）−1.393

1. 助跑纵跳摸高

测试目的：检测受测者移动中下肢最大爆发力的发展水平。

测试方法：如图4-28所示，纵跳前，先测试伸臂高（原地站立向上伸臂的高度）。受测者两脚平行侧对墙站立，尽量向上伸臂，指尖触摸最高点，测量指尖触摸的高度。然后受测者选择起动位置，根据自己需要采用尽可能多的距离助跑起跳，直臂触摸摸高器的最高点，计算站立摸高和跳起摸高之间的差值，每人两次机会，取最好成绩。

测试要求：测试臂展时受测者靠近墙的脚外、臀外、腋外、肘部和指尖在一条垂直线上，臂尽力向上伸直，不要有缩肩或弓腰等投机取巧行为；助跑起跳时可选择单脚或双脚起跳。

图4-28　助跑纵跳摸高示意图

2. 立定跳远

测试目的：检测受测者水平方向下肢最大爆发力和协调平衡能力发展水平。

测试方法：如图4-29所示，受试者开始时成双脚左右开立，脚尖平行，屈膝向下深蹲或半蹲的基本姿势。起跳时两腿稍分，膝微屈，身体前倾，然后两臂自然前后预摆两次，两腿随着屈伸，当两臂从后向前上方做有力摆动时，两脚用前脚掌迅速蹬地，膝关节充分蹬直同时展髋向前跳起，身体尽量前送，身体在空间成一斜线，过最高点后屈膝、收腹、小腿前伸，两臂自上向下向后摆，落地时脚跟先着地，落地后屈膝缓冲，上体前倾。

测试要求：下肢与髋部肌肉协调快速用力，并与上肢的摆动相配合；起跳时要直臂摆动，摆幅越大，带、领、提、拉动作越强。

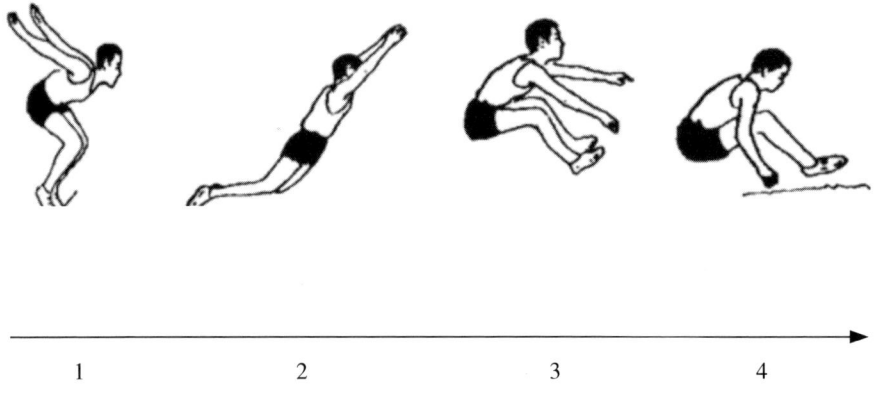

图4-29 立定跳远示意图

四、耐力能力测试与评估方法

耐力能力包括有氧能力和无氧能力两种，有氧耐力是指长时间进行有氧供能的工作能力，常用方法有3000米计时跑和库珀12分钟跑；无氧能力反映运动员在一定持续较长时间内完成高强度练习的能力，可以通过往返跑和直线跑进行测试与评估。

(一)有氧耐力能力测试和评估方法

1. 20米多级折返跑耐力测试(根据音乐节奏)

测试目的:检测受试者有氧耐力能力发展水平。

测试方法:如图4-30所示,选择20米长的场地两侧各贴一条胶带,受试者站立于一侧胶带线后,测试者开启提示音音响,受试者听到音响中发出"嘟"的声音后开始起动,当听到下一声"嘟"的声音时脚要踩到另一侧胶带线返回,依次折返跑,开始速度比较慢,每1分钟后,"嘟"的声音间隔逐渐缩短,受试者跑动速度逐渐加快,跑动过程中,若在"嘟"的声音之前到线,必须等待声响后再起动,若"嘟"的声音发出时未踩到线,必须踩到线才能返回,并被警告一次,若再次出现这种情况被警告,则该受试者测试结束。

测试要求:根据音乐节奏跑动,不论是起动还是跑动中,必须听到"嘟"的声音才能起动或向另一侧折返;若听到"嘟"的声音时未踩到线,第一次警告,第二次测试结束。

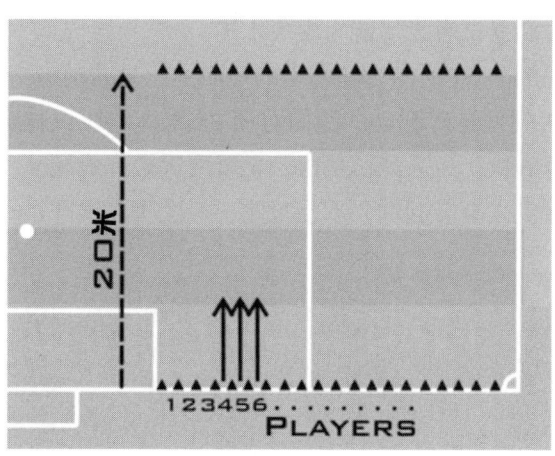

图4-30 20米多级折返跑耐力测试示意图

2. 库珀12分钟跑

测试目的:检测受试者有氧能力发展水平。

测试方法：按照年龄和性别分组，规定在 12 分钟内应跑出的距离，然后根据相应的健身标准评判跑。

测试要求：12 分钟跑的理论根据是当人体达到最大心输出量的运动强度时，训练效果最好。可以以脉搏数为指标，用接近极限运动时的脉搏次数（MHR）减去安静时脉搏数（RHR），然后乘以 70%，再加上安静时的脉搏数，此时的运动量最适宜。

3. 800 米（女子）和 1000 米（男子）计时跑

（略）

4. 3000 米计时跑

（略）

（二）无氧耐力能力测试和评估方法

1. 300 米折返跑

测试目的：检测受试者无氧能力发展水平。

测试方法：如图 4-31 所示，在平坦的地面上测量并画出 25 米标志线，受试者站立于起点，听到发令音起动，跑向对面 25 米标志线，脚踩过线，转身跑回起点，不间断往返 6 次。每人测试两次，记录两次最好成绩。

测试要求：听到发会音起动，不能抢跑；每次脚必须踩过标志线。

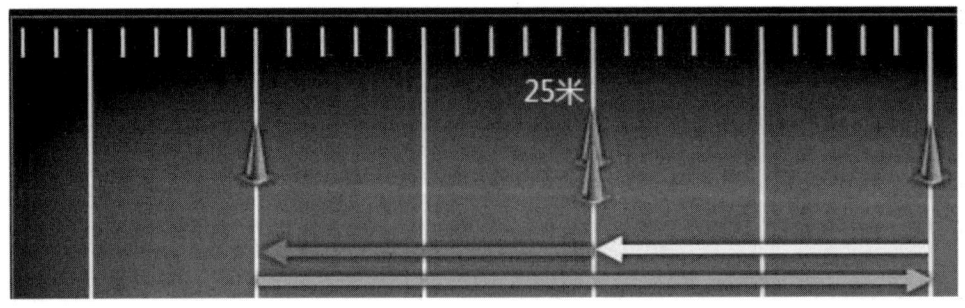

图 4-31　300 米折返跑示意图

2. 篮球场边线之间的 17 次折返跑

测试目的：检测受试者耐受乳酸的无氧耐力能力发展水平。

测试方法：如图 4-32 所示，在篮球场地两边线之间折返 17 次，跑 3~4 组（不同年龄），组间歇 2 分钟。受测者在一侧边线后准备，当听到发令员指令，并且记录台声响信号器发出信号后，快速起跑，每次都要踩过边线，第 17 次冲过另一侧边线后停表，以测试队员的躯干部位通过边线为准。

测试要求：起跑时不能踩边线，在声响信号器响起前，不能抬起脚或抢跑，在跑的过程中，要求运动员每次折返时都要"踩过球场的边线"；在间歇期，受测者到起点处休息，在提示"还有 30 秒！"时，到起点处自己的号位处准备，裁判员在"还有 5 秒钟"时开始发令，不得拖延间歇时。

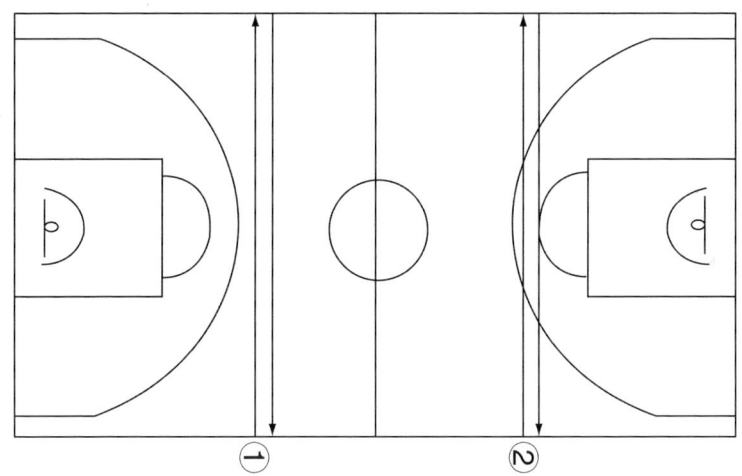

图 4-32　篮球场 17 次折返跑示意图

3. 足球 YOYO 测试

测试目的：检测受试者耐受乳酸无氧耐力能力发展水平。

测试方法：受试者要在距离为 20 米的两个标志物间，以不断增加的速度进行有间歇的往返跑。每名受试者在每个来回中，需按现场播放的鼓点跑动，在返回起跑线时,不得落后鼓点提示,否则视为一次犯规,被出示黄牌,两张黄牌累积一张红牌,视为测试不合格。受试者在20米距离内随着"嘟、嘟"的声音进行带有5秒间歇的两组折返跑,声音节奏不断加快,队员的测试速度也将从8速起步,直至提高到17速。当达到17速时已接近队员的体能极限。受测者根据个人能力在20米折返跑,在57个来回中要完成8、10、12、13、13.5、14、14.5、15、15.5、16、16.5、17、17.3共13个级别的测试,8~10级需要跑2个来回,时间限制12.5秒;12~14级需跑8个来回,14.5~15级需跑3个来回,15.5~17.3级需跑6个来回,时间限制分别不同,跑完全程的合格时间为13分50秒。

测试要求:受试者首次未能跟上既定速度时,将被警告一次,第二次未能跟上既定速度,测试将终止。在起跑信号发出前抢跑的受测者,必须返回起点线重新开始这次折返跑,否则取消测试资格。测试时,受试者从起点线出发,到达20米标志线后必须一脚踩线或过线才能返回,均必须按速度要求,在信号发出时或之前返回起点线,否则视为测试不达标。

五、灵敏测试与评估方法

灵敏是青少年在运动中快速地、爆发性地、控制性地改变身体方向的能力,决定灵敏素质的关键要素是变向速度和感知觉决策水平。常用灵敏素质测试方法包括T测试、埃德格伦侧步测试等。

1. T形变向跑测试

测试目的:检测受试者加速和减速时调整步伐的能力,变向速度及向前、向后和水平移动时身体的控制能力发展水平。

测试方法:如图4-33所示,4个锥桶呈T字形摆放,锥桶A与B相隔10米;锥桶C和D分别放置在锥桶B两侧,相隔5米。准备活动后,运动员从锥桶A站立开始,听到发令音后,受测者快速跑向B,用手触锥桶B;然后向左边侧滑步移动到C,手触锥桶;向右边侧滑步移动到D,手触锥桶(运动员在滑步过程中不用手触锥桶B);侧滑步移动到B,手触锥桶;后退跑跑向A(运动员越过锥桶时停表)。

测试要求:受测者应该始终面向前,两脚不能有交叉,手要触锥桶,未触锥桶者为不合格。

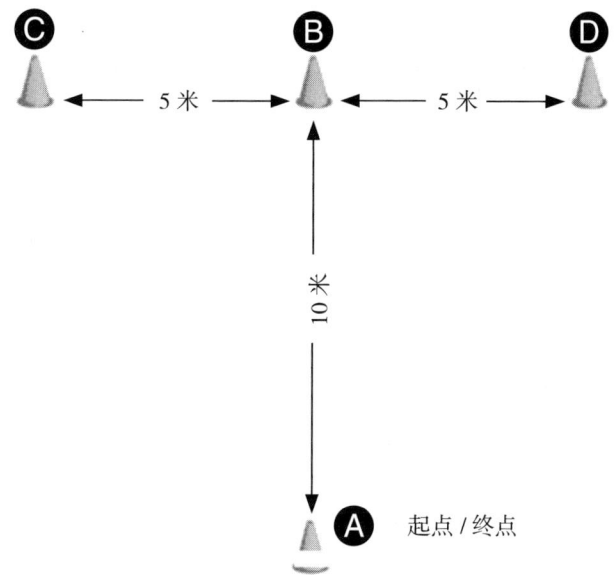

图 4-33　T 测试示意图

2. 20米变向跑测试

测试目的：检测受试者多次变向的技术、腿部力量和爆发力发展水平。

测试方法：如图 4-34 所示，在平坦的地面上，贴 50 厘米长的胶带作为中线，在距离中线两侧 5 米处分别贴上胶带做记号。受试者两脚横跨在中线两侧，一手放在中线上，听到发令音，冲向一侧的标志线，手脚同时触线，转身变向，穿过中线冲向另一侧标志线，手脚同时触线，转身变向，冲过中线停表。每人测试两次，取最好成绩。

测试要求：起动时手要触中线，冲到两侧边线时要手脚同时触线，否则成绩无效。

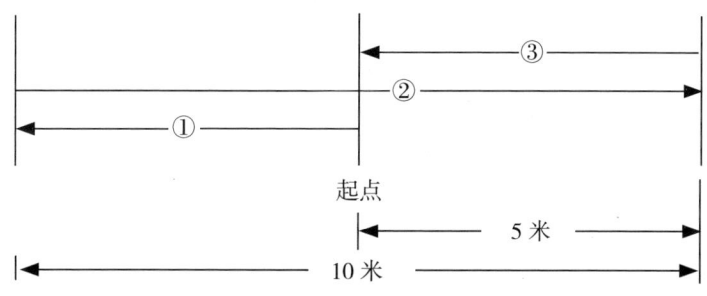

图 4-34　20 米变向跑示意图

3. 六边形跳跃测试

测试目的：检测受试者对身体控制能力及在加速和减速时调整步伐的能力发展水平。

测试方法：如图 4-35 所示，使用胶带或粉笔在地面上画一个六边形，六边形每边长均为 60 厘米，并用 1~6 号标注各边，每个角 120°。测试开始时受测者首先站在六边形的中间，面向 1 号边线，听到发令音后，受测者双脚跳过 1 号边线，然后用相同的方式跳回起始位置，受测者不断重复这个过程，按顺序跳完 1~6 号边，然后回到六边形的中心位置。受测者以这种方式一共跳完 3 圈，每次跳跃时，受测者始终面向 1 号边，在跳完第三圈回到中心位置时停表。这项测试按照顺时针和逆时针方向各测试 1 次。

测试要求：全部跳跃为双脚起跳，双脚要跳过边线，跳跃过程中始终面向 1 号边线，每次返回脚均要踩到中心标准点。

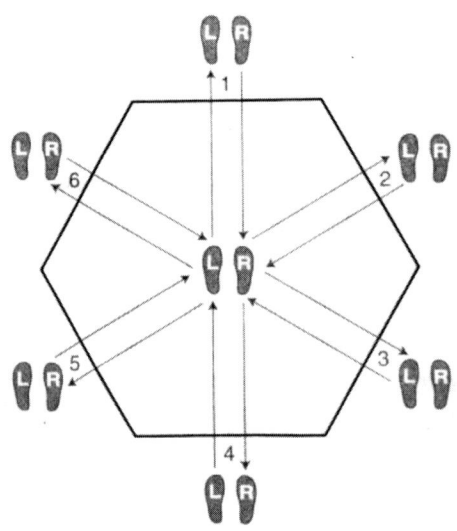

图 4-35 六边形跳跃测试示意图

4. 伊利诺斯灵敏测试

测试目的：检测受试者直线冲刺和改变方向时使用技术和速度能力发展水平。

测试方法：如图 4-36 所示，在长 10 米、宽 5 米的矩形中放置 4 个锥桶，锥桶 A 和 D 在矩形的一端，分别是测试的起点和终点，锥桶 B 和 D 放置在矩形的另一端，其余 4 个锥桶按 1~4 编号以 3 米间隔放置在测试区中央。测试开始时受测者首先俯卧，双手平放在地板上，肘部伸直，头部朝向锥桶 A 所在的起跑线处。听到发令音后，受测者以最快速度站起来向锥桶 B 冲刺，绕过锥桶 B 后，反身跑向锥桶 1 冲刺，按之字形绕过锥桶 2~4，围着锥桶 4 绕一圈，然后沿反方向回绕到锥桶 1，向锥桶 C 冲刺跑，绕过锥桶 C 后，反身跑向锥桶 D，受测者冲过锥桶 D 后停表。

测试要求：听到发令音站立起动，不能抢跑；冲刺跑后要绕过对面锥桶反向跑，绕锥桶跑时不能触碰锥桶，最后身体冲过终点锥桶停表。

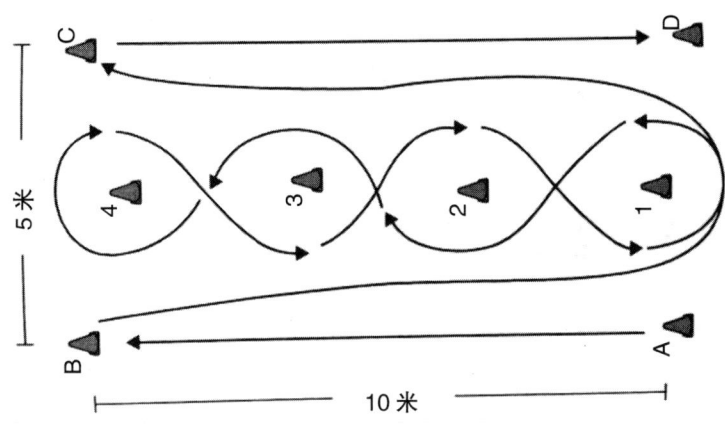

图 4-36　伊利诺斯灵敏测试示意图

思考题

1. 找到一个受试者，并分别对他进行 FMS、SFMA 和 Y-blance 测试。

2. 从书中的测试项中，挑选并设计出一套适应受试者身体条件和发育状况的测试体系。

第五章　教学设计

【本章导语】 教学设计是保证教学目标和教学任务顺利完成的重要依据，随着我国学校体育改革的不断发展，我们越来越重视用新的体育教育教学理论和成果指导教学实践。身体功能训练作为当今体育学科领域的最新成果，应当结合中小学生身体和学习特点，让身体运动训练的新理念、新方法和新手段适应中小学体育课程教学需要，精心设计教学过程。

第一节　教学目标与计划制定的原则

一、体育教学设计

教学设计是 20 世纪 50 年代以后逐渐形成和发展起来的一门新的实践性很强的应用学科，是教育技术学科领域很重要的一个分支。史密斯和雷根在《教学设计原理》一书中指出"教学系统设计是对教学系统进行具体计划的系统过程"。国内有的学者认为："教学设计是以获得优化的效果为目的，以学习理论、教学理论和传播理论为基础，运用系统的方法分析教学问题、确定教学目标、建立解决教学问题的策略方案，试行解决方案、评价试行结果和修订方案的过程。"

作为教学设计的下位概念，体育教学设计是为了充分挖掘体育课程的多种功能，实现体育课的多元化目标，体育教师必须转变传统的教育观念，学习和理解新课程标准中的先进教学思想和理念；了解国际体育课程的发展趋势；结合现代教育思想，运用现代信息技术，准确分析影响体育教学的各个要素和构成体育教学过程的各个环节；根据自己的教学经验和现实情况，对师生多边互动的教学活动进行全面、认真的思考并做精心的准备。

二、体育教学设计原则

体育教学设计原则是体育教学基本规律和系统论的方法学原理的体现，是在体育教学设计中必须遵循的准则。

（一）目标性导向原则

目标性导向原则是指体育教学设计必须紧扣体育教学目标，所有教学环节的设计都以目标为导向，体育教学设计方案要保证实施过程的教学行为与目标保持高度一致，为目标的实现服务。

（二）整体优化原则

整体优化原则是指在进行体育教学设计时，要在对体育教学过程各个因素优化设计的基础上，处理好体育教学系统内部各子因素之间的关系，将诸因素加以科学的整合，充分地发挥体育教学的整体功能，以达到最优化的教学效果。

（三）程序性原则

程序性原则是指在体育教学设计中必须根据学生的现实状态，遵循体育教学规律，有序地编排教学内容和采用适当的教学策略。

（四）可操作性原则

可操作性原则是指体育教学设计方案应在体育教学具体实施过程中具备便捷、实用、低耗、高效的特点。

（五）灵活性原则

灵活性原则是指体育教学设计必须针对不同的课程、不同的学生、不同的教学条件进行不同的设计，即努力使特定情况下的体育教学各环节达到合理的匹配。

（六）创新性原则

创新性原则是指在体育教学设计中体育教学理念、教学内容、教学方法和策略等方面对常规或传统体育教学有所突破或超越。

三、体育教学设计的基本过程和方法

体育教学设计是一项系统设计，它必须依照一定的程序和步骤进行，完整的体育教学设计主要包括内容分析、学习者分析、目标设计、方法设计、组织设计、环境设计、评价设计、教学计划撰写（图 5-1）。

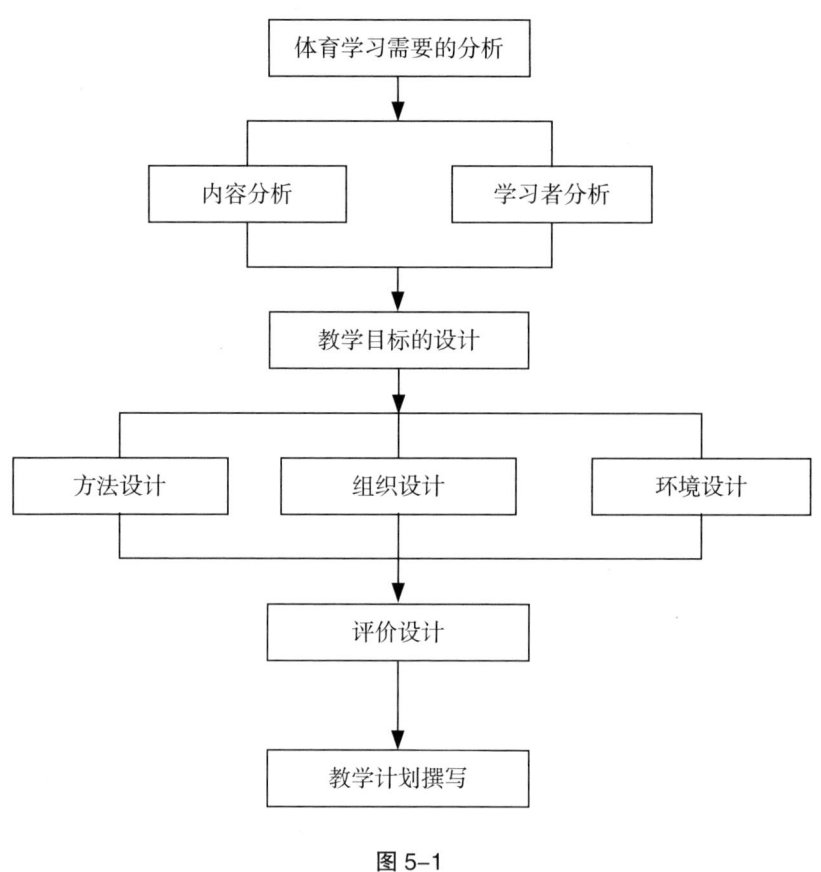

图 5-1

1. 体育学习需要的分析

体育学习需要的分析是指分析学生体育课学习方面目前的状况与所期望达到的状况之间的差距。体育学习需要的分析是一个系统化的调查研究过程，这个过程的目的就是揭示体育学习需要和发现体育教学中的问题，通过分析问题产生的原因，确定问题的性质并辨明体育教学设计是否是解决这个问题的合适途径，同时它还分析现有的体育教学资源以及制约条件，以论证解决问题的可行途径。

2. 体育教材内容的分析

体育教材内容是教师为了实现体育教学目标而专门为学习者精选的，它是学习者从现实状态过渡到目标状态的载体。分析体育教材内容旨在全面了解教材内容的功能、特点、环境要求以及确定教材内容的重点、难点等，即解决教师"教什么"和学生"学什么"的问题。

3. 学习者的分析

体育教学活动是学生科学、合理、高效地学习体育课程知识、技能，获得身心全面和谐发展的重要途径。对学习者进行分析是为了了解学习者的体育学习准备情况及其学习风格，为使体育教学设计中教材内容的选择和学习目标的确定、体育教学方法手段的选用、教学过程的整体规划等教学外因条件适合学习者内因条件提供条件依据。总之，体育教学要以学习者为中心，全面了解学习者的特点和实际情况，时刻考虑"是谁学"的问题。

4. 体育教学目标的设计

体育教学目标是体育教学活动预期要达到的教学结果和标准，是教学设计活动的出发点和归宿，也是体育教学设计评价的依据。体育教学目标的设计是体育教学系统设计的核心，一旦确定了体育教学目标，其他方面的设计就要围绕体育教学目标展开。

5. 体育教学方法的设计

体育教学方法是为完成体育教学任务，达成体育教学目标而采取的方法。它包括教的方法和学的方法，是体育教师引导学习者掌握体育知识技能，获得全面发展而共同活动的方法。体育教学方法的设计应有利于知识的传播、技能的提高、态度情感的培养。

6. 体育教学组织的设计

体育教学组织是指体育教师在教学的过程中，根据体育教学的特点、内容、任务等实际情况对学生和场地器材进行合理安排时所采取的一系列措施的总称。

由于体育教学的特点，教学组织和实施主要是在操场、体育馆等开放性场所进行，学生活动范围大、人际交往频繁，场地器材复杂，外界环境变化大。因此，体育教学组织的设计是实现体育教学任务的一个重要环节，是体育教师教学经验、教学技巧和教学智慧的综合体现。

7. 体育教学环境设计

体育教学环境设计是为了创造和改善教学条件，对学校体育教学环境进行整体或局部的规划、组织、协调和安排。实践证明，体育教学环境在体育教学活动中具有重要意义，它是体育教学活动不可缺少的物质基础。

8. 体育教学评价设计

体育教学评价的实质是以体育教学为对象，按照一定的教学目标，运用科学可行的评价方法，对体育教学过程和教学效果给予价值上的判断，为改进教学、提高教学质量提供可靠信息和科学依据。

9. 体育教学计划撰写

体育教学计划是根据教学进度和单项教学计划以及教学的实际情况编写的，是体育教学活动实施的依据和文件资料，体现体育教师的教学观念、教学方法和组织策略等。编写教学计划是在了解学生情况、钻研教材教法和掌握教学条件的基础上进行的创造性活动。

第二节　教学课的设计与组织

一、动作准备的设计

动作准备的教学应当区别于专业运动员的训练，要根据学生学习能力和年龄特点，选择难度适中、负荷合理、形式新颖的练习内容，并逐步提高教学目标要求。

教学目标设计：根据学生的不同年龄特点，使学生逐步了解动作准备的作用，掌握正确动作准备的知识和方法。对低年龄段学生的教学目标，应侧重于体验、了解动作准备的作用和方法；高年龄段学生则逐渐学习动作准备的知识，掌握正确的动作规范。

教学设计：

①动作准备内容的选择要符合课程教学主教材内容的需要，为提高主教材内容教学效果提供更好的准备和帮助。

②对于低年龄段学生，内容选择侧重于日常活动的一般性动作准备内容，随着年龄增长，逐渐增加动作难度和负荷，并为提高学生身体运动功能做好准备。

③对于低年龄段学生，动作准备的内容更生活化、形象化，以提高学生学习的兴趣；对于中学生动作准备内容应该选择动作难度标准明确的内容，以激发学生学习的动力（图5-2（1）），也可采用螃蟹驮球（图5-2（2））来提高学生动作稳定控制能力，并提高学生练习热情。

图5-2

④动作准备的教学方法，也应根据学生的年龄特点，引导学生自主学习的能力和习惯。

⑤组织上要注意调动学生的积极性，从环境和教学情景等方面，根据学生各年龄阶段特点精心设计。

⑥对于教学评价应以激励性的评价，鼓励学生进步和提高。根据学生的不同学习阶段，评价内容和标准也应逐步提高。

二、力量训练课的设计

中小学生力量训练的教学，应面向全体学生，要根据学生学习年龄和能力特点，选择难度适中、负荷合理、形式新颖的练习内容，并逐步提高教学目标要求。

教学目标设计：

根据学生的不同年龄特点，使学生逐步了解力量训练的作用，掌握正确力量训练的知识和方法。对低年龄段学生的教学目标，应侧重于体验力量训练的感受和乐趣、了解力量练习的方法；高年龄段学生则逐渐学习和掌握力量训练知识，掌握正确的动作规范，提高整体运动能力。

教学设计：

①力量训练，对于低年龄段学生，内容选择应更多地与其他运动能力相结合，负荷主要以克服自身体重的形式，随着年龄增长，逐渐增加专门的力量训练内容，动作难度和负荷逐步提高。

②对于不同年龄段学生，力量练习首先要从躯干和核心稳定力量开始，结合日常活动内容，以提高动作控制为主要目标的训练（图 5-3），逐渐提高身体运动功能性力量。

图 5-3 持药球单腿支撑稳定练习

③组织上多采用小组学习、团队协作、游戏竞赛等形式，调动学生的积极性，培养学生自主学习和良好体育习惯。

④对于教学评价应以激励性的评价，对不同能力学生的评价要关注进步与努力，要将结果性评价与形成性评价相结合。根据学生的不同学习阶段，评价内容和标准也应逐步提高。

三、速度训练课的设计

中小学生速度训练的教学，应面向全体学生，要根据学生速度发展过程中不同年龄特点，组织有效的教学过程。

教学目标设计：根据学生的不同年龄特点，使学生逐步了解速度训练的作用，掌握正确速度训练的知识和方法。对低年龄段学生的教学目标，应侧重于体验速度训练的感受和乐趣、了解速度训练的方法；高年龄段学生则逐渐学习和掌握速度训练知识，掌握正确的动作规范，提高运动中的速度表现力。

教学设计：

①速度训练并非单一的速度练习，应当与灵敏协调、快速伸缩训练、力量训练有效结合。对于低年龄段学生，应重视灵敏与协调能力和速度训练的结合，提高神经系统兴奋—抑制快速转换的能力，练习形式要更加丰富，促进学生身体运动功能更全面地发展。随着年龄增长，逐渐增加快速伸缩训练和爆发力与速度训练结合的内容，运动负荷逐步提高。

②速度训练同样要首先从动作训练开始，如为提高移动速度，要进行蹬摆配合的动作训练和针对性稳定训练。

③组织上多采用小组学习、团队协作、游戏竞赛等形式，调动学生的积极性，培养学生自主学习和良好体育习惯。

④对于教学评价应以激励性的评价，对不同能力学生的评价要关注进步与努力，要将结果性评价与形成性评价相结合。根据学生的不同学习阶段，评价内容和标准也应逐步提高。

四、快速伸缩复合训练课的设计

快速伸缩复合训练，是有效提高学生身体运动功能的主要手段之一，是提高速度和爆发力的重要方法，是提高各运动项目运动技能的重要基础。快速伸缩复合训练的教学，要根据学生发展过程中不同年龄特点，组织有效的教学过程。

教学目标设计：根据学生的不同年龄特点，使学生逐步了解快速伸缩复合训练的作用，掌握正确训练的知识和方法。对低年龄段学生的教学目标，应侧重于体验训练的感受和乐趣、了解训练的方法；高年龄段学生则逐渐学习和掌握快速伸缩复合训练的知识，掌握正确的动作规范，逐步提高动作难度和负荷，提高运动表现。

教学设计：

①快速伸缩复合训练，在教学中练习形式要丰富，对于低年龄段学生，应重视与灵敏与协调训练的结合，提高神经系统兴奋—抑制快速转换的能力（图5-4）。随着年龄增长，逐渐增加快速伸缩训练和爆发力、速度训练等结合的内容，运动负荷逐步提高。

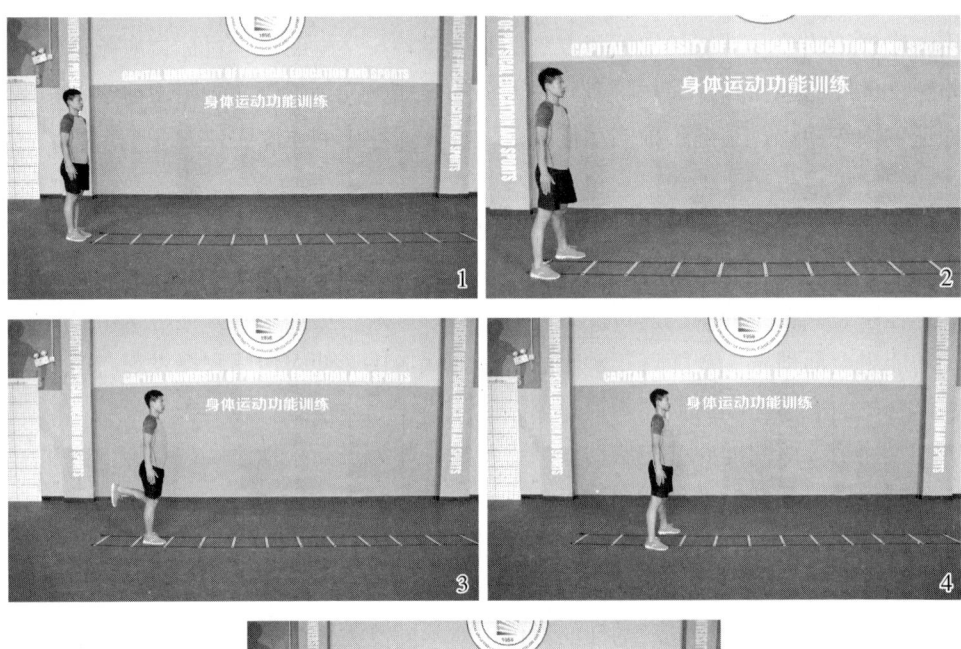
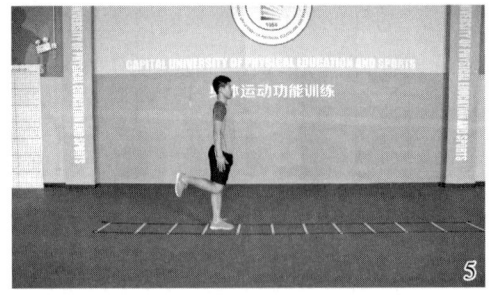

图 5-4　跳格子练习

②快速伸缩复合训练的练习难度要与学生的躯干稳定能力的发展水平相适应,并在练习过程中始终关注动作的稳定性。

③组织上多采用小组学、团队协作、游戏竞赛等形式,调动学生的积极性,培养学生自主学习和良好体育习惯。

④快速伸缩复合训练的教学评价,更要关注对动作质量的评价,促进学生习得正确而稳定的动作模式。根据学生的不同学习阶段,评价内容和标准也应逐步提高。

五、灵敏训练课的设计

灵敏训练,是少儿阶段优先发展的身体运动能力之一,是全面提高身体运动技能的基础。灵敏训练的教学,要根据学生速度发展过程中不同年龄特点,组织有效的教学过程。

教学目标设计:根据学生的不同年龄特点,使学生逐步了解灵敏训练的作用,掌握正确训练的知识和方法。对低年龄段学生的教学目标,应侧重于体验训练的感受和乐趣,了解训练的方法;高年龄段学生则逐渐学习和掌握灵敏训练的知识,掌握正确的动作规范,逐步提高动作难度和负荷,提高运动表现。

教学设计:

①灵敏训练,在教学中练习形式要丰富,对于低年龄段学生,应更多采用日常活动和游戏的练习形式,提高神经反应能力,如六角球的游戏、敏捷梯、小栏架等练习(图 5-5)。随着年龄增长,逐渐增加与运动项目相关的灵敏训练内容,使运动负荷逐步提高。

图 5-5 六角球练习

②灵敏训练要在保证学生体力、精力充沛的基础上,充分调动学生的练习热情,同时做好核心区肌肉的激活,以保证灵敏练习正确的动作模式。

③组织上多采用小组学习、团队协作、游戏竞赛等形式,调动学生的积极性,培养学生自主学习和良好体育习惯。

④灵敏训练的教学评价,更要关注对学生练习热情和动作准确性的评价。

六、平衡训练课的设计

平衡训练,是少儿阶段首要发展的身体运动能力之一,是提高动作稳定性和动作效率的前提,是全面提高身体运动技能的基础。平衡训练的教学,要根据学生发展过程中不同年龄特点,组织有效的教学过程。

教学目标设计:根据学生的不同年龄特点,在早期应重视视觉、前庭器官、小脑等神经系统的训练,对低年龄段学生的教学目标,应侧重于体验训练的感受和乐趣,了解训练的方法;对高年龄段学生则逐渐学习和掌握平衡训练的知识,提高动态稳定能力训练,逐步提高动作难度和负荷,提高运动表现。

教学设计:

①平衡训练,在教学中练习形式要丰富,对于低年龄段学生,应更多采用日常活动和游戏的练习形式,提高神经系统的稳定性,如平衡垫练习、单足跳捡沙包接力游戏等(图5-6)。随着年龄增长,逐渐增加与运动项目相关的灵敏训练内容,使运动负荷逐步提高。

图 5-6

②平衡训练要在保证学生体力、精力充沛的基础上，充分调动学生的练习热情，同时激活核心稳定肌群，以保证平衡训练效果。

③组织上多采用小组学习、团队协作、游戏竞赛等形式，调动学生的积极性，培养学生自主学习和良好体育习惯。

④平衡训练的教学评价，更要关注对学生练习热情和进步度的评价。

七、牵拉训练课的设计

牵拉训练，是维持青少年儿童良好身体姿态和正常身体运动功能的有效方法，是全面提高身体运动技能的基础。牵拉训练的教学，要根据学生身体发展过程中不同年龄特点，组织有效的教学过程。

教学目标设计：根据学生的不同年龄特点，对低年龄段学生的教学目标，应侧重于体验训练的感受和乐趣，了解训练的方法；对高年龄段学生则逐渐学习和掌握牵拉训练的知识和方法。

教学设计：

①牵拉训练，在教学中练习形式要丰富，对于低年龄段学生，应更多采用日常活动和游戏的练习形式，同时要关注培养学生良好的身体姿态，如最长的绳子等游戏。随着年龄增长，逐渐增加与运动项目相关的牵拉训练内容，同时，应当关注学生因学习负担过重引起的重点紧张部位的牵拉训练，以缓解身体疲劳和预防不良身体姿态的发生（图 5-7）。

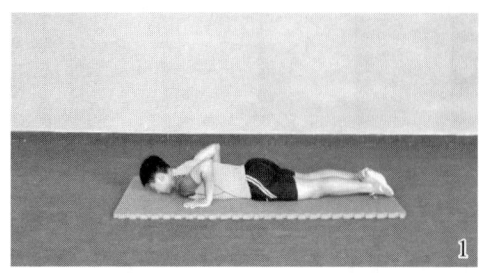 

图 5-7　背屈牵拉

②牵拉训练要充分做好热身和动作准备，以保证训练效果和预防运动损伤。

③组织上多采用小组学习、团队协作、游戏竞赛等形式，调动学生的积极性，培养学生自主学习和良好体育习惯。

④牵拉训练的教学评价，更要关注对学生学习态度和进步度的评价。

第三节　教学效果评估

体育教学效果评估是以体育教学为对象，按照一定的教学目标，运用科学可行的评价方法，依据相应的评价标准，对体育教学过程和体育教学结果给予价值上的判断，为改进教学、提高教学质量提供可靠的信息和科学依据，最终促进学生的全面发展，也是对教学计划实施效果的评估。

教学效果评估的分类，按功能及用途划分，可分为诊断性评估、形成性评估和终结性评估；按评估方法划分，可分为定性评估和定量评估；按评估主体划分，可分为他人评估和自我评估；按参照标准划分，可分为相对评估、绝对评估和个体内差异评估。

一、教学效果评估的方法

（一）教学效果评估的信息收集

1. 教师自评

教师自评是教学效果评估的重要方面，它不仅是收集必要信息的途径，而且是教师自我诊断的重要方面，是评定教学过程最充分的信息来源。为了尽可能客观和全面地自我评估，教师要采用多种手段获取教学信息，如录音、录像等资料，并从教学目标设定与完成情况、教学内容、教学组织、教学技术、师生互动等方面，认真设计自我评估表。

2. 学生评估

学生是教学的对象，在学习的过程中对教学过程会产生切实的身心体验，对教师人格、教学态度也会有真实的情感体验，他们的评价也比较真实。

3. 同行评估

同行包括校内同行和校外同行，比如教研组长、同行教师以及教育专家等，他们都比较了解本课程的课程标准、教学特点、教学要求和体育教育发展趋势，能敏锐地发现任课教师教学中的不足，提出中肯的建议。体育教师要重视同行教师的意见，改进教学过程和教学方法，提高教学效果。

（二）教学评估的方法

1. 测验法

测验法是通过考试、评级和达标等形式搜集学生学习行为的综合结果的重要手段。它是有组织、有计划地、针对性较强地定量化获取教学信息的工具。身体运动功能测试内容可以包括理论知识测试、动作能力测试、身体素质测试、体育情感行为测试等内容。

2. 观察法

观察法是对教学中的行为进行观察而收集信息资料的方法。当前，观察法被越来越多地应用在教学研究领域。教学观察法按观察方式可以分为临场观察、实验观察、追踪观察、录像观察等。

3. 成长记录袋

学生成长记录袋或档案袋即是指用以显示有关学生学习成就或持续进步信息的一连串表现、评价结果以及其他相关记录和资料的汇集。

二、教学效果评估方案的设计

一般来说,一个完整的评价方案包括以下几个方面的内容:
①评价的目的:确定评估方案的目的,预测评估方案的评价结果和用途。
②评价的准则:确定评估的方面和内容。
③各准则的权重:确定各评估方面和内容所占的比重。
④量表和标准:提供必要的测量尺度和评判依据。
⑤各种表格:根据实际的需要,可以增加必要的内容,或删去某些内容。

第四节 不同类型课程教案示例

身体功能性训练课程按照课程目的可分为:主教材教学类型和辅助教材教学类型。主教材教学课程类型中,身体功能性训练作为主要内容在课程中呈现。辅助教材教学课程类型中,身体功能性训练主要促进学生对课程基本内容的学习与掌握,提高教学效果和学生技能水平。

一、主教材教学教案示例

三年级体育立定跳远教学

授课教师:_____   授课对象:_____

课程名称	体育教学	课程类型	
授课内容	立定跳远	授课形式	讲授、实践
授课时间		周次/课次	
教学目的任务	(1) 认识目标:熟练掌握双脚立定跳远的技术动作 (2) 技能目标:使学生能够掌握正确的双脚起跳动作模式,提高下肢爆发力 (3) 情感目标:通过集体活动,使学生体验集体的学习兴趣,培养集体意识和责任感		
重点、难点	(1) 教学重点:掌握核心稳定与发力,以及蹬摆配合动作和落得缓冲 (2) 教学难点:发力顺序		

(续表)

课的部分	时间	教学内容与组织教法、手段	备注
\multicolumn{4}{c}{教学过程设计（内容安排与要求、组织形式、时间分配等）}
开始部分	5分钟	1. 体委整队，报告人数 2. 师生问好 3. 宣布课的内容、要求，安排见习生	
准备部分	10分钟	1. 韵律操：数鸭子 2. 臀部激活： （1）迷你带——深蹲 组次：一组每组10次 （2）迷你带——横向军步走 组次：一组每组左侧移动、右侧移动各10次 3. 动态拉伸 （1）行进间抱膝提踵 目的：拉伸前弓步腿一侧的臀大肌和腘绳肌，同时提高单腿平衡能力 组次：一组每组左右侧各3次 （2）行进间脚斗士抱腿 目的：拉伸前腿髋关节外侧肌群 组次：一组，每组左右侧各3次 （3）行进间屈膝提踵 目的：拉伸大腿前侧股四头肌等肌群 组次：一组，每组左右侧各3次 （4）行进间相扑式深蹲 目的：拉伸腘绳肌 组次：一组，每组6次 （5）毛毛虫爬 目的：全身性拉伸 组次：一组，每组6次 4. 动作技能整合 （1）摆臂下蹲 动作要点： ①直立姿宽站位，双脚开立比肩略宽，腹部收紧，背部挺直，双臂伸直举过头顶，掌心相对	

(续表)

课的部分	时间	教学内容与组织教法、手段	备注
准备部分	10分钟	②双臂快速下摆至髋关节位置，髋关节向后移动，呈基本运动姿态，膝盖不要过脚尖，膝盖屈伸方向为脚尖方向，始终保持背部平直 组次：两组，每组6次 （2）摆臂跳蹲 动作要点：快速变化时双臂快速向下摆动，身体跳起，落地呈稳定双腿基本运动姿态 组次：一组，每组6次 5. 神经激活 （1）原地快速碎步 组次：两组，每组10秒 （2）双腿前后跳 组次：两组，每组10秒	
基本部分	20分钟	一、立定跳远教学 1. 坐位跳远 方法：双脚分开与肩同宽，坐在凳上，双臂后引，站立后起跳向前落地，采用分组练习形式 2. 游戏：种荷花 方法：分组进行比赛，从起点开始，手托荷花（毽子）于头上，用双脚跳跃的方法跳入圆圈内，将荷花种下之后，再双脚跳出圈外 要求：手托举毽子，不能抓握，练习过程中毽子不能掉落，双脚起跳，双脚落地，落地要屈膝缓冲 3. 立定跳远比赛 二、胸前推球—药球—站立姿（上下肢平衡发展） 动作： 1. 站立姿态，面向墙壁，躯干与墙壁保持0.9~1.2米距离，双手持药球于胸前，尽最大力量快速度向墙壁推出药球 2. 当球反弹至手时，抓住药球，回到起始姿势，重复动作 组次：两组，每组10次	

（续表）

课的部分	时间	教学内容与组织教法、手段	备注
结束部分	10分钟	一、再生恢复 1. 软组织再生——泡沫滚筒 主要针对下肢肌肉：①小腿肌群②胫骨前肌③腘绳肌④股四头肌⑤臀部肌群⑥髂胫束⑦大腿内收肌 2. 拉伸——静态主动拉伸（每块肌肉拉伸时间20~30秒） 这要针对下肢肌肉：①腓肠肌②胫骨前肌③腘绳肌④股四头肌⑤臀大肌⑥髂腰肌⑦大腿内收肌 二、课堂小结，对课上内容进行总结，对课上表现优秀的学生进行表扬，对下次课内容进行简单介绍	
运动负荷 （量、强度）	中等量、中等强度		
场地器材	田径场 迷你带 跳箱 实心药球		
课后 小结	1. 总结本次课堂内容 2. 针对学生的喜爱程度及训练热情对自身教法进行反思 3. 根据课上练习进度对课程安排进行适当调整		

二、辅助教材教学教案示例

授课教师：_____   授课对象：_____

课程名称	体育教学	课程类型	
授课内容	篮球行进间肩上投篮	授课形式	讲授、实践
授课时间		周次/课次	
教学目的 任　　务	（1）认识目标：篮球（略） （2）技能目标：篮球（略） 身体功能性训练：辅助学习篮球行进间肩上投篮技术，训练正确动作模式，提高篮球技术稳定性和效率 （3）情感目标：篮球（略）		
重点、难点	（1）教学重点： （2）教学难点：		

(续表)

教学过程设计（内容安排与要求、组织形式、时间分配等）			
课的部分	时间	教学内容与组织教法、手段	备注
开始部分	5分钟	一、体委整队，报告人数 二、师生问好 三、宣布课的内容、要求，安排见习生	
准备部分	10分钟	1. 韵律操：数鸭子 2. 臀部激活： （1）迷你带——深蹲 组次：一组，每组10次 （2）迷你带——横向军步走 组次：一组，每组左侧移动、右侧移动各10次 3. 动态拉伸 （1）行进间抱膝提踵 目的：拉伸前弓步腿一侧的臀大肌和腘绳肌，同时提高单腿平衡能力 组次：一组，每组左右侧各3次 （2）行进间脚斗士抱腿 目的：拉伸前腿髋关节外侧肌群 组次：一组，每组左右侧各3次 （3）行进间屈膝提踵 目的：拉伸大腿前侧股四头肌等肌群 组次：一组，每组左右侧各3次 （4）行进间相扑式深蹲 目的：拉伸腘绳肌 组次：一组，每组6次 （5）毛毛虫爬 目的：全身性拉伸 组次：一组，每组6次 4. 动作技能整合 （1）徒手四方位弓箭步 组次：两组，每套动作为一组 （2）双手托举篮球四方位弓箭步练习 组次：两组，每套动作为一组	

(续表)

课的部分	时间	教学内容与组织教法、手段	备注
准备部分	10分钟	（3）双手持篮球跳跃成单脚稳定支撑练习 组次：两组，每组左右侧各3次 （4）单脚起跳，单手肩上持球，保持单手持球落地成单脚稳定支撑 5. 神经激活 （1）原地快速碎步 组次：两组，每组10秒 （2）双腿前后跳 组次：两组，每组10秒	
基本部分	20分钟	主要分为篮球技术教学和身体功能训练中的动作模式教学 1. 篮球运球行进间肩上投篮教学（略） 2. 身体功能性训练 （1）过顶下砸实心药球 ①直立姿正常站立，双臂直臂向上置于身体两侧，双手托举实心药球置于头部正上方 ②拉长腹部，将实心药球举至头后，通过髋部发力，带动躯干、肩部、手臂，把动力传递到球上，用最大力量把球砸下地面 ③当球反弹至手时，抓住药球，回到起始姿势，完成规定次数 组次：两组，每组10次 （2）平行旋转抛球 ①起始站姿，面向墙壁，躯干与墙面保持0.6~1.2米距离，双手持药球于腰间，手臂屈肘 ②向身体的后方旋转躯干，把药球落下髋部后侧 ③通过髋部发力，带动躯干、肩部、手臂，把动力传送到球上，尽最大力量将球扔向墙壁 ④当球反弹至手时，抓住药球，回到起始姿势，完成规定次数 组次：两组，每组10次	

(续表)

课的部分	时间	教学内容与组织教法、手段	备注
结束部分	10分钟	一、再生恢复 1. 软组织再生——泡沫滚筒 主要针对下肢肌肉：①小腿肌群②胫骨前肌③腘绳肌④股四头肌⑤臀部肌群⑥髂胫束⑦大腿内收肌 2. 拉伸——静态主动拉伸（每块肌肉拉伸时间20～30秒） 主要针对下肢肌肉：①腓肠肌②胫骨前肌③腘绳肌④股四头肌⑤臀大肌⑥髂腰肌⑦大腿内收肌 二、课堂小结，对课上内容进行总结，对课上表现优秀的学生进行表扬，对下次课内容进行简单介绍	
运动负荷 （量、强度）	中等量、中等强度		
场地器材	篮球场 篮球 迷你带 实心药球		
课后小结	1. 总结本次课堂内容 2. 针对学生的喜爱程度及训练热情对自身教法进行反思 3. 根据课上练习进度对课程安排进行适当调整		

思考题

(1) 如何确定身体功能训练在中小学生体育课程教学中的课程目标？
(2) 中小学生身体功能训练的方法手段设计，应当具备什么特点？
(3) 对于中小学生身体功能训练教学效果评估的重点内容是什么？

参考文献

[1] 张新. 中学体育教育设计 [M]. 北京：科学出版社，2012.
[2] 杨雪芹，刘定一. 体育教学设计 [M]. 北京：广西师范大学出版社，2006.

第六章　学校身体运动功能训练场地器材的组织与管理

【本章导语】 场地的组织与管理是不同于体能训练科学范畴的一门单独的学问领域，涉及场地分区设计、区域设置规划、器材布置规划、管理制度的建立、器材设备的维护保养、场地的安全保障和风险管理等诸多方面的知识。作为体育教师，在日常工作过程中会经常碰到这些相关的问题，对于这方面的知识和经验，应有一个整体的了解和基本的掌握。

第一节　身体运动功能训练场地器材的组织

训练场地是学校体育教学实施过程的载体，也是体育活动的基本保障条件。科学合理地规划和设计训练场地，对场地设施及器材设备进行规范管理和合理维护，同时加强场地的安全保障和风险管理，不但可以为身体运动功能训练的教学提供实施和安全保障，也能够更加有效地提高课堂教学效率。

身体运动功能训练的课堂教学当中应该重视场地和器材的组织与管理工作，在课堂教学的开展上，不仅要运用体育教学课堂的器材组织规律，还要突出身体运动功能训练特有的规律。一般来说，应遵循以下原则：第一，考虑空间布局的美学因素和儿童、青少年的心理特征；第二，要符合教学内容的安排；第三，组织形式要充分提高上课的效率。

一、场地分区

对于学校的身体运动功能训练场地来说，不论使用目的是用于平时课堂教学还是用于学校的运动队训练，不论是新建还是已启用的训练场所，在安置现有设备之前，都必须考虑和设计功能区域的划分。

通常一个大型综合性训练中心，不仅涉及训练，还包括其他康复、恢复、营养等多个功能环节，而对于一个完整的学校身体功能运动场地，也应做到五脏俱全，具备训练、放松恢复和检测等基础区域，而且针对不同年龄学生的需求，根据儿童及青少年的身体发展特征，还可以相关条件情况设置游戏活动区（表6-1）。

表6-1 中小学训练场地板块分区设计

基础分区	板块分区	功能作用
训练区	综合力量区	科学合理的综合力量训练可以提高儿童及青少年的骨骼肌肉发展，增强四肢及核心力量，加强运动和自我保护能力，减小损伤发生概率
	有氧训练区	长周期、中强度、有节奏的有氧运动训练对儿童及青少年心血管功能、血液成分、呼吸功能、免疫功能有很大的改善，还可控制体重，对肥胖群体来说是最佳的运动处方
	速度灵敏区	儿童、青少年在其速度敏感期内接触速度、灵敏性训练提高他们大脑皮层的分化能力、空间感、时间感、肌肉用力控制能力
	功能训练区	功能训练可提升儿童及青少年动作的准确性、思维的合理性、动作变化的速率，使他们具有较好的运动协调能力，实现和发展正常的运动功能
放松恢复区	拉伸练习区	拉伸可改善儿童及青少年关节周围软组织的伸展性以及肌肉的张力，进一步放松肌肉，并缓解短期内肌肉延迟性酸痛
	再生恢复区	通过物理方式放松肌肉，加快机体的血液和淋巴循环，促进代谢产物的排除和机体快速恢复
检测区	身体体质测量区	通过学生体质监测国家标准，以动静结合的形式，检测儿童及青少年的身体形态、身体机能以及身体运动素质
	身体功能测量区	通过动作筛查、功能测试等方式，综合评价青少年身体的稳定性和灵活性、身体动作的对称性和均衡性等
游戏活动区	趣味游戏活动区	满足儿童及青少年喜欢游戏的天性，培养团队合作能力，通过团队游戏可以培养运动兴趣、开拓大脑思维、提升社交能力，增加运动本身的魅力

二、场地规划

(一) 室内场地规划

在确定体能训练区的空间时,体育教师首先必须考虑到使用训练场地的学生人数,一般来说,每位学生平均占地面积约 2~4 平方米。其次,还要考虑到必须的教学环境来安排训练场地内容,包括功能区的划分、器材的摆放以及学生的调动。此外,学生的安全因素永远居于首位,要特别注意场地及器材设备的位置、结构功能、附属设施、环境因素以及安全监控等方面。具体来说,场地规划设置要考虑以下常见要素:

1. 器材设备位置

基于学生安全和课堂教学安排考虑,一些较大的设备要尽可能选择固定位置,不要来回移动,并且周围有合理的安全活动空间,一些常用的轻巧的器材可以放置在专用的设备架或者设备箱内,便于日常取用及放回。

2. 监控装置

为了保障场地安全,在具备条件的情况下,应在各个主要位置安装监控摄像头,并连接到管理室或办公室的监控器上。摄像设备要能够清楚地监控场内的所有位置,并定期检查保障运转正常,便于体育教师或相关管理人员监控。

3. 通道

场所内外必须为所有学生、教师及相关训练人员提供方便的通道,包括所有的入口、出口和进出区域的过道。通道设置应达到以下要求:所有通道、走廊畅通,没有物品阻碍,可容许双方向行走;考虑对残疾人员的特殊过道设计,为轮椅提供无障碍通道,所有的门栏应清除,如不能清除,任何超过 1.5 厘米高的门坎都要设置为斜坡,坡度每 2.5 厘米要有 30 厘米的坡长;通常门宽设计至少要达到 90 厘米,大厅和通道的门宽最好达到 150 厘米;紧急出口必须张贴醒目标识或指示牌,不可堆放杂物,保证时刻畅通。

4. 天花板

训练场地的天花板的高度不同于教室，考虑到跳跃、药球高抛、摸高测试等身体运动功能训练因素，以及安装悬吊训练系统或者其他相关特殊要求设备，通常离地的高度至少为 3.7 米以上。

5. 墙壁

墙壁的电器插座要安置在学生不易触碰到的地方，并设有外置保护装置；如果处于潮湿地域，墙壁要使用易清洗和防潮的材料；至少有一面墙壁安装较大的镜子，便于学生观察自我练习动作，还便于让教师观察到全队学生的练习情况，保障课堂安全；墙壁的颜色看起来尽量令人赏心悦目，有一些景观布置因素设计，不要太沉闷单调，符合学校场所的活泼性。

6. 地面

部分场馆可选择地毯地面，地毯的好处是廉价并且颜色多样，但不耐脏，难以清洁，特别在有氧训练区和拉伸区，不建议使用地毯地面；橡胶地面很适合快速伸缩复合练习和力量练习，通常一体式的橡胶地面最贵，组合式橡胶地面造价会低廉一些，但在接缝处灰尘和水容易进入，而且容易有气味；实木地板是非常好的训练地面，木地板需要光滑、平整、脚感好，但不易保养；大理石、地砖或水泥地面不适合做速度练习和力量训练。无论哪种材质的地面，都要求水平面一致，无凸起或凹陷地带。

7. 电源装置

通常电器类训练设备的电压为 220V，一些功率较大的设备需要 380V 高压插座（如部分脚踏自行车、跑步机、台阶机等）；通常室内训练区域所需要的插座数目要尽可能充裕，要合理地遍布在场所内；另外地面故障循环断路器是必需的安全装置，当因水或绝缘问题产生短路时，可自动切断电源来保障安全。

8. 环境因素

环境因素主要从照明度、温度、湿度、通风和声音等因素来考虑。

照明度：基于安全和视觉感应考虑，场地要有适宜的照明亮度，光线太强或太弱都不利于学生的练习;练习区域的照明最好是可调式的,或者通过多开关设计来调节照明亮度;使用自然光时,需避免锻炼时直接照射,防止刺眼强光照射发生潜在伤害事故。

温度和湿度:训练区温度在 22~26℃ 为宜,整个空间需装备空调及通风设施。此外,尽量维持场地恒温,温度的多变会增加空气水分的凝结,容易腐蚀地板或损坏训练器材。场馆内的最佳相对湿度应保持在 60% 左右,必要时可使用除湿器来降低湿度,并且应有完善的排水设备,以防积水所造成的损坏。

通风:空气交换每小时至少需 8~12 次,最好是每小时交换 12~15 次。良好的空气交换,可以有效减少体能训练场所内的异味和保障学生身体健康。

声音:场馆内的声音不要超过 90 分贝,动感的音乐有时可用来提升学生的训练热情和气氛,但是音量必须控制在合适水平,以便教师和学生交流。另外,为了保持训练区域内音量均匀分布,扬声器应合理安置在各个区域。

9. 其他因素

其他因素包括饮水区、休息室、更衣室、卫生间、提示牌、告示牌、紧急救护设备等。

饮水区:身体运动功能训练有一定的训练强度,需要科学合理补水。饮水机必须方便学生使用,最好将饮水机放在场所入口附近,若场地较大,可在不同位置多设计几个饮水点,并在饮水机周围放置防水垫和弃水桶。

休息室、更衣室及卫生间:男女学生的休息室、更衣室及卫生间应标示清晰,而且尽量靠近训练区域。

提示牌:采用各种规格的提示牌来提示操作方法、场所规定和安全指导方针等,并清楚地标示入口、出口和行进路线。

告示牌:告示牌用来显示所要告示的事项,例如使用说明、安全须知和管理制度等,告示板的位置应设置在入口,让学生及来访者进入训练区域时便可清楚可见。

紧急救护设备:所有紧急救护设备应该处于完好运行状态,并放置在训练场地内或附近,方便快速获取使用。相关工作人员或紧急救护人员必须提前接受合格培训,体育教师也应熟悉每种紧急救护设备的功能和操作方式。此外,应定期检查和试用紧急救护设备,如有损坏的和已过时效的紧急救护设备应立即维修和更替,并且定期进行安全演练和产品质检。

（二）室内器材布局

1. 器材设备放置的原则

针对不同区域，器材设备的放置有以下原则：

安全第一，高效其次：安全和高效是进行场地器材布局的两条基本原则。身体运动功能训练场地的布置须始终贯彻安全第一的原则，充分考虑学生练习时的安全隐患。主要从两个方面考虑：首先要考虑到场地器材本身的安全因素；其次要考虑场地器材在运用和轮换过程中的安全因素。要做到使用前仔细检查，使用过程中组织得当，使用后妥善处理。比如，设置练习时要留有足够间隔以保证安全，做速度灵敏性练习时，应充分估计到减速的距离，并采取防范措施。

因地制宜，设计器材：体育课场地器材布置要根据教学具体要求，发挥主观能动性，充分利用学校现有的器材以及环境条件，挖掘潜力，创造性地完成场地器材保障任务。对于身体运动功能训练器材的开发，要学会转换视角和思维方式。例如：弹力带可作为轻力量训练器材，也可用做栏架的横杆。

利于课堂组织与管理：器材放置既要考虑教材特点，又要便于对全体学生的组织管理；既要保证充足的活动范围，又要便于教师统一指挥，照看学生。例如，为使教师能够看清全体学生，器材放置和练习位置应尽可能统一方向。

营造氛围，激发兴趣：兴趣是学生参与体育课的内在动力，场地器材布置不只是用来完成课堂教学的工具，更应该是激发学生对体育课感兴趣的载体。这就需要体育教师利用学生的好奇心，设计符合学生兴趣，同时又能够高效率完成课堂教学任务的场地划分及器材摆放。

2. 器材设备放置方式

通常有四种常用的器材设备放置方式：第一种是按照强调不同身体部位划分的区域，如上肢区域、下肢区域、核心区域等；第二种是以训练类型划分的区域，如自由力量区域、速度灵敏区域、拉伸再生区域、有氧训练区域等；第三种是依照器材类型来设置训练区域，比如有氧训练器材、挂片式训练器材、插片式训练器材、无轨迹训练器材、气动式训练器材、功能性训练器材等；第四种是根据练习时的流线来设计，比如先让学生做动作准备，然后是核心练习和快速伸缩复合练习，根据不同的教学或练习要求和顺序来设计器材位置。

四种方式各有其特点，要在使用功能上和布置外观上都予以充分考虑，通常是几种方法相结合的方式，组合安排应以学校教学具体需求为依据。

3. 室内场地器材布置需求

力量及爆发力训练设备：较高的器材或组合设备应沿着墙壁放置，并固定在地板上，以增加其稳定性；重量架（如深蹲架、史密斯架等）与杠铃片相邻摆放，以便取用，组合器材之间以及与其他设备之间，必须有至少60厘米的间隔，最佳间隔距离为90厘米；哑铃架和壶铃架通常也靠墙放置，与其他器材之间的放置距离至少也为90厘米，方便移动且中间没有障碍。

拉伸及热身区域：每位学生平均需要约3~5平方米的拉伸及热身活动区域，如果考虑到同伴帮助的拉伸，区域可以设计得更大。

有氧训练区域：通常每台自行车和椭圆机约需要2.5平方米，跑步机约需要4.5平方米，这些面积包括器材与器材之间的空间考虑。

在布置之前，可以按照器材尺寸比例做出场地平面或空间规划图，按不同放置方式多尝试几次，考虑到各种与实际相关的情况，最终来确定符合学生训练计划要求的空间，一旦发现不足或者有更优方案，及时调整更改。

（三）室外场地规划

对于国内诸多中小学来说，室外场地主要就是操场，或者室外田径场、篮球场、足球场等。室外场地大都是露天场所，场地种类根据修建材料可分为草坪场地、塑胶场地、水泥场地和土质场地等；根据用途可分为竞赛场地、教学场地、训练场地和健身场地等；根据运动项目不同可分为田径场、足球场、篮球场、网球场等。

为了使体育老师能够更方便地结合场地和课程内容的特点安排体育教学，同时更合理地使用各种场地，下面列出了几种常见的体育场地及其使用注意事项。

1. 草坪场地

草坪场地分为人工天然草坪场地和人造合成草坪场地两种。人工天然草坪主要是用在高水平足球运动员训练和比赛当中，具有脚感好、安全性高、弹性好等优点，同时也深受儿童及青少年学生的喜爱。但由于草坪生长的季节性较强，对日常养护的要求较高，需要浇水、施肥和修剪等工作程序，特别是北方区域要根据季节和草的生长情况来安排场地使用时间，同时对使用和养护的要求也较高。

人造合成草坪主要材质是聚丙烯和聚乙烯，通过人工制造纺织编制而成，其抗污染、抗雨水侵蚀能力较强，相较于人工草坪，天然草坪更耐踩、耐寒、抗旱和无需特殊保护，但是舒适度较低，而且材质选择不当会对学生的安全和健康产生一定的影响。

2. 塑胶场地

塑胶场地可全天候使用，受雨雪天气影响较小；弹性好，受力时缓冲性能好，具有一定的安全性，可减小中小学生意外摔倒造成的损伤风险；地面平整干净且易于清洗，有效地减少了扬尘对学生健康造成的影响；塑胶场地的艳丽颜色能够吸引中小学生的注意力，使其对体育课产生更加浓厚的兴趣。但塑胶跑道中有部分有害化学成分在里边，绝大多数投入使用的塑胶跑道面层材料主要是聚氨酯，这种材料在高温下易挥发有害气体，因此，体育教师在安排室外场地体育课时，应避开一天中的高温时段，在炎热的夏季应尽量减少在塑胶跑道上的活动时间。

3. 水泥场地

水泥场地价格低廉，在国内中小学当中较为普遍。水泥场地受雨雪天气的影响较小，不易损坏，易于维修；但是水泥场地硬度大、弹性差，对学生的关节造成一定的压力，对于学生的高强度练习安全存在潜在风险；水泥场地很难做到绝对平整，一些地方会凹凸不平，使用久后易变光滑，学生跑动时易摔倒或造成运动损伤。因此，在水泥场地上进行身体功能训练课程教学时，尽量不安排大量的跳跃运动或灵敏反应性练习；运动前做好充分的准备活动，让学生学会正确的落地姿势和肌肉发力方式；要求学生穿鞋底稍厚、柔软度适宜、弹性较好的运动鞋。强度较大的运动课程，应配备如护膝、护肘等保护用品，避免一旦摔倒出现的擦伤、挫伤风险。

4. 土质场地

土质场地的修建简便、造价低廉，且便于体育活动的开展，在我国的广大中小学当中，特别是一些基础条件较差的学校当中，仍然应用广泛。但是土质场地受雨雪天气影响严重，干燥有风天气会出现扬尘，对儿童青少年学生的身体健康会有一定的危害风险；教师和学生在进入土质场地时须穿运动鞋，禁止穿皮鞋、钉鞋等进入场地；土质场地土质松软时，容易被大风吹起，应提前做好土质场地的湿润工作；另需保证场地的干净卫生和场地的平整性。

无论哪种材质的室外场地，体育课堂教学都有几点要求：应选择地势较为开阔，集散方便，远离污染，环境质量好，适合进行体育锻炼和课程开展的地方；应充分利用学校中现有的资源条件，如篮球场、教学楼广场等，因地制宜灵活安排身体功能训练的教学场地；应选择与城市整体规划相协调的地方，如避开人流量大的马路等。

（四）室外器材布局

室外场地器材布置和室内的最大区别，就是室内的器材设备通常是固定的，而室外的布置是根据每节身体功能动作训练课程的具体教学内容，根据场地大小、器材数量、品种、学生人数和其他环境影响因素，临时或随机设定的布局方法。

1. 布置考虑因素

场外器材布置也有一系列的影响因素，教师要对器材放置的具体地点、场地布置时机等细节进行通盘考虑。比如学生的年龄特征决定了他们的自我控制能力是比较薄弱的，学生会因为器材的"诱惑"而不自觉地"东张西望"或"跃跃欲试"，导致注意力不集中。任何器材的使用，只是教师达成教学目标的媒介或工具，不能喧宾夺主。

室外的空间一般都是在操场上，老师和学生施展的空间大，同时学生的分散面积也大，因此在安排身体运动功能训练课堂教学内容时要尽可能合理地安排练习顺序，集中摆放器材，减少对学生的来回调度以提高教学效率。

师生在课堂的位置由于体育课的特殊性是在不断变化的，教师的位置要尽可能多地将学生放到自己的视线之内，以便于观察指导和讲授内容。学生的位置应该扩散而有序，有利于老师的巡回指导，也方便老师纠正、示范教学动作。此外，在器材放置时，还要注意气候、声音、光线等其他环境因素。

2. 常用布置方法

身体运动功能训练课程的教学涉及不同种类的器材，教学环节也会非常多，在安排两项及以上教学内容时，器材安放一定要顾及下一项教学内容的进行。常用布置方法有：

相邻安置法：是指进行两项或以上教学内容练习时，所需用的器材安排在相邻场地中。这种安排的优点是进行第一项教学内容时，已经考虑了下一项或几项教学内容的器材使用，以便减少队伍调动，避免时间浪费。

重叠安置法：是指在同一场地内安排两项或以上教学内容所需的器材，并相继进行练习。这种安排的优点可以提高场地的使用率，缺乏场地和场地过小时可采用此法。

流水安置法：是指一节课中要进行两项以上的教学内容时，以流水作业的形式安排使用器材，这种安排方法适用于场地器材条件较为充裕的学校。

无论采用上述何种安置方法，体育课器材的布局都要做到相对集中，将可以动的器材向固定器材靠拢，便于教师观察、巡回指导和全面照顾学生，又考虑到组织和调动队伍的紧凑性和连续性。

第二节　身体运动功能训练场地器材的管理

体育器材是进行体育教学的辅助工具，甚至是部分身体功能动作训练内容教学的前提条件。场地器材布置是体育教学特有的组织工作。合理布置场地器材，不仅能充分利用场地器材，提升学生锻炼效率，而且能创建优良的教学环境，利于保障安全，调动学生的学习积极性，从而提升教学效果。

一、管理制度的建立

要科学有效地组织学生班级团体从事身体运动功能训练，合理高效地安排空间和时间，就必须建立起规范的管理制度。应根据学校相关管理规定和具体情况来建立起身体运动功能训练场地的管理制度，可设立班级使用负责管理制、带班老师负责制和卫生值日负责制等。制度的合理性往往是视实际情况而变化的，针对每种情况都可能呈现出对制度的挑战性，因而，制度要尽可能周密合理，最大限度地满足教学需要。

场地管理者或体育教师最好能制定统一的检查、维修和清洁时间表并予以执行，以确保训练环境的安全运转。此外，作为场地管理人员或体育教师，须具备高度的安全责任意识和一定的专业技能，熟悉训练设备，掌握器材的基本使用和维修保养等方面知识。

具体到每个场地，制度的制定应该遵循因地制宜的原则，通常一个身体运动功能训练场地需制定如下的管理制度：《场地日常管理制度》《器材设备登记使用及借用管理制度》《人员值班安排及责任制》《器材的购买申报制度》《日常保修流程及厂家联系程序》《人员业务培训及考核制度》等。

二、器材设备维护

场地器材的维护保养是场地管理的重要组成部分。定期进行场地器材的保养和维修，不仅可保持场地正常运转，更重要的是保证安全教学。因此，建立完善的维护保养机制也是落实场地器材维护工作的重要部分。

（一）器材使用的基本注意事项

体育教师要熟悉所有身体功能训练器材设备的基本功能，掌握其基本特点；注意产品上的安全警告，了解其基本构造和易出现的问题；掌握基本保养维护方法，注意存留零件的备用件，零件脱落时，及时拾取保存；对于一些力量及有氧训练设备，要定期保养，一旦发现卡壳等情况发生要及时停止使用；特殊器材一定要贴上正确使用的图示告示牌及安全使用须知。

（二）器材设备保养周期和计划安排

要以器材设备说明书和实用手册为依据，建立起每台器材的维护保养要求；落实每天、周、月、年的保养要求和保养计划；详细记录每次保养情况，或者学校以服务承包的方式让专业公司来进行保养服务。

三、安全风险管理

（一） 场地设施、器材的装配标准

所有运动设备和器材，包括自由重量器材，必须按照制造商的说明书要求，进行重置组装，放置在指定区域。对于特殊产品，要张贴布告、警示，或放置产品标准通知，让学生使用前注意。

器材设备投入使用之前，必须由体能训练专业人员彻底检查和测试，以确保它们正常工作运转；器材投入使用后，必须由体育教师或场地工作人员，或者制造商和相关厂家进行定期检查与维护；器材设备发生损坏时，须立即停止使用，并张贴器材停用告示，直到修理完毕并重新检查，确保正常运转后才可

以恢复使用。

（二）场地设施、器材安全保障的注意事项

体育教师及场地管理人员应尽量参与到场地设施器材设计和布局的所有阶段，这样能从使用角度考虑更多问题；体育教师或场馆管理人员应该为设施、设备的检查、维护和维修制定书面的工作方案和规程；设备厂家提供的用户手册，保证条款和操作指南，以及其他相关记录（如有关设备选型、采购、安装、设置、检查、维护和维修），都应保存在统一的档案中，并且进行保管使用。

体育老师或场地使用人员应该明白"产品责任"的法律责任概念，指当有人主要因为产品设计和制造的缺陷受伤或遭受损害的时候，产品的制造商和供应商应承担法律责任。尽管这是针对制造商和供应商的，但是有些行动和过程行为也增加了体育教师的责任风险，因此，体育教师必须具有风险意识和自我保护意识。

学校需从信誉良好的优质厂家购买设备，并确认购买的产品符合行业内的专业标准；应按照生产厂家的指令使用设备，不要随意修改设备原始出售时的状态；另制造商提供的用户手册、保修和操作指南应被保留，以应对突发情况；特别要注意的是，不允许学生在无人监管下使用设备；避免损伤风险。

（三）风险管理的实践标准

风险管理是一个主动管理的过程，它并不能消除训练过程中出现的所有损伤风险和责任风险，但是，通过合理的风险管理策略，能够有效减少这些风险。美国的艾柯夫博士提出4个步骤运用于训练场地风险管理流程的实践：

1. 界定风险管理的标准，学习相关知识，以及所有可适用的法律规定

各种机构组织出版了多种关于训练器材、场馆设施等的不同标准，对于体育教师来说，了解和甄别这些标准以及确定实施风险管理计划具有一定的挑战性，就参与者的安全而言，最保守、严格的标准应该是其行业中最广为应用的标准。

2. 制定反映实践标准和法律责任的风险管理程序

这涉及书写工作程序，该程序是指工作人员在特定环境下执行时的具体职责和责任。程序应该清楚、简洁，缺乏细节性的描述将不能满足从业者在特定情境下工作灵活性的需要，也使这些内容难以实施或不切实际。

3. 执行风险管理计划

主要包括员工培训，确保工作人员或体育教师的日常行为与书面政策、应对程序、实践标准、相关规定和适用法律相一致。安全须知或程序手册应在员工培训时认真强调，并在针对特殊情况的定期在职培训和应急预案演练时配合使用。

4. 评估风险管理计划

实践的标准不是一成不变的，需要定期更新。风险管理计划应至少每年进行一次重新评估，同样在每次事故或损失发生时核验应对程序是否正确进行。

（四）应急预案和响应机制

应急预案是一份书面文件，详细说明在出现设施损害或训练受伤等紧急情况时的正确程序。尽管文件本身并不一定可以拯救生命，但身体功能训练设施场所必须有这样的准备，而且相关专业人员平时应适当演习和充分准备。

场地管理人员以及体育教师应该了解紧急预案和处理紧急情况的正确程序，如电话求助号码、急救设备的使用、基本医疗服务、疏散通道和紧急撤离路径、应急物资的位置等；定期复习、演练和培训应急预案和执行程序；安装由相关权威机构认证的自动体外除颤器，设备要获得行业组织如国际红十字会或卫生部等官方机构的认证。相关工作人员的急救培训和认证也是有必要的，如果医务人员不能立即到位，要做好第一时间救护的准备。具体的应急预案有三个基本组成部分：紧急救护人员、救护联络和设备。

1. 紧急救护人员

与运动训练和课堂教学相关的，紧急情况的第一响应者通常情况下应该是校医、教练、教师或其他学校相关管理人员。

2. 紧急救护联络

发生相关运动损伤时，联络是及时提供紧急救护的关键，应确保学校与120或附近固定联络的急救中心有通畅的联系渠道。

3. 紧急救护设备

紧急救护设备应该储存在场地当中一个环境干净、可控的地方，当紧急情况发生，它应可被随时发现并使用；紧急救护人员应该熟悉紧急救护设备的基本功能和操作方式，接受相关的操作培训；场馆管理人员应定期检查和使用紧急救护设备，确保设备时刻处于良好的运转状态。

思考题

（1）结合自己学校的条件，设计一个室外课场地。
（2）如何在上课中和课后保障学生的安全？
（3）室外场地的常见分类及使用时的注意事项。

参考文献

［1］N. Travis Triplett, Chat Williams, Patrick McHenry, et al. Strength & Conditioning Professional Standards and Guide lines［Z］. National Strength & Conditioning Assosciation, July 8, 2009.

［2］Thomas R.Baechle, Roger Earle. Essentials of Strength Training & Conditioning Assosciation［M］. Human Kinetics, 3rd Revised edition, 2008.

［3］Michael Boyle. Designing Strength Training Programs and Facilities［Z］. 2009.

［4］NSCA. 体能训练概论［M］. 朱学雷，等，译. 上海三联书店，2011.

第七章　动作准备

【本章导语】 动作准备分为四个部分：臀部激活——动态拉伸——动作整合——神经激活。其与传统热身方式不同之处在于，动作准备不仅仅是一项简单的热身活动，而是把它看成一个整体性的训练方式，动作遵循由简单到复杂，由静态到动态，由双脚站立到单脚支撑，由动作的单一平面到多维度，由神经肌肉的单一反应到复合反应，包括关节、肌肉、韧带等的针对性练习，使练习者在运动中能够最大限度地合理发挥身体的各项能力。

第一节　臀大肌激活

1. 迷你带——髋关节双侧开合

【教学目标】 激活臀部肌群和核心肌群。

【动作要领】 运动员呈基本站姿，迷你带置于膝关节上方，双脚与肩同宽或略宽于肩，双膝微屈，双手置于腰间，双侧膝外展保持2秒，恢复至起始姿势（图7-1）。

图 7-1　迷你带——髋关节双侧开合

【教学重点】练习时单侧髋关节要充分地外展，避免其他部位动作代偿。

【教学难点】练习时保持身体的中立位，避免由于髋关节移动而出现躯干偏移。

【易犯错误】①身体重心上下起伏或左右摆动；②臀大肌发力不协调。

【纠正方法】①核心部位用力保持身体平衡与稳定；②臀部肌肉发力，增大髋关节活动幅度。

【训练方法】①练习时目光找准参照物，保持身体平衡；②可要求学生按照教师口令节奏完成练习。

【注意事项】注意在屈膝时膝盖不超过脚尖，两脚尖向前。

2. 迷你带——运动姿纵向走

【教学目标】激活臀部肌群。

【动作要领】运动员呈基本运动姿，迷你带置于膝关节上方，双脚之间的距离与肩同宽，左脚在前右脚在后，双膝微屈，右腿发力蹬地，左腿向前跟进，双臂自然摆动。当向后移动时，前脚脚掌用力蹬地，后面的腿跟退，双臂自然摆动（图7-2）。

【教学重点】摆动动作幅度要小。

图7-2 迷你带——运动姿纵向走

【教学难点】躯干保持位置的稳定，避免左右移动。

【易犯错误】在运动过程中躯干出现过分的晃动。

【纠正方法】臀部发力带动摆动腿进行练习。

【训练方法】练习时目光找准参照物，保持身体平衡。

【注意事项】注意在屈膝时膝盖不超过脚尖，两脚尖向前。

3. 迷你带——运动姿横向走

【教学目标】激活臀部肌群。

【动作要领】运动员呈基本运动姿,迷你带置于膝关节上方,两脚之间的距离与肩同宽,双脚全脚掌着地,左腿充分蹬伸,左腿快速跟跨,右脚跟进保持起始姿势的距离,双臂自然摆动(图7-3)。

图 7-3 迷你带——运动姿横向走

【教学重点】躯干保持位置的稳定,避免左右移动。

【教学难点】练习过程中髋关节要保持稳定。

【易犯错误】在运动过程中躯干出现过分的晃动。

【纠正方法】臀部发力带动摆动腿进行练习。

【训练方法】练习时目光找准参照物,保持身体平衡。

【注意事项】注意在屈膝时膝盖不超过脚尖,两脚尖向前。

4. 迷你带——深蹲

【教学目标】激活臀部肌群。

【动作要领】运动员呈基本运动姿,迷你带置于膝关节上方,两脚之间的距离与肩同宽,两臂放于身体腰部两侧,开始时下蹲,膝关节不要超过脚尖,再恢复至起始位置(图7-4)。

【教学重点】臀部肌肉发力,下蹲至大腿与地面平行的位置。

【教学难点】练习过程中髋关节要保持稳定。

【易犯错误】在运动过程中躯干出现过分的晃动。

图 7-4　迷你带——深蹲

【纠正方法】降低迷你带磅数提高髋关节运动的稳定性。
【训练方法】练习时目光找准参照物,保持身体平衡。
【注意事项】注意在屈膝时膝盖不超过脚尖,两脚尖向前。

5. 迷你带——直膝运动姿纵向走

【教学目标】激活臀部肌群。
【动作要领】运动员呈基本运动姿势,迷你带置于膝关节上方,双脚之间的距离与肩同宽,开始时运动员双手向上伸直,同时直膝向前左右交替行走,脚尖着地脚后跟抬起（图 7-5）。

图 7-5　迷你带——直膝运动姿纵向走

【教学重点】臀部肌肉发力，控制向前的运动幅度。
【教学难点】练习过程中髋关节要保持稳定。
【易犯错误】在运动过程中躯干出现过分的晃动。
【纠正方法】降低迷你带磅数提高髋关节运动的稳定性。
【训练方法】练习时目光找准参照物，保持身体平衡。
【注意事项】在运动过程中避免出现身体左右晃动。

第二节　动态拉伸

1. 臀大肌拉伸

【教学目标】拉伸臀大肌。
【动作要领】运动员呈基本站立姿势，开始时双手抱右腿后尽力向上拉至胸前，躯干保持正直，保持3秒后下落，双脚交替进行（图7-6）。

图 7-6　臀大肌拉伸

【教学重点】臀大肌拉伸时尽量保持屈曲髋关节到最大位置，同时保持勾脚尖。
【教学难点】运动过程中需要保持躯干平衡，在单腿支撑时需要身体的中立位。
【易犯错误】①在单腿支撑时髋关节过分前伸；②在踮脚尖单腿支撑后躯干无法维持正常姿势。
【纠正方法】①语言提醒躯干保持中立位；②要求学生注意前腿大小腿夹角。
【训练方法】练习时目光找准参照物，保持身体平衡。

【注意事项】在运动过程中避免出现身体左右晃动。

2. 臀中肌拉伸

【教学目标】拉伸臀中肌。

【动作要领】运动员呈基本站立姿势，开始时一手抱着膝关节，一手抱着踝关节，将大腿外旋，躯干保持正直，保持3秒后下落，双脚交替进行（图7-7）。

图 7-7　臀中肌拉伸

【教学重点】臀中肌拉伸时尽量保持外旋髋关节到最大位置，同时保持勾脚尖。

【教学难点】运动过程中需要保持躯干平衡，在单腿支撑时需要身体的中立位。

【易犯错误】①在单腿支撑时髋关节过分前伸；②在踮脚尖单腿支撑后躯干无法维持正常姿势。

【纠正方法】①语言提醒躯干保持中立位；②要求学生注意前腿大小腿夹角。

【训练方法】练习时目光找准参照物，保持身体平衡。

【注意事项】在运动过程中避免出现身体左右晃动。

3. 股四头肌拉伸

【教学目标】增加髋关节的动态活动幅度，拉伸大腿前侧肌肉。

【动作要领】以右腿为例，向前迈步后，右手握住右侧脚背部位，双腿并拢，保持髋部平直后左侧踮脚尖，保持此姿势3秒，然后换另一侧，动作相同（图7-8）。

【教学重点】练习时上身始终保持垂直同时控制髋部保持平直状态。

【教学难点】在做踮脚尖时要控制身体姿势，避免出现过分晃动。

图 7-8　股四头肌拉伸

【易犯错误】①每个动作衔接过程中易有重心起伏；②练习过程中重心不稳练习腿易着地；③在做动作过程中双腿无法并拢。

【纠正方法】①增强下肢的平衡能力；②加强骨盆的控制能力。

【训练方法】两条腿交替进行，每条腿 5~6 次。

【注意事项】①动作幅度逐渐增加；②注意练习学生能力，区别对待。

4. 内收肌拉伸

【教学目标】增强膝关节的动态活动幅度，拉伸肩、背、臀、腿部后侧肌群。

【动作要领】运动员呈基本站姿，开始时一侧腿向侧方向迈出后，双侧脚尖朝前，臀部后坐，双手水平伸出，保持此姿势 3 秒，随后站立开始另一侧（图 7-9）。

【教学重点】下蹲时维持躯干平衡，膝关节不要超过脚尖。

【教学难点】下蹲时支撑腿踝、膝、髋处于同一平面。

图 7-9　内收肌拉伸

【易犯错误】①脚尖没有同时朝前；②下蹲时膝关节易超过脚尖；③腰背力量不够易上身重心前倾。

【纠正方法】训练时多提醒动作要点。

【训练方法】进行 2~4 组，每组 5~6 个。

【注意事项】①动作幅度逐渐增加；②教学中注意个体差异，区别对待。

5. 腘绳肌群拉伸

【教学目标】提高髋关节活动幅度和腘绳肌群的柔韧性。

【动作要领】以右侧臀部拉伸为例，运动员呈基本站立姿，向前迈出一步，左腿弯曲后右腿伸直，保持勾脚尖状态，双手摸脚尖后保持 3 秒，然后还原换另一侧，动作相同（图 7-10）。

【教学重点】整个拉伸过程中保持身体的稳定性，同时脚尖要保持伸直状态。

【教学难点】拉伸过程中后侧支撑腿保持稳定性。

图 7-10　腘绳肌群拉伸

【易犯错误】腘绳肌弹性不够，导致大腿无法保持伸直从而整个拉伸动作变形。

【纠正方法】练习时多提醒动作要点，加强局部肌肉弹性。

【训练方法】两条腿交替进行，每条腿 5~6 次，每次动作保持 4~6 秒时间。

【注意事项】①动作幅度逐渐增加；②教学中注意个体差异，区别对待。

6. 综合拉伸（"最伟大"拉伸）

【教学目标】提高肩关节、髋关节、膝关节和踝关节的活动幅度，以及各肌群的弹性。

【动作要领】①以右脚在前为例，上体保持正直，一脚向前跨出一步，成直腿弓步。②左侧手着地，右侧屈肘下压于脚跟内侧，保持 3 秒；右侧手臂向上方翻转，同时带动脊柱，直臂外展，指尖向上，与支撑手臂呈直线。头部转动看上举手臂指尖，保持 3 秒。③双手撑地将身体推起，双腿伸直，勾脚尖，拉伸前腿后肌群，保持 6 秒；屈膝成弓步，还原成站立姿势（图 7-11）。

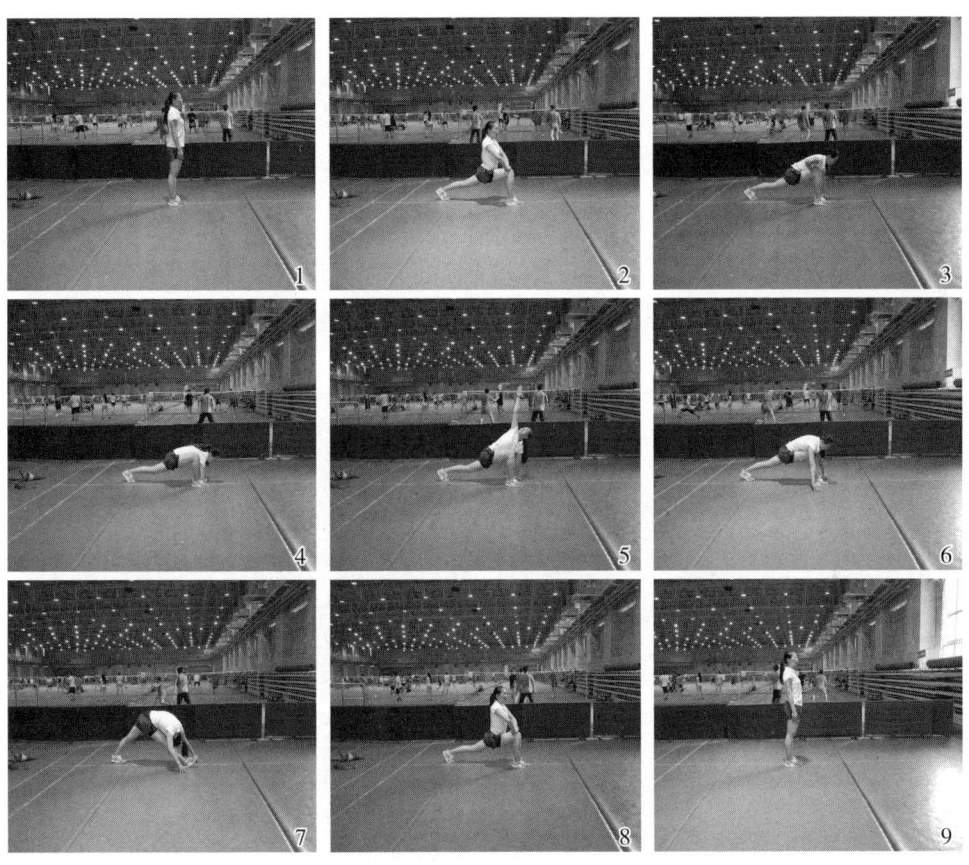

图 7-11 综合拉伸（"最伟大"拉伸）

【教学重点】弓步时，前侧腿膝关节不超过脚尖，大腿平行于地面；双手支撑身体推起时躯干与前侧腿尽量贴近。

【教学难点】脚尖与膝关节始终保持向前，直膝支撑动作时保持两膝伸直。

【易犯错误】由于局部关节活动幅度不够，以及个别肌群缺乏弹性，导致整个拉伸动作稳定性不够，出现代偿。

【纠正方法】练习时多提醒动作要点，可根据出现问题进行局部练习，加强局部关节活动幅度及肌肉弹性。

【训练方法】两条腿交替进行，拉伸4~6次。

【注意事项】①动作幅度逐渐增加，可先进行分解拉伸练习；②教学中注意个体差异，区别对待。

第三节 动作整合

1. 双脚/单脚预摆起跳下蹲

【教学目标】整合好各环节的用力，减少能量损耗。

【动作要领】双脚平行站立，脚尖向前，手臂快速预摆向下，全力向上跳，双脚/单脚全脚掌落地，成稳定的深蹲姿势，保持身体平衡（图7-12）。

图7-12 双脚/单脚预摆起跳下蹲

【教学重点】预摆需展体，动作要快速变换。

【教学难点】膝盖不要内扣，臀部和腿部发力。

【易犯错误】预摆不充分，深蹲不能保证大腿与小腿的折叠为 90°。

【纠正方法】①练习中要求预摆幅度，强调深蹲的位置；②原地练习预摆动作，要求手臂上举，然后迅速下蹲到 90° 位置。

【训练方法】练习 3 组，每组 5 次，间隔 30 秒。

【注意事项】可根据具体的情况增加或者减少练习的强度。可由双脚过渡到单脚。

2. 双脚/单脚旋转跳 90°、180°

【教学目标】进一步强化双脚/单脚起跳下蹲的正确动作模式。

【动作要领】双脚平行站立，与肩同宽，背部平直，脚尖向前，臂快速预摆向下，全力向上跳，身体向右（或向左）旋转 90°；旋转 180°（图 7-13），双脚/单脚全脚掌落地，保持身体平衡。

【教学重点】整个动作的连贯性。

【教学难点】膝盖不超过脚尖，落地时膝盖不要出现晃动。

图 7-13 双脚/单脚旋转跳 90°、180°

【易犯错误】空中身体没有充分伸展。

【纠正方法】加强练习次数，循序渐进，以保证落地时的身体稳定。

【训练方法】练习 3 组，每组 5 次，间隔 30 秒。

【注意事项】可根据具体的情况增加或者减少练习的强度。可由双脚过渡到单脚。

3. 双脚垫步预摆起跳下蹲

【教学目标】强化正确的动作模式，与专项力量结合，整合好各环节的用力。

【动作要领】垫步保持双脚平行站立，脚尖向前，髋关节与膝关节是屈位；手臂快速预摆向上，双脚起跳向上，双脚落地，成稳定的深蹲姿势，背部要挺直，保持身体平衡（图 7-14）。

【教学重点】背部挺直，起跳时要保持身体正直，不能左右摇摆。

【教学难点】膝盖不超过脚尖，落地时保持身体平衡。

图 7-14　双脚垫步预摆起跳下蹲

【易犯错误】单脚落地，难以保持稳定。

【纠正方法】加强练习次数，以保持落地时的身体稳定。

【训练方法】练习 3 组，每组 5 次，间隔 30 秒。

【注意事项】可根据具体的情况增加或者减少练习的强度。可增加小跳箱，由垫步变为从跳箱跳下。

4. 纵向军步走

【教学目标】为正式进入准备活动打下基础，使身体各个部分发挥更好的功能，以实现最佳的效果。

【动作要领】起始位置站立；抬起右腿，大腿抬平与地面平行，脚尖勾起，自然摆臂，呈垫步姿势；左右腿交换过程中，右脚落地要前脚用力蹬地，借助地面对人体的反作用力，然后换左腿抬起，两腿交换，循环进行（图7–15）。

图 7–15 纵向军步走

【教学重点】前脚掌落地并向下用力蹬地。
【教学难点】腿下落时要保证髋部充分伸展，运动从臀大肌发力。
【易犯错误】发力点错误，身体不稳，腰背放松。
【纠正方法】强调发力点由臀大肌开始，腹部收紧，要整个身体发力。
【训练方法】行进练习2组，距离20米。
【注意事项】可根据具体的情况增加或者减少练习的强度，如行走难度大，可先进行原地的军步走。

5. 横向军步走

【教学目标】为正式进入准备活动打下基础，使身体各个部分发挥更好的功能，以实现最佳的效果。

【动作要领】起始位置站立；抬起右腿，使大腿与地面平行，脚尖勾起；横向移动时，从左侧支撑腿的脚内侧向外侧蹬地发力，右腿抬起后向右侧展髋，右脚的前脚掌落地，用力蹬地，借助反作用力换左腿，两腿交替，循环进行（图7-16）。

图 7-16　横向军步走

【教学重点】前脚掌落地并向下用力蹬地。
【教学难点】腿下落时要保证髋部充分伸展，运动从臀大肌发力。
【易犯错误】发力点错误，身体不稳，腰背放松。
【纠正方法】强调发力点由臀大肌开始，腹部收紧，要整个身体发力。
【训练方法】行进练习 2 组，距离 20 米。
【注意事项】可根据具体的情况增加或者减少练习的强度，如行走难度大，可先进行原地的军步走。

第四节　神经系统激活

1. 快速交替点踏步

【教学目标】唤醒全身肌肉参与动作，提高神经系统兴奋性。
【动作要领】运动员呈基本运动姿势，开始时运动员双脚用前脚掌快速交替点地，在点地的过程中手臂按着节奏进行前后摆动，运动至规定时间（图7-17）。

图 7-17　快速交替点踏步

【教学重点】练习时身体保持稳定，腰背部避免前屈。

【教学难点】快速运动时重心交替及身体单侧肌肉协调用力。

【易犯错误】①交替快速点地的过程中重心上下起伏过大；②在点踏步的过程中身体缺乏协调性。

【纠正方法】练习中控制膝关节屈伸，避免多次屈伸造成的身体起伏。

【训练方法】以教师口令控制快速点踏步的速度，可在一次快速点踏步过程中尝试不同速度或反口令练习以促进神经激活。

【注意事项】①移动过程中保持重心及身体姿态稳定，关注学生是否出现脊柱侧曲；②注意练习负荷与学生年龄匹配程度，区别对待，随时调整。

2. 快速同时点踏步

【教学目标】唤醒全身肌肉参与动作，提高神经系统兴奋性。

【动作要领】运动员呈基本运动姿势，开始时运动员双脚用前脚掌快速同时点地，在点地的过程中手臂按着节奏进行前后摆动，运动至规定时间（图7-18）。

图 7-18　快速同时点踏步

【教学重点】练习时身体保持稳定，腰背部避免前屈。

【教学难点】快速运动时重心交替及身体单侧肌肉协调用力。

【易犯错误】①交替快速点地的过程中重心上下起伏过大；②在点踏步的过程中身体缺乏协调性。

【纠正方法】练习中控制膝关节屈伸，避免多次屈伸造成的身体起伏。

【训练方法】以教师口令控制快速点踏步的速度，可在一次快速点踏步过程中尝试不同速度或反口令练习以促进神经激活。

【注意事项】①移动过程中保持重心及身体姿态稳定，关注学生是否出现脊柱侧曲；②注意练习负荷与学生年龄匹配程度，区别对待，随时调整。

3. 快速转髋跳

【教学目标】唤醒全身肌肉参与动作，提高神经系统兴奋性。

【动作要领】运动员呈基本运动姿势，开始时运动员快速向一侧转动髋关节后制动，再向另外一侧转动髋关节，连续运动至规定时间（图7-19）。

图 7-19 快速转髋跳

【教学重点】练习时身体保持稳定，腰背部避免前屈。

【教学难点】快速转髋运动时重心交替及身体单侧肌肉协调用力。

【易犯错误】①转髋跳的过程中重心上下起伏过大；②在转髋跳的过程中身体缺乏协调性。

【纠正方法】练习中维持髋关节的稳定性，避免多次转动造成的身体起伏。

【训练方法】以教师口令控制快速点踏步的速度，可在一次快速点踏步过程中尝试不同速度或反口令练习以促进神经激活。

【注意事项】①移动过程中保持重心及身体姿态稳定，关注学生是否出现脊柱侧曲；②注意练习负荷与学生年龄匹配程度，区别对待，随时调整。

4. 俯卧撑前后快速移动

【教学目标】唤醒全身肌肉参与动作，提高神经系统兴奋性。

【动作要领】运动员呈基本俯卧撑姿势，开始时运动员两手臂伸直后前后进行快速移动，连续运动至规定时间（图7-20）。

图 7-20 俯卧撑前后快速移动

【教学重点】练习时身体保持稳定，腰背部避免前屈。

【教学难点】俯卧撑前后快速移动时重心交替及身体单侧肌肉协调用力。

【易犯错误】①俯卧撑前后快速移动过程中重心上下起伏过大；②俯卧撑前后快速移动过程中身体缺乏协调性。

【纠正方法】练习中维持躯干稳定性，避免多次转动造成的身体起伏。

【训练方法】以教师口令控制快速俯卧撑前后移动的速度，可在一次俯卧撑前后快速移动过程中尝试不同速度或反口令练习以促进神经激活。

【注意事项】①移动过程中保持重心及身体姿态稳定，关注学生是否出现脊柱侧曲；②注意练习负荷与学生年龄匹配程度，区别对待，随时调整。

第八章 基础性力量训练

【本章导语】力量是人日常生活和活动表现的基础素质，而力量训练是身体运动功能训练的重要组成部分。本章以推、拉、旋转等动作模式的形式，讲解上肢、下肢和全身的基础力量训练。通过本章学习，能客观认识和掌握上肢、下肢和全身基础力量训练的手段，为基础力量的教学和训练提供理论参考和实践指导。

第一节 上肢基础力量训练

（一）俯卧撑——平地/瑞士球/悬吊带

【教学目标】发展胸部及上肢力量。
【动作要领】练习者俯撑于平地/瑞士球/悬吊带，保持躯干竖直，双臂屈曲后伸展将身体推起。
【教学重点】正确的动作模式。
【教学难点】建立正确的动作模式。
【易犯错误】躯干过伸，双臂未能屈曲至标准位置。
【纠正方法】躯干竖直，双臂屈曲至上臂与躯干同一平面。

图 8-1

【训练方法】肌肉肥大—力量:每组 6~12 次,练习 3~6 组;肌肉耐力:每组 12 次以上,练习 2~3 组。

【注意事项】稳定匀速。

(二) 肩上推——站姿/半跪姿

【教学目标】发展肩部及上肢力量。

【动作要领】练习者以站姿/半跪姿手持哑铃/杠铃等器械于肩上,双臂伸展将重物推过头顶。

【教学重点】正确的动作模式。

【教学难点】建立正确的动作模式。

【易犯错误】推起方向错误。

【纠正方法】竖直向上推起。

图 8-2

【训练方法】肌肉肥大—力量：每组 6~12 次，练习 3~6 组；肌肉耐力：每组 12 次以上，练习 2~3 组。

【注意事项】适宜负荷，稳定匀速。

(三) 卧推——平面/瑞士球

【教学目标】发展胸部及上肢力量。

【动作要领】练习者持哑铃/药球等器械仰卧于卧推凳/瑞士球上，屈臂至胸上方后推起。

【教学重点】正确的动作模式。

【教学难点】建立正确的动作模式。

【易犯错误】动作失速。

【纠正方法】匀速稳定。

【训练方法】爆发力：每组 1~6 次，练习 2~3 组；肌肉肥大—力量：每组 6~12 次，练习 3~6 组；肌肉耐力：每组 12 次以上，练习 2~3 组。

【注意事项】使用卧推凳时保持头、背、臀、双脚接触凳子和地面。

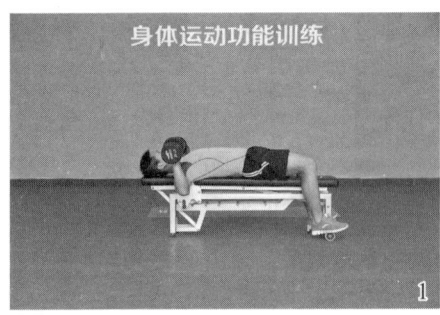 

图 8-3

(四)哑铃飞鸟——仰卧/俯身

【教学目标】发展胸部/背部及上肢力量。

【动作要领】练习者仰卧于卧推凳/站立俯身,双手屈臂/直臂持哑铃,双臂内收/外展进行练习。

【教学重点】正确的动作模式。

【教学难点】建立正确的动作模式。

【易犯错误】站立俯身练习时耸肩。

【纠正方法】肩部放松肩胛骨内收。

【训练方法】肌肉肥大—力量:每组 6~12 次,练习 3~6 组;肌肉耐力:每组 12 次以上,练习 2~3 组。

【注意事项】适宜负荷,稳定匀速。

图 8-4

(五)俯身划船——杠铃/哑铃/橡皮带

【教学目标】发展背部及上肢力量。

【动作要领】练习者站姿俯身直臂持杠铃/哑铃/橡皮带,屈臂拉至胸骨下缘后还原。

【教学重点】正确的动作模式。

【教学难点】建立正确的动作模式。

【易犯错误】俯身角度过小。

【纠正方法】加大俯身角度。

【训练方法】肌肉肥大—力量:每组 6~12 次,练习 3~6 组;肌肉耐力:

每组 12 次以上，练习 2~3 组。

【注意事项】适宜负荷，稳定匀速。可结合单腿支撑和单臂拉以提高难度。

图 8-5

（六）站姿/跪姿屈臂拉——橡皮带/悬吊带

【教学目标】发展上肢力量。

【动作要领】练习者以站姿/跪姿直臂手持橡皮带/悬吊带，屈臂拉橡皮带/悬吊带。

【教学重点】正确的动作模式。

【教学难点】建立正确的动作模式。

【易犯错误】躯干松懈。

【纠正方法】躯干竖直。

【训练方法】肌肉肥大—力量：每组 6~12 次，练习 3~6 组；肌肉耐力：每组 12 次以上，练习 2~3 组。

【注意事项】缓慢匀速。

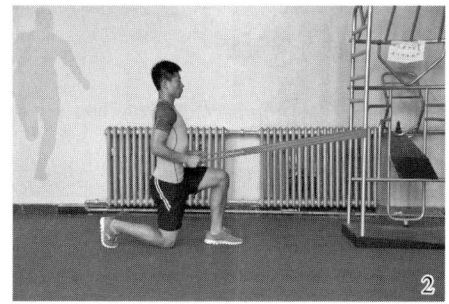

图 8-6

第二节 下肢基础力量训练

(一) 徒手深蹲

【教学目标】主要发展基本姿势以及臀大肌、股四头肌、股后肌群力量。

【动作要领】两脚开立与肩同宽或稍宽于肩,双手叉腰深蹲,然后下肢发力向上推或跳起,最后还原到初始姿势。

【教学重点】膝盖不超过脚尖,躯干挺直,臀大肌主导发力。

【教学难点】臀大肌主导的发力顺序的建立。

【易犯错误】发力顺序不对、脚尖位置不对。

【纠正方法】个别纠正,注重动作规格和质量的纠正。

【训练方法】10~15 次为一组,3~6 组。

【注意事项】臀大肌收紧、目视前方、膝盖不超过脚尖、躯干挺直。

图 8-7

（二）弹力带深蹲

【教学目标】主要发展臀大肌、大腿前部肌群、股后肌群力量。

【动作要领】两手握住弹力带两头，两脚开立与肩同宽或稍宽于肩，双脚将弹力带踩到脚下并呈深蹲姿势，然后两腿伸直（或跳起）牵拉弹力带呈站立姿势，最后还原到初始姿势。

【教学重点】膝盖不超过脚尖，躯干挺直，臀大肌主导发力。

【教学难点】臀大肌主导的发力顺序的建立。

【易犯错误】发力顺序不对、脚尖位置不对、膝盖内扣。

【纠正方法】个别纠正，注重动作规格和质量的纠正。

【训练方法】6~10次为一组，3~6组。

【注意事项】臀大肌收紧、目视前方、膝盖不超过脚尖、躯干挺直。

 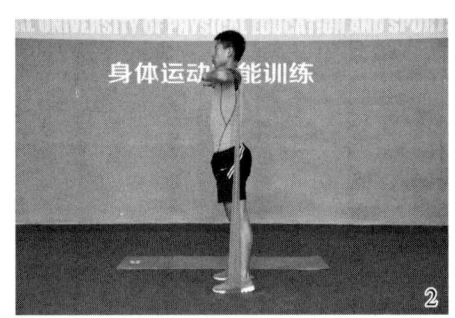

图8-8

（三）杠铃半蹲/深蹲

【教学目标】主要发展臀大肌、大腿前部肌群、股后肌群力量。

【动作要领】首先杠铃负重呈半蹲/深蹲姿势（前蹲时将杠铃放到胸前的肩膀上，后蹲时将杠铃放在颈后肩膀上），然后快速站立，循环往复。

【教学重点】膝盖不超过脚尖，躯干挺直，臀大肌主导发力。

【教学难点】臀大肌主导的发力顺序的建立。

【易犯错误】发力顺序不对、脚尖位置不对、身体倾斜、膝盖内扣。

【纠正方法】个别纠正，注重动作规格和质量的纠正。

【训练方法】6~8次为一组，3~5组。

【注意事项】动作过程目视前方，躯干挺直，两脚尖始终向前，膝盖不要超过脚尖；前蹲时采取两手十字支撑或者平行支撑固定杠铃，后蹲时手腕基本伸直支撑杠铃。

图 8-9

（四）杠铃过顶深蹲

【教学目标】主要发展臀大肌、大腿前部肌群、股后肌群、三角肌等力量。

【动作要领】呈正常站立姿势，双手正握杠铃直臂举过头顶，握距约为肩宽两倍，运动员保持后背挺直，抬头向前，然后屈膝下蹲至大腿与地面平行，最后快速站立，循环往复。

【教学重点】肩部固定、臀大肌主导发力、目视前方，体会臀大肌主导下的大腿前部肌群、股后肌群的协同发力。

【教学难点】臀大肌主导的发力顺序的建立。

【易犯错误】发力顺序不对、肩部不固定、身体倾斜、膝盖内扣。

【纠正方法】个别纠正，注重动作规格和质量的纠正。

【训练方法】6～8 次为一组，3～5 组。

【注意事项】可采用半蹲动作；可采用壶铃、哑铃等器材；根据训练实际选择重量；保持核心部位的稳定；注意对腰、肩部的保护。

图 8-10

（五）单腿罗马尼亚硬拉

【教学目标】主要发展臀部爆发力，腿部蹬地力量和全身协调用力，发展稳定性。

【动作要领】双手持杠铃，单腿支撑稍微弯曲站立，躯干挺直、非支撑腿伸直基本与地面平行，通过臀肌的收紧和上体直体抬起，然后还原成起始姿势。

【教学重点】上体和腿部必须同步移动，前倾时通过非支撑腿的蹬伸动作来动员臀部肌群共同参与运动。

【教学难点】躯干挺直、上下肢协同发力。

【易犯错误】弓背、后腿脚尖绷直、发力模式不正确。

【纠正方法】个别纠正，注重动作规格和质量的纠正。

图 8-11

【训练方法】6~10次为一组，3~6组。

【注意事项】可采用哑铃、壶铃等器材；可以双手或单手持哑铃，单手持哑铃时支撑腿可以是同侧腿也可以是异侧腿；适合各级别、各项目运动员，注意对腰部的保护。

（六）俯卧屈膝提拉

【教学目标】主要发展股后肌群、臀部肌群，发展稳定性。

【动作要领】运动员俯姿直体卧在瑞士球上，将弹力带系在单脚/双脚脚踝上，以臀部和股后肌群发力牵拉弹力带至大小腿夹角为90°，然后还原到初始姿势。

【教学重点】核心部位稳定、臀大肌和股后肌群协同发力。

【教学难点】发力模式。

【易犯错误】低头、弓背、发力模式错误。

【纠正方法】个别纠正，注重动作规格和质量的纠正。

【训练方法】10~15次为一组，3~6组。

【注意事项】可以是双腿、单腿或者交替练习；若要增加练习难度可使双手伸直与地面平行。

图 8-12

第三节　全身动力链训练

（一）站/跪姿劈砍/提拉——绳动训练器械、固定橡皮带

【教学目标】发展对侧动力链传递效能、提高躯干抗旋能力。

【动作要领】练习者站姿/跪姿于器械同侧，双手持器械于体侧；进行劈砍练习时髋部发力带动躯干由上向斜下方旋转；进行提拉练习时臀部收紧，躯干竖直，双臂由下向斜上提拉。

【教学重点】正确的发力顺序。

【教学难点】建立正确的发力顺序。

【易犯错误】动作顺序错误（例如上身首先转动），丧失正确的身体姿态。

【纠正方法】提示正确的肌肉发力感觉。

【训练方法】发展动力链效能：6~8次，3~6组；发展抗旋能力：10~15次，1~3组。

【注意事项】髋部带动躯干旋转，中速渐快；臀部和躯干收紧提拉，匀速保持。

图 8-13

(二) 药球上推/后抛/下抛

【教学目标】发展动力链传递效能。

【动作要领】练习者双脚与肩同宽开立；药球上推/后抛：双手持药球于胸前/腹部，快速屈髋、屈膝下降身体后迅速伸髋伸膝，同时将药球推过头顶/向后抛出。药球下抛：双手直臂持药球于头顶，充分伸髋、伸膝以伸展身体，迅速屈髋、屈膝下降身体同时将药球向下抛出。

【教学重点】正确的发力顺序。

【教学难点】建立高效的动力链传递效能。

【易犯错误】发力顺序错误（例如手臂先于下肢发力）。

图 8-14

【纠正方法】着重提示动作规格,强调正确的发力顺序。

【训练方法】适宜重量的药球,练习 6~8 次,3~6 组。

【注意事项】注重正确的发力顺序。

(三) 壶铃摆

【教学目标】发展动力链传递效能。

【动作要领】练习者双脚与肩同宽开立,双手持壶铃于双腿间;屈髋、微屈膝使臀部后移至最远端,伸髋、伸膝顺势上摆壶铃。

【教学重点】正确的动作模式,正确的发力顺序。

【教学难点】建立正确的发力顺序,建立高效的动力链传递效能。

【易犯错误】躯干屈曲,过度屈膝,发力顺序错误。

【纠正方法】躯干竖直,避免过度屈膝,伸髋主导。

【训练方法】适宜重量的壶铃,练习 6~8 次,3~6 组。

【注意事项】保持背部竖直,注重正确的发力顺序。

图 8-15

(四) 杠铃直臂拉

【教学目标】发展动力链传递效能,提高下肢爆发力。

【动作要领】练习者采用杠铃硬拉的姿势起始,快速伸膝、伸髋上提杠铃,过程中保持直臂,肩部耸立缓冲。

【教学重点】正确的动作模式,正确的发力顺序。

【教学难点】建立正确的动作模式,建立正确的发力顺序。

【易犯错误】躯干屈曲,髋部过伸,杠铃远离身体。

【纠正方法】躯干竖直,向上发力,杠铃贴近身体。

【训练方法】根据 1RM 值百分比选取适宜重量的杠铃,发展单次最大爆发力练习 1～2 次,3～5 组,发展多次最大爆发力练习 3～5 次,3～5 组。

【注意事项】动作连贯,正确发力。

图 8-16

(五) 杠铃高拉

【教学目标】发展动力链传递效能,提高下肢爆发力。

【动作要领】练习者采用杠铃硬拉的姿势起始,快速伸膝、伸髋上提杠铃,过程中双臂顺势屈曲上拉杠铃至下颌。

【教学重点】正确的动作模式,正确的发力顺序。

【教学难点】建立正确的动作模式,建立正确的发力顺序。

【易犯错误】躯干屈曲,髋部过伸,双臂代偿发力,杠铃远离身体。

【纠正方法】躯干竖直,向上发力,减少双臂张力,杠铃贴近身体。

【训练方法】根据1RM值百分比选取适宜重量的杠铃,发展单次最大爆发力练习1~2次,3~5组;发展多次最大爆发力练习3~5次,3~5组。

【注意事项】动作连贯,正确发力。

图 8-17

(六)杠铃高翻

【教学目标】发展动力链传递效能,提高下肢爆发力。

【动作要领】练习者采用杠铃硬拉的姿势起始,伸膝、伸髋提拉杠铃,杠铃过膝后充分伸髋,继续保持快速伸髋、伸膝并屈曲踝关节;当下肢完全伸展时,杠铃达到最高点；双臂顺势屈曲抓杠，身体移至杠铃下面同时屈髋、屈膝下蹲1/4位置减缓冲力。

【教学重点】正确的动作模式，正确的发力顺序，连贯的整体动作。

【教学难点】第一次提拉到第二次提拉时机的把握。

【易犯错误】躯干屈曲，髋部未充分伸展，提拉时机错误，杠铃远离身体。

【纠正方法】躯干竖直，强调伸髋，二次提拉阶段充分、迅速，杠铃贴近身体。

【训练方法】根据1RM值百分比选取适宜重量的杠铃，发展单次最大爆发力练习1~2次，3~5组；发展多次最大爆发力练习3~5次，3~5组。

【注意事项】动作连贯，正确发力。

图 8-18

(七) 分腿/双腿杠铃上推举

【教学目标】发展动力链传递效能,提高下肢爆发力。

【动作要领】练习者采用杠铃颈前蹲的姿势起始,快速下蹲不超过 1/4 位置后迅速伸膝、伸髋,同时利用推肘将杠铃举过头顶,双腿呈分腿弓步或开立微屈。

【教学重点】正确的发力顺序。

【教学难点】建立正确的发力顺序。

【易犯错误】握杠手臂姿态错误,下蹲后停顿过长。

【纠正方法】屈肘、手臂平行握杠,下蹲后迅速伸展。

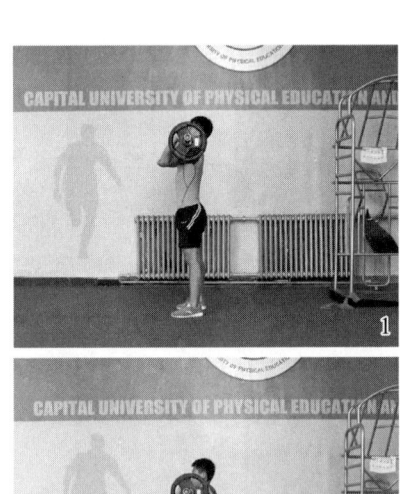

图 8-19

【训练方法】根据 1RM 值百分比选取适宜重量的杠铃,发展单次最大爆发力练习 1~2 次,3~5 组;发展多次最大爆发力练习 3~5 次,3~5 组。

【注意事项】动作连贯,正确发力。

(八) 杠铃抓举

【教学目标】发展动力链传递效能,提高下肢爆发力。

【动作要领】练习者双脚微外展开立与肩同宽,下蹲握杠,双手握杠距离为两肘间宽度;伸膝、伸髋提拉杠铃,杠铃过膝后充分伸髋,继续保持快速伸髋、伸膝并屈曲踝关节;当下肢完全伸展时,杠铃达到最高点;快速转腕,身体移至杠铃下面同时屈髋屈膝减缓冲力,双臂直臂顺势将杠铃举过头顶。

【教学重点】正确的动作模式,正确的发力顺序,连贯的整体动作。

【教学难点】第一次提拉到第二次提拉时机的把握。

【易犯错误】躯干屈曲,髋部未充分伸展,提拉时机错误,杠铃远离身体。

【纠正方法】躯干竖直,强调伸髋,二次提拉阶段充分、迅速,杠铃贴近身体。

图 8-20

【训练方法】根据 1RM 值百分比选取适宜重量的杠铃，发展单次最大爆发力练习 1~2 次，3~5 组；发展多次最大爆发力练习 3~5 次，3~5 组。

【注意事项】动作连贯，正确发力。

（九）杠铃蹲跳

【教学目标】发展动力链传递效能，提高下肢爆发力。

【动作要领】练习者以杠铃背蹲姿势起始，快速下蹲不超过 1/4 位置后迅速伸膝伸髋至身体完全伸展并顺势跳起。

【教学重点】正确的动作规格，正确的动作节奏。

【教学难点】快速伸展的动作节奏。

【易犯错误】躯干前屈，膝关节超过脚尖，下蹲后停顿过长。

【纠正方法】躯干竖直，髋部主导、膝关节不超过脚尖，下蹲后迅速伸展。

【训练方法】发展多次最大爆发力练习 3~5 次，3~5 组；发展爆发力耐力练习 8~12 次，3~6 组。

【注意事项】躯干竖直，动作连贯，节奏鲜明。

图 8-21

(十) 抓举姿杠铃跳

【教学目标】发展动力链传递效能,提高下肢爆发力。

【动作要领】练习者双脚开立与肩同宽,保持杠铃贴近身体,直臂握杠,双手握杠距离为两肘间宽度;快速屈髋、微屈膝使臀部后移至最远端,充分迅速伸髋、伸膝至身体完全伸展并顺势跳起。

【教学重点】正确的动作规格,正确的动作节奏。

【教学难点】快速伸髋的动作节奏。

【易犯错误】躯干前屈,膝关节过度屈曲,杠铃远离身体,下蹲后停顿过长。

【纠正方法】躯干竖直,膝关节微屈,杠铃贴近身体,下蹲后迅速伸展。

【训练方法】发展多次最大爆发力练习3~5次,3~5组;发展爆发力耐力练习8~12次,3~6组。

【注意事项】躯干竖直,动作连贯,节奏鲜明。

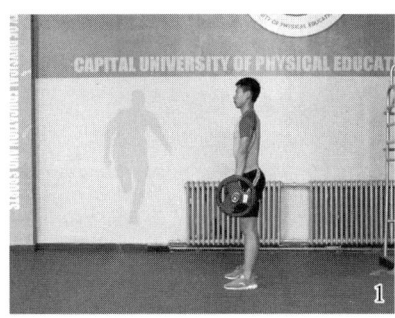

图 8-22

思考题

(1) 试述上肢、下肢、全身力量训练的基本形式。
(2) 试设计几种上肢推、拉的力量练习。
(3) 试设计几种下肢推、拉的力量练习。
(4) 试设计几种全身动力链的练习。

参考文献

[1] 尹军，张启凌，陈洋. 乒乓球运动员身体运动功能训练 [M]. 北京：北京体育大学出版社，2013.

[2] 张英波. 现代体能训练方法 [M]. 北京：北京体育大学出版社，2006.

[3] 尹军. 身体运动功能训练 [M]. 北京：高等教育出版社，2015.

[4] 国家体育总局体能训练中心. 身体功能训练动作手册 [M]. 北京：人民体育出版社，2014.

第九章　躯干支柱力量训练

【本章导语】躯干支柱力量训练的核心任务是提高运动支柱的稳定性，同时也是提高动力链传递的重要训练手段。它不仅包括双肩、躯干和髋部，而且包括对四肢动作的控制，躯干支柱力量强调的是保持正确的身体姿态下对动作的控制。它是一个更加综合的概念，是对所有动作控制的一种整合。

第一节　射干支柱力量训练的概念与分类

一、躯干支柱力量训练的概念

躯干支柱力量训练是身体运动功能训练的核心内容，是肩部、躯干和髋部共同参与的力量训练，强调的是做动作时保持正确的身体姿态，并对四肢动作达到有效控制，是对所有动作控制的一种整合。与传统的核心力量训练不同之处在于躯干支柱力量训练是在身体核心部位和髋关节力量训练的同时，强化了肩关节部位的力量训练，实现肩部、躯干和髋部三位一体的训练。

通过加强躯干支柱力量训练不仅可降低躯干运动的损伤，还可提高躯干动作的效率、提高躯干动力链传递的效率，有效地预防能量的泄漏，促进能量的高效传递和转移。

二、躯干支柱力量训练的部位

随着在运动训练实践和理论研究过程中对躯干支柱力量的不断认识，人们研究和发展了多种多样的躯干支柱力量训练方法。这些训练方法可根据身体部位的不同分为肩部训练、躯干训练和髋部训练；根据训练界面条件的不同，分为稳定支撑训练和非稳定支撑训练。训练过程中在负荷安排上应整体遵守循序渐进、负荷渐增的原则（图 9-1）。

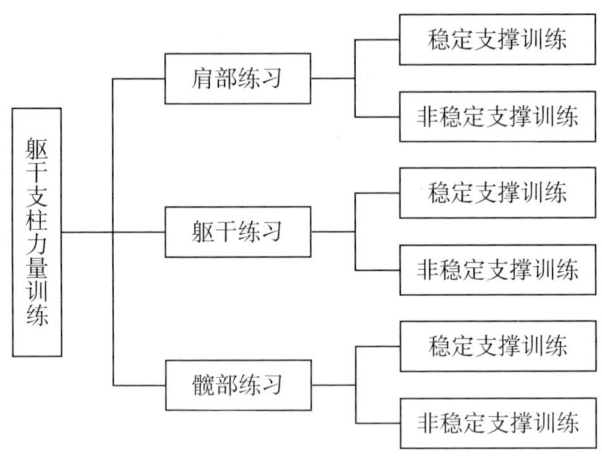

图 9-1

第二节 躯干支柱力量训练的方法与手段

为增强躯干支柱力量，我们可以采用很多种锻炼方法。下面我们根据负重与否分为徒手锻炼与持器械锻炼；根据动作形式分为在稳定条件下的支撑与非稳定支撑。在负荷安排上整体遵守循序渐进、负荷渐增的原则。

一、肩部练习

1. 俯姿—Ｉ字

【教学目标】发展肩带及上背部肌肉力量。

【动作要领】俯卧于垫上，双臂伸直贴近耳朵，与躯干形成"Ｉ"字，双侧肩胛骨向内向下收紧，双臂抬起 2～3 厘米，保持 3～5 秒，回到起始姿势。

【教学重点】腹肌收紧，肩胛骨收紧后抬起手臂。

【教学难点】自然呼吸，不憋气，动作协调用力。

【易犯错误】腹肌不收紧，肩胛骨没有收紧就抬起手臂。
【纠正方法】语言提示练习者收紧腹肌和肩胛骨后再抬起手臂。
【训练方法】每组练习10次，练习2～3组。

图9-2

图9-3　站姿—Ⅰ字

图9-4　俯姿—Ⅰ字

【注意事项】采用腹式呼吸方式，腹肌收紧，拇指向上，肩胛骨收紧后抬起手臂。

2. 俯卧—T字

【教学目标】发展肩带及上背部肌肉力量。

【动作要领】俯卧于垫上，双臂外展 90°与躯干形成"T"字，双侧肩胛骨向内向下收紧，双臂抬起 2～3 厘米，保持 3～5 秒，回到起始姿势。

【教学重点】腹肌收紧，肩胛骨收紧后抬起手臂。

【教学难点】自然呼吸，不憋气，动作协调用力。

【易犯错误】腹肌不收紧，肩胛骨没有收紧就抬起手臂。

【纠正方法】语言提示练习者收紧腹肌和肩胛骨后再抬起手臂。

【训练方法】每组练习 10 次，练习 2～3 组。

【注意事项】采用腹式呼吸方式，腹肌收紧，拇指向上，肩胛骨收紧后抬起手臂。

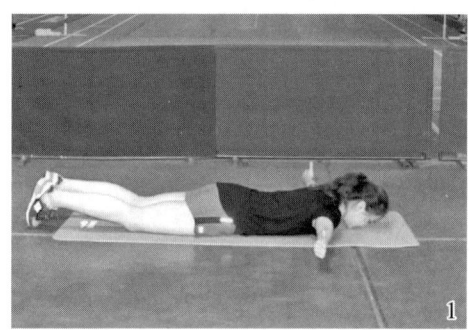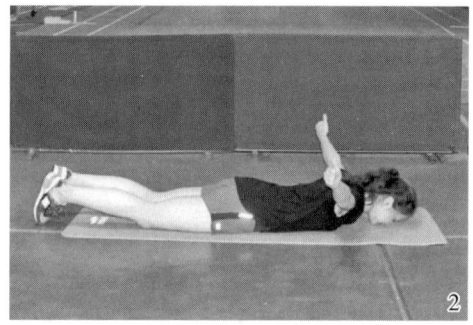

图 9-5

图 9-6 站姿-T字

图 9-7 俯姿—T 字

3. 俯卧—W 字

【教学目标】发展肩带及上背部肌肉力量。

【动作要领】俯卧于垫上,双肘打开,屈肘 90°与躯干形成"W"字,双侧肩胛骨向内向下收紧,双臂抬起 2~3 厘米,保持 3~5 秒,回到起始姿势。

【教学重点】腹肌收紧,肩胛骨收紧后抬起手臂。

【教学难点】自然呼吸,不憋气,动作协调用力。

【易犯错误】腹肌不收紧,肩胛骨没有收紧就抬起手臂。

【纠正方法】语言提示练习者收紧腹肌和肩胛骨后再抬起手臂。

【训练方法】每组练习 10 次,练习 2~3 组。

【注意事项】采用腹式呼吸方式,腹肌收紧,拇指向上,肩胛骨收紧后抬起手臂。

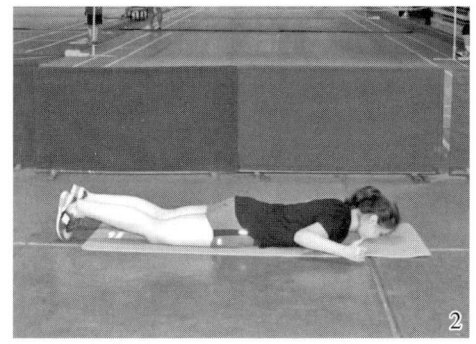

图 9-8

图 9-9 站姿—W 字

图 9-10 俯姿—W 字

4. 站姿—L—Y 字

【教学目标】发展肩带及上背部肌肉力量。

【动作要领】运动基本姿势站立，挺胸抬头，背部平直，双手臂自然放于身体两侧。双侧肩胛骨向内向下收紧，肘部上抬至屈肘 90°，然后前臂向上抬起形成"L"字，然后向上伸直与躯干形成"Y"字，回到起始姿势。

【教学重点】保持背部平直，肩胛骨收紧后抬起手臂。

【教学难点】自然呼吸，不憋气，动作协调用力。

【易犯错误】背部不直，肩胛骨没有收紧就抬起手臂。

【纠正方法】语言提示练习者挺直背部和收紧肩胛骨后再抬起手臂。

【训练方法】每组练习 10 次，练习 2~3 组。

【注意事项】采用腹式呼吸方式，保持背部平直，拇指向上，肩胛骨收紧后抬起手臂。

图 9-11

5. 瑞士球—L—Y 字

【教学目标】发展肩带及上背部肌肉力量。

【动作要领】俯卧于瑞士球上，背部平直，双臂伸直，放于瑞士球两侧，双侧肩胛骨收紧，然后屈肘向上抬起，屈肘达 90°时，前臂向上抬起，直至与躯干成一个平面，与上臂形成"L"字，然后向上伸直与躯干形成"Y"字，回到起始姿势。

【教学难点】自然呼吸，不憋气，动作协调用力。

【易犯错误】腹肌不收紧，肩胛骨没有收紧就抬起手臂。

【纠正方法】语言提示练习者收紧腹肌和肩胛骨后再抬起手臂。

【训练方法】每组练习 10 次，练习 2~3 组。

【注意事项】采用腹式呼吸方式，胸不贴瑞士球，腹肌收紧，拇指向上，肩胛骨收紧后抬起手臂。

图 9-12

二、躯干练习

(一) 稳定支撑的躯干支柱力量练习

1. 膝支撑俯桥

【教学目标】发展腹部力量。

【动作要领】练习者以双膝和双肘撑于地面，腹部收紧，躯干从膝到头在一条直线上。

【教学重点】腹部和臀部收紧，从膝到头成一条直线。

【教学难点】自然呼吸，无需憋气。

【易犯错误】憋气，髋关节下沉或臀部翘起。

【纠正方法】语言提示练习者自然呼吸，收紧臀肌，或协助练习者使其躯干在一条直线上。

【建议负荷】每组练习30~60秒，1~3组，间歇时间10~30秒。

【注意事项】采用腹式呼吸，自然呼吸放松。

图 9-13

2. 并腿/分腿、脚撑俯桥

【教学目标】发展腹部力量。

【动作要领】练习者双腿合并/分开，以双脚和双肘撑于地面，练习时要保持臀肌、腹肌收紧；身体从头到脚在一条直线上。

【教学重点】腹部和臀部收紧，从脚到头成一条直线。

【教学难点】自然呼吸，无需憋气。

【易犯错误】憋气，髋关节下沉或臀部翘起。

【纠正方法】语言提示练习者自然呼吸，臀部收紧，或协助练习者使其躯干在一条直线上。

【建议负荷】每组练习30~60秒，1~3组，间歇时间10~30秒。如若负重练习，则相应减少练习时间。

【注意事项】采用腹式呼吸，脚跟后蹬。

图 9-14

3. 双臂/双脚交替支撑俯桥

【教学目标】发展腹部力量。

【动作要领】练习者在分腿俯桥的基础上，双臂/双脚有节奏地交替上抬或侧展并保持 3~5 秒。练习时要始终保持身体呈直线。

【教学重点】腹部和臀部收紧，从脚到头成一条直线。

【教学难点】自然呼吸，无需憋气，控制身体的平衡。

【易犯错误】憋气，髋关节下沉或臀部翘起。

【纠正方法】语言提示练习者自然呼吸，臀部收紧，或协助练习者使其躯干在一条直线上。

【建议负荷】每组 30 秒，动态练习：每组 10~15 次，1~3 组，间歇时间 30~60 秒。

【注意事项】采用腹式呼吸，控制身体的平衡。

 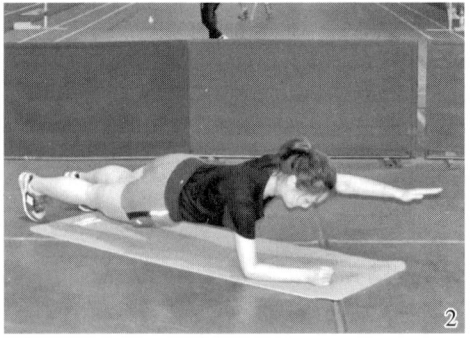

双臂交替支撑俯桥

双脚交替撑俯桥

图 9-15

4. 单臂 / 单脚支撑俯桥

【教学目标】发展肩部、躯干支柱力量。

【动作要领】练习者在分腿俯桥的基础上单肘（单手）/ 单脚撑于地面，另一手臂 / 脚静止上抬至水平位置，练习时要始终保持身体呈直线。

【教学重点】腹部和臀部收紧，从脚到头成一条直线。

【教学难点】自然呼吸，无需憋气，控制身体的平衡。

【易犯错误】憋气，髋关节下沉或臀部翘起，身体晃动。

【纠正方法】语言提示练习者自然呼吸，收紧臀肌，或协助练习者使其躯干在一条直线上。

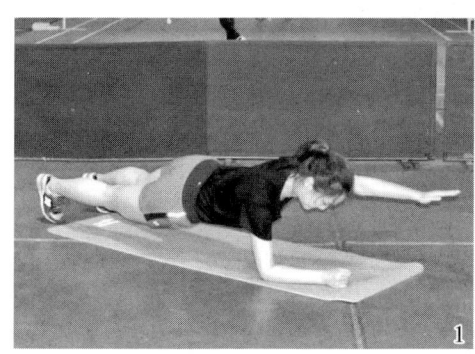

单臂支撑俯桥　　　　　　　　　　　　　单脚支撑俯桥

图 9-16

【建议负荷】每组 30 秒，动态练习：每组 10~15 次，1~3 组，间歇时间 30~60 秒。

【注意事项】采用腹式呼吸，控制身体的平衡。

5. 手脚对侧交替支撑俯桥—静止或动态

【教学目标】发展肩部、腹部力量。

【动作要领】练习者以对侧单肘单脚支撑于地面，身体呈桥的姿势，保持静止或节奏性转换交替上抬。

【教学重点】腹部和臀部收紧，从脚到头成一条直线。

【教学难点】自然呼吸，无需憋气，控制身体的平衡。

【易犯错误】憋气，髋关节下沉或臀部翘起，身体晃动。

【纠正方法】语言提示练习者自然呼吸，收紧臀肌，或协助练习者使其躯干在一条直线上。

【建议负荷】每组 30 秒，动态练习：每组 10~15 次，1~3 组，间歇时间 30~60 秒。

【注意事项】采用腹式呼吸，控制身体的平衡。

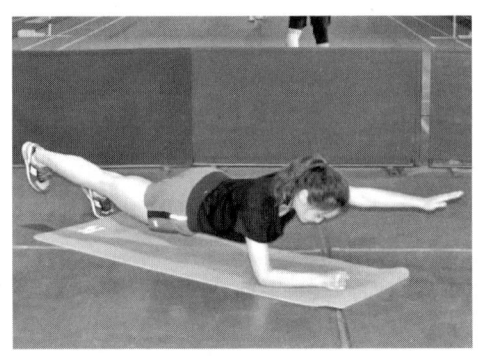

图 9-17

6. 膝肘侧撑

【教学目标】发展腹侧肌力量。

【动作要领】练习者以肘、膝支撑，双腿自然弯曲，髋部抬起，从膝到头成直线。

【教学重点】腹部收紧,髋部顶起,从膝到头成一条直线。

【教学难点】自然呼吸,无需憋气。

【易犯错误】憋气,屈髋。

【纠正方法】语言提示练习者自然呼吸,收紧臀肌,或协助练习者使其髋关节顶起。

【建议负荷】腹部收紧,躯干整体发力。每组练习 30~60 秒,1~3 组,间歇时间 10~30 秒。

【注意事项】采用腹式呼吸,自然呼吸放松。

图 9-18

7. 分脚侧桥 / 并脚一肘撑或手撑

【教学目标】发展腹侧肌力量。

【动作要领】练习者双脚前后开置 / 并脚支撑,以肘或手和双脚支撑,髋部抬起,身体呈直线。

【教学重点】腹部收紧,髋部顶起,从脚到头成一条直线。

【教学难点】自然呼吸,无需憋气,控制身体的平衡。

【易犯错误】憋气,屈髋,身体晃动。

【纠正方法】语言提示练习者自然呼吸,收紧臀肌,或协助练习者使其髋关节顶起。

【建议负荷】每组练习 30~60 秒,1~3 组,间歇时间 10~30 秒。

【注意事项】采用腹式呼吸,自然呼吸放松,髋部顶起。

分腿肘侧桥撑

分腿手侧桥撑

并脚肘侧桥撑

并脚手侧桥撑

并脚动态侧桥准备姿势

并脚手侧桥撑

图 9-19

8. 静态 / 动态分腿侧桥

【教学目标】发展臀中肌、腹侧肌力量。

【动作要领】练习者在并脚侧桥的基础上，另侧腿向上抬起并保持静止或有节奏地外展。

【教学重点】腹部收紧，髋部顶起，从脚到头成一条直线。

【教学难点】自然呼吸，无需憋气，控制身体的平衡。

【易犯错误】憋气，屈髋，支撑脚的小腿着地，身体晃动。

【纠正方法】语言提示练习者自然呼吸，收紧臀肌，或协助练习者建立正确的动作。

【建议负荷】腹部、臀肌收紧，躯干整体发力。将迷你弹力带置于脚踝或膝关节处，以增加练习强度。每组练习 30~60 秒，1~3 组，间歇时间 60~90 秒。如若使用迷你带则相应减少练习时间。

【注意事项】采用腹式呼吸，自然呼吸放松，髋部顶起，控制身体平衡。

静态分腿侧桥

动态分腿侧桥撑

动态分腿侧桥撑

图 9-20

9. 静态／动态侧桥—橡皮带

【教学目标】发展肩背部、腹侧部力量。

【动作要领】练习者在并脚侧桥或前后开脚侧桥的基础上使用橡皮带以增加练习难度，可将橡皮带拉开保持静止，也可节奏性地伸展手臂。

【教学重点】腹部收紧，髋部顶起，从脚到头成一条直线。

【教学难点】自然呼吸，无需憋气，控制身体的平衡。

【易犯错误】憋气，屈髋，支撑脚的小腿着地，身体晃动。

【纠正方法】语言提示练习者自然呼吸，收紧臀肌，或协助练习者建立正确的动作。

【建议负荷】腹部收紧，身体呈直线，保持稳定。每组练习 30～60 秒，1～3 组，间歇时间 30～60 秒。

【注意事项】采用腹式呼吸，髋部顶起，控制身体平衡。

静态侧桥　　　　　　　　　并脚肘侧支撑侧桥拉弹力带

图 9-21

（二）非稳定支撑的躯干支柱力量练习

1. 上肢支撑的非稳定俯桥

【教学目标】发展腹部力量。

【动作要领】练习者双脚置于泡沫轴、重力球、瑞士球或悬吊带上，完成俯桥动作。

【教学重点】臀部、腹部收紧，从膝到头成一条直线。

【教学难点】自然呼吸，无需憋气。

【易犯错误】憋气，屈髋或髋部下垂，身体晃动。

【纠正方法】语言提示练习者自然呼吸，收紧臀肌，或协助练习者建立正确的动作。

【建议负荷】整个身体绷紧，身体呈直线。每组练习30～60秒，1～3组，间歇时间30～60秒。

【注意事项】采用腹式呼吸，自然呼吸放松，控制身体的平衡。

图 9-22

2. 下肢支撑的非稳定俯桥

【教学目标】发展肩部、躯干支柱力量。

【动作要领】练习者双手或双肘撑于瑞士球上，或手撑于重力球、悬吊带上完成双脚支撑的俯桥动作。

【教学重点】臀部、腹部收紧，从膝到头成一条直线。

【教学难点】自然呼吸，无需憋气。

【易犯错误】憋气，屈髋或髋部下垂，身体晃动。

【纠正方法】语言提示练习者自然呼吸，收紧臀肌，或协助练习者建立正确的动作。

【建议负荷】整个身体绷紧，身体呈直线。每组练习30～60秒，1～3组，间歇时间30～60秒。

【注意事项】采用腹式呼吸，自然呼吸放松，控制身体的平衡。

双肘瑞士球支撑俯桥　　　　　　　　双手瑞士球支撑俯桥

图 9-23

3. 瑞士球俯桥—单侧收腿

【场地器材】瑞士球。

【教学目标】发展肩部、腹部力量。

【动作要领】练习者双肘撑或直臂撑于瑞士球上，在分脚俯桥的基础上单腿向上或双侧交替收腿。

【教学重点】臀部、腹部收紧，从膝到头成一条直线。

【教学难点】自然呼吸，无需憋气。

【易犯错误】憋气，屈髋或髋部下垂，身体晃动。

【纠正方法】语言提示练习者自然呼吸，收紧臀肌，或协助练习者建立正确的动作。

【建议负荷】整个身体绷紧，身体呈直线。每组练习 30～60 秒，1～3 组，间歇时间 30～60 秒。

【注意事项】采用腹式呼吸，自然呼吸放松，控制身体的平衡。

图 9-24

4. 瑞士球俯桥—旋转（收腹）

【场地器材】瑞士球。

【教学目标】发展躯干支柱力量。

【动作要领】练习者双肘撑于地面，双脚夹住瑞士球，下身缓慢匀速转体。

【教学重点】臀部、腹部收紧，从膝到头成一条直线。

【教学难点】自然呼吸，无需憋气。

【易犯错误】憋气，屈髋或髋部下垂，身体晃动。

【纠正方法】语言提示练习者自然呼吸，收紧臀肌，或协助练习者建立正确的动作。

【建议负荷】整个身体绷紧，身体呈直线。每组练习 30~60 秒，1~3 组，间歇时间 30~60 秒。

【注意事项】采用腹式呼吸，自然呼吸放松，控制身体的平衡。

图 9-25

5. 下肢稳定的非稳定支撑侧桥

【场地器材】榴莲球、瑞士球、重力球或悬吊带。

【教学目标】发展腹侧肌力量和控制能力。

【动作要领】一侧手臂置于瑞士球、榴莲球、重力球上，双脚前后接触成侧桥。

【教学重点】臀部、腹部收紧，从膝到头成一条直线。

【教学难点】自然呼吸，无需憋气。

【易犯错误】憋气，屈髋或髋部下垂，身体晃动。

【纠正方法】语言提示练习者自然呼吸，收紧臀肌，或协助练习者建立正确的动作。

【建议负荷】整个身体绷紧，身体呈直线。每组练习 30~60 秒，1~3 组，间歇时间 30~60 秒。

【注意事项】采用腹式呼吸，自然呼吸放松，控制身体的平衡。

图 9-26

三、髋部练习

1. 双腿臀肌桥

【教学目标】发展以髋关节为主的躯干支柱力量。

【动作要领】身体呈仰卧姿，两手置于体侧，双腿与肩同宽并弯曲成 90°角，脚跟着地，脚尖勾起；开始时肩关节位置保持不变，髋关节用力向上方顶起，保持 2 秒后恢复至起始位置。

【教学重点】腹肌收紧，在髋关节上抬至最高位置时，保持髋关节平直状态。

【教学难点】在髋关节上抬过程中，要保持臀大肌随时处于紧张状态。

【易犯错误】腹肌不收紧，同时在做臀肌桥的过程中，髋关节上挺时出现过分弓腰状态。

【纠正方法】语言提示练习者腹肌收紧和髋关节保持平直。

【训练方法】8~12 次为 1 组，练习 3~4 组，每组间隔时间为 1~2 分钟。

【注意事项】在训练过程中，避免出现动作过于快速而无法保持动作质量。

第九章 躯干支柱力量训练

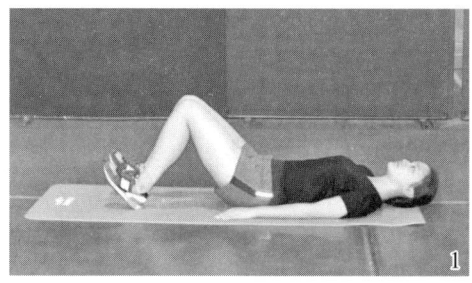

图 9-27

图 9-28 迷你带—双腿臀肌桥

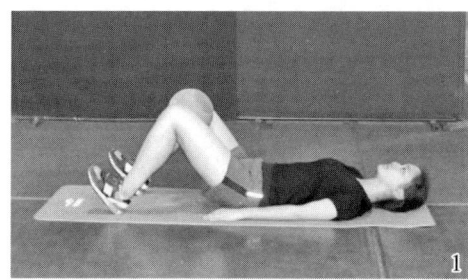

图 9-29 药球—双腿臀肌桥

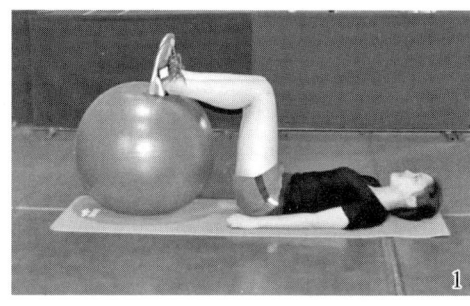

图 9-30 瑞士球—双腿臀肌桥

2. 上体抬高式臀肌桥

【教学目标】发展以髋关节为主的躯干支柱力量。

【动作要领】身体呈仰卧姿放置于卧推凳上方，两手置于卧推凳两侧，臀部着地，双腿与肩同宽并弯曲，脚跟着地，脚尖勾起；开始时肩关节位置保持不变，髋关节用力向上方顶起，双腿用力下压，保持髋关节与地面平行，2秒后恢复至起始位置。

【教学重点】腹肌收紧，在髋关节上抬至最高位置时，保持髋关节平直状态。

【教学难点】在髋关节上抬过程中，要保持臀大肌随时处于紧张状态。

【易犯错误】腹肌不收紧，同时在做臀肌桥的过程中，髋关节上挺时出现过分弓腰状态。

【纠正方法】语言提示练习者腹肌收紧、髋关节保持平直和膝关节保持正确姿势。

【训练方法】8~12次为1组，练习3~4组，每组间隔时间为1~2分钟。

【注意事项】在训练过程中，避免出现动作过于快速而无法保持动作质量。

图 9-31

3. 单腿臀肌桥

【教学目标】发展以髋关节为主的躯干支柱力量。

【动作要领】身体呈仰卧姿，两手置于体侧，单腿保持弯曲成90°角，另一条腿保持伸直状态，脚跟着地，双脚尖勾起；开始时肩关节位置保持不变，髋关节用力向上方顶起，保持2秒后恢复至起始位置。

【教学重点】腹肌收紧，在髋关节上抬至最高位置时，保持髋关节平直状态。
【教学难点】在髋关节上抬过程中，要保持臀大肌随时处于紧张状态。
【易犯错误】腹肌不收紧，同时在做臀肌桥的过程中，髋关节上挺时出现过分弓腰状态。
【纠正方法】语言提示练习者腹肌收紧和髋关节保持平直。
【训练方法】8~12 次为 1 组，练习 3~4 组，每组间隔时间为 1~2 分钟。
【注意事项】在训练过程中，避免出现动作过于快速而无法保持动作质量。

图 9-32

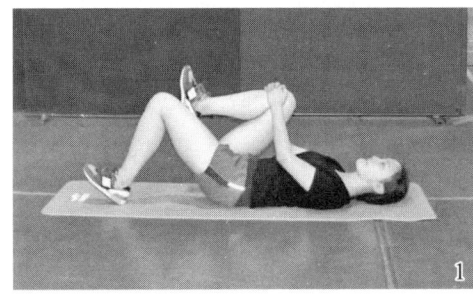

图 9-33　抱膝—单腿臀肌桥

图 9-34　单侧屈膝外展—单腿臀肌桥

图 9-35　瑞士球—单腿臀肌桥

4. 上体抬高式—单腿臀肌桥

【教学目标】发展以髋关节为主的躯干支柱力量。

【动作要领】身体呈仰卧姿放置于卧推凳上方，两手置于卧推凳两侧，臀部着地，一侧腿弯曲，脚跟着地，脚尖勾起，同时另一侧腿伸直保持悬空状态；开始时肩关节位置保持不变，髋关节用力向上方顶起，稳定腿用力下压，保持髋关节与地面平行，悬空腿保持与地面平行状态，2秒后恢复至起始位置。

【教学重点】腹肌收紧，在髋关节上抬至最高位置时，保持髋关节平直状态。

【教学难点】在髋关节上抬过程中，要保持臀大肌随时处于紧张状态。

【易犯错误】腹肌不收紧，同时在做臀肌桥的过程中，髋关节上挺时出现过分弓腰状态。

【纠正方法】语言提示练习者腹肌收紧、髋关节保持平直和膝关节保持正确姿势。

【训练方法】8~12次为1组，练习3~4组，每组间隔时间为1~2分钟。

【注意事项】在训练过程中，避免出现动作过于快速而无法保持动作质量。

图 9-36

5. 仰卧姿—手脚支撑

【教学目标】发展以髋关节为主的躯干支柱力量。

【动作要领】身体呈仰卧姿，坐在垫上，双腿弯曲，脚跟触地，脚尖勾起，双手置于身体两侧撑地；髋部向上顶起，脚跟和双手支撑身体，头、肩、躯干和大腿成一条直线，臀肌、腹肌收紧，身体保持稳定相应时间后恢复至起始位置。

【教学重点】腹肌收紧，在髋关节上抬至最高位置时，保持髋关节平直状态。

【教学难点】在髋关节上抬过程中，要保持臀大肌随时处于紧张状态，同时肩关节需要保持垂直状态。

【易犯错误】腹肌不收紧，同时在做手脚支撑的过程中，髋关节上挺时无法保持髋关节平直状态。

【纠正方法】语言提示练习者腹肌收紧和髋关节保持平直。

【训练方法】8~12次为1组，练习3~4组，每组间隔时间为1~2分钟。

图 9-37

图 9-38 单腿—仰卧姿—手脚支撑

【注意事项】在训练过程中，避免出现由于关节灵活性的限制而无法保持动作质量。

6. 跪撑伸髋

【教学目标】发展以髋关节为主的躯干支柱力量。

【动作要领】身体呈双肘伸直且双膝跪于地面姿势，腹部收紧；双臂推起躯干，保持双膝屈膝，向上抬起一条腿，保持2秒后恢复至起始姿势，换另外一侧。

【教学重点】腹肌收紧，在伸展髋关节至最高位置时，保持臀大肌紧张状态。

【教学难点】在髋关节上抬过程中，躯干部位避免出现弓背塌腰现象。

【易犯错误】腹肌不收紧，同时在做跪撑伸髋的过程中，髋关节伸展时无法保持髋关节达到稳定的最大状态。

【纠正方法】语言提示练习者腹肌收紧和髋关节保持平直。

【训练方法】8~12次为1组，练习3~4组，每组间隔时间为1~2分钟。

【注意事项】在训练过程中，避免出现由于关节灵活性的限制而出现背部弓形。

图 9-39

7. 跪撑展髋

【教学目标】发展以髋关节为主的躯干支柱力量。

【动作要领】身体呈双肘伸直且双膝跪于地面姿势，腹部收紧；双臂推起躯干，保持双膝屈膝，侧向慢慢抬起一条腿至最大位置后，保持2秒再恢复至起始姿势，换另外一侧。

【教学重点】腹肌收紧,在伸展髋关节至最高位置时,保持臀大肌紧张状态。

【教学难点】在髋关节上抬过程中,躯干部位避免出现弓背塌腰现象。

【易犯错误】腹肌不收紧,同时在做跪撑展髋的过程中,髋关节伸展时无法保持髋关节达到稳定的最大状态。

【纠正方法】语言提示练习者腹肌收紧和髋关节保持平直。

【训练方法】8~12次为1组,练习3~4组,每组间隔时间为1~2分钟。

【注意事项】在训练过程中,避免出现由于关节灵活性的限制而出现背部弓形。

图 9-40

8. 瑞士球—双脚伸髋

【教学目标】发展以髋关节为主的躯干支柱力量。

【动作要领】双手双脚撑地,俯卧于瑞士球上,腹部臀部收紧,头部背部及脚跟在一条直线上,双脚脚跟并拢并且双肘伸直,臀部收紧且屈肘,使双脚抬起至更高高度,保持背部平直,双腿一直保持伸直与并拢状态,控制2秒后再恢复至起始姿势。

【教学重点】腹肌收紧,保持背部平直,双腿一直保持伸直与并拢。

【教学难点】在整个躯干上抬过程中,臀部要保持发力状态,避免出现屈髋现象。

【易犯错误】臀部不收紧,同时在做瑞士球—双脚伸髋的过程中,髋关节常会出现屈曲状态,而无法达到训练效果。

【纠正方法】语言提示练习者腹肌收紧和髋关节保持平直。

【训练方法】8~12次为1组,练习3~4组,每组间隔时间为1~2分钟。

【注意事项】在训练过程中，避免出现由于臀部发力错误的限制而出现髋关节屈曲。

图 9-41

第三节 躯干支柱力量训练应注意的几个问题

良好的躯干支柱力量不仅能提高人体对动作的控制能力，提高运动成绩，而且能降低运动损伤的概率，延长运动寿命。因此在开展躯干支柱力量训练时要注意以下问题：

一、训练方法具有针对性

在制订训练计划前，应先对学生进行 FMS 筛查，明确学生的薄弱环节、识别学生处于较高受伤风险可能的危险信号或补偿动作，从而根据学生的薄弱环节安排不同的练习方法，并在训练过程中系统地加以坚持和落实，从而改善薄弱环节，降低受伤风险。

二、结合运动项目

不同的运动项目需训练对象躯干支柱力量发挥的作用亦不相同，因而须结合专项需要来制订训练计划。例如在足球课课堂中更多的是需要学生做一些髋部练习，乒乓球课堂中则多做一些肩部练习，这些动作设计都与运动专项分不开。要通过个性化的躯干支柱力量训练，使每名学生都能建立一个稳定的基础，保障学生能在正确的身体姿态条件下有效地完成四肢动作（无疼痛感），并在练习过程中提高动作的质量和效率。

三、保持正确的呼吸方式

呼吸是人体必需的一种运动方式，在姿态控制中起重要作用，与躯干稳定性密切相关。正确的呼吸方式可以提高感知水平，加强对躯干的控制。紊乱的呼吸或憋气不仅会导致不协调的动作和较次的动作质量，影响训练效果；而且过度的憋气也会引发身体肺循环困难、造成静脉血回心不利，出现头晕、眼冒金花等不良反应。因而在训练时须先学会熟练掌握正确的呼吸方式，学会呼吸控制。

四、保持正确的身体姿态

在进行躯干支柱力量训练时，身体应保持正确的姿态，尤其注意保持正常的脊柱生理曲线，防止脊柱定形于异常状态。脊柱长期处于异常状态时，不仅易产生姿势代偿，而且长期挤压脊柱时，易引发椎间盘突出，另外当脊柱位置不对时，其他部位的稳定性也会随之降低。因而在训练时保持正确的身体姿态，对预防损伤起到至关重要的作用。

五、提高训练专注力

人体本体感觉是由感觉反馈系统产生关节与身体位置或动作的知觉。躯干支柱力量训练不仅要提高学生的躯干支柱力量，更重要的是强化和提高学生的本体感觉。本体感觉可以通过不断地练习来提高，需要学生在动作和动作模式中保持一个平衡状态，这就需要学生在练习过程中提高专注力，将注意力集中在工作的肌肉上，从而提高正确完成动作的能力。

第十章　旋转力量训练

【本章导语】所有运动项目的运动员在完成技术动作过程中都会涉及躯干的旋转（Rotation）和对抗旋转（Anti-rotation）。躯干的旋转发力相较于躯干的屈伸发力，参与的肌群更多，参与收缩的肌肉初长度更长，运动员通过旋转发力也可以获得更大的加速度和动作表现力。本章共三节内容，系统介绍了旋转力量的训练理论和练习方法。通过本章的学习，希望学习者能够对旋转力量训练的理论和练习方法有客观的认识，掌握旋转力量训练的正确方法。

第一节　旋转力量训练的概念与分类

人们的日常生活、生产劳动、军事训练或体育运动等，都是在中枢神经系统参与下实现的肌肉活动，其具体表现就是肌肉力量。力量是身体素质的一种表现形式，是人体神经肌肉系统在工作时克服或对抗阻力的能力。依力量素质与运动专项的关系，可分为一般力量与专项力量；依力量素质与运动员体重的关系，可分为绝对力量和相对力量；依力量素质与身体部位的关系，可分为上肢力量、下肢力量和躯干旋转力量。本节针对运动训练和大众健身的实践需要，重点对躯干旋转力量的训练方法予以论述。

旋转力量训练可以分为两类：旋转稳定性训练（Rotational stability training）和旋转爆发力训练（Rotational explosive training）。旋转稳定性是指：在动作过程中，躯干支柱部位（肩关节、脊柱和髋关节）保持正常解剖位置而不出现相对移动的能力。旋转爆发力是指在保持腰椎和腰骶关节面稳定的前提下，通过髋关节和胸椎的旋转快速发挥肌肉力量的能力。旋转稳定性训练的目的是提高躯干支柱的稳定性，训练目标是躯干支柱部位的深层肌肉；旋转爆发力训练的目的是提高躯干支柱部位的爆发力，训练目标是躯干支柱部位的浅层肌肉。前者是后者的基础，而后者是前者的升华。

由内（深层肌肉）到外（浅层肌肉）是发展旋转爆发力的首要原则。深层肌肉多由慢肌纤维构成，是维持躯干姿势的主要动力源，应通过低负荷和慢动作频率的练习方式来提高其保持关节稳定性的能力；浅层肌肉多由快肌纤维构成，应采用向心和离心收缩的方式提高其参与身体大幅度运动和对抗高负荷的能力，动作速度快、负荷强度高是训练浅层肌肉的典型特征。同样的动作，因为负重量不同往往会得到不同的训练效果。当外在负荷小于40%MVC（最大肌肉力量）时，中枢神经系统将动员深层肌肉参与运动；相反，如果缺少该环节的准备，或直接借助外在负荷（大于40%MVC）进行旋转爆发力量训练，中枢神经系统将动员浅层肌肉参与运动。当浅层肌肉产生的肌肉力量超过深层肌肉所能承受的范围时，也就是运动员损伤发生的时候。这种情况可以用一辆超级跑车来举例：浅层肌肉象征着跑车的高马力引擎，而深层肌肉则代表着跑车的刹车系统。强劲的动力可以让跑车在很短的时间内达到最高速度，但糟糕的刹车系统却可以瞬间导致车毁人亡的悲惨事故。这也解释了为什么旋转稳定性训练是旋转爆发力训练的基础，离开旋转稳定性训练谈旋转爆发力训练如同无源之水、无本之木，违背了运动训练循序渐进的原则。

在设计旋转爆发力训练方法与手段时应考虑以下两个方面的内容：第一，优先进行稳定训练而后进行非稳定训练；第二，优先动员少量关节参与运动而后增加参与运动关节数。

一、优先进行稳定训练而后进行非稳定训练

不管是篮球的后仰跳投，还是羽毛球的鱼跃救球，运动员很多时候需要在非稳定条件下完成相应的技术动作。因此，在体能训练过程中，应尽可能真实地模拟运动员在这种非稳定条件下的比赛场景，以提高他们的体能储备，而不是坐而论道式的盲目训练。旋转力量的非稳定训练就是对这种比赛环境的一种模拟。在非稳定训练条件下，参与运动肌肉的数量、动员程度以及肌肉之间的协作能力和稳定条件下有着明显的区别。Behm等人对三种不同稳定条件下的负重深蹲进行了研究，结果表明：受试者在蹲起同等重量杠铃的情况下比目鱼肌、竖脊肌等肌肉的肌电活动出现了显著的不同。站在两个充气垫上深蹲的肌电活动最大，站在地面上的深蹲次之，站在地面上并有杠铃牵引保护槽的深蹲最小，这说明在非稳定条件下参与深蹲的肌肉不仅要用力将杠铃蹲起，同时还要通过肌肉之间的协调用力来克服非稳定状态，以保持身体姿势的稳定。类似的结果在其他研究成果中也有发现。这说明：非稳定条件下的旋转力量训练，可以在不增加外在负重的前

提下，提高训练的负荷强度。

与稳定条件下的旋转力量训练相比，非稳定环境可以提高以下几个方面的训练效果：①可以募集到更多的肌纤维参与运动，特别是在自身体重条件下的非稳定训练能够更加充分地动员深层肌肉参与维持身体的平衡；②可以反射性增加肌纤维的收缩力量，在同等负重的情况，非稳定条件下的肌电活动明显增加；③可以提高肌肉间的协同工作能力，不同关节和部位的肌肉（如上肢与下肢）、不同大小和位置的肌肉（如深层肌肉和浅层肌肉）和不同功能的肌肉（如原动肌、对抗肌和固定肌），都会在非稳定条件下改变其原来在稳定条件下业已形成的工作关系，而逐渐建立一种在非稳定条件下的协同工作能力。

可以从以下两个方面考虑营造非稳定的训练环境：第一，在稳定条件下通过阻力矩、支撑面或通过限制神经反射调节通路以增加非稳定的因素，如单侧负重、单腿支撑和阻断视觉反馈通路等练习；第二，将稳定支撑改为非稳定支撑，如在平衡盘和瑞士球上的练习，见表 10-1。

表 10-1　非稳定训练手段分类

方法	示例
1. 改变阻力矩	肢体或负重位置的变化
2. 改变支撑面的大小	单腿站立
3. 限制一个或几个反馈刺激	闭眼
4. 改变支撑面的稳定性	在平衡盘和瑞士球上的练习
5. 施加未预期的外力	人为破坏练习者的稳定状态
6. 以上 5 个途径的组合	非稳定支撑下改变阻力矩

二、优先动员少量关节参与运动而后增加参与运动关节数

杠铃杆和链条（如自行车链条）的区别之一在于前者属于"刚体结构"，后者属于"非刚体结构"。刚体结构的特点是：任意两点的连线在平动中是平行且相等的。简而言之，杠铃杆是整体运动，其运动方向是可控的，而链条属于非整体运动，其运动方向难以控制。自行车链条由不同的环节构成，每一个环节本身是一个刚体。这种构成方式和人体骨骼与关节的关系是一致的。自行车链条的环

节可以看作是人体骨骼，而环节与环节间的连接则构成了关节。链条的环节数越多，其运动轨迹就越难以控制，同理，在人体运动过程中，参与运动的关节数目越多，对身体姿势和动作轨迹的控制就显得愈发的困难。

脊柱由颈椎、胸椎、腰椎、骶骨和尾骨5部分构成，共26块，各椎骨之间以平面关节相连接，这样的构造使脊柱成为人体关节数最多的区域，关节数目越多，该区域的动作轨迹越难以控制，所以，身体姿势控制的重点在脊柱。肩关节和髋关节作为人体两个灵活性最好的关节，进一步提高了对躯干支柱部位的控制难度。因此，身体姿势控制的好坏，能量传递效率的高低主要取决于肩关节、脊柱和髋关节三者之间的协同配合。基于躯干支柱部位的解剖特点，在旋转力量训练过程中，应按照："坐姿—双膝跪姿—半跪姿—前后分腿姿—站立姿"的顺序逐一增加躯干支柱部位参与运动的关节数，进而提高中枢神经系统对身体姿势的控制能力以及能量传递过程中各部位间的协同工作能力。

第二节　旋转爆发力训练方法与手段

古人云：授之以鱼不如授之以渔。在旋转力量训练方法手段设计过程中同样如此。真理只有一个，方法则千变万化。旋转力量的训练方法众多，从外部环境看，包括稳定状态下训练和非稳定状态下训练；从参与运动时的身体姿态来看（或参与运动关节数），包括坐姿、双膝跪姿、半跪姿、前后分腿姿和站立姿。基于此，本节以运动时身体姿态的变化为例从旋转稳定性和旋转爆发力两个方面对旋转力量训练方法手段进行介绍，以起到抛砖引玉的作用。

一、旋转稳定性练习方法

（一）坐姿旋转稳定性练习方法

1. 坐姿侧向胸部推起

【教学目标】发展躯干深层肌肉力量，提高坐姿状态下身体姿态的控制能力。

【动作要领】练习者身体侧向弹力带，两腿分开坐于凳子上，躯干收紧，大腿下压以保持身体重心的平稳；身体右侧对弹力带，双手合十握住弹力带于胸前;将把手向前沿水平方向推出至双臂伸直。

【教学重点】脊柱保持正常生理弯曲。

【教学难点】躯干部位姿势的控制能力。

【易犯错误】躯干晃动;腰椎部位过度前倾或后倾。

【纠正方法】运用个别纠正法为主,着重提示动作规格和动作质量。

【训练方法】每侧练习 8~10 次,练习 3~4 组。

【注意事项】动作过程中挺胸直背,腰腹收紧,身体不要晃动。

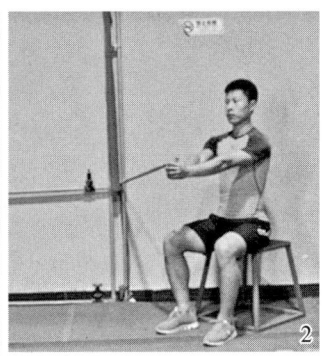

图 10-1

2. 坐姿稳定性下砍

【教学目标】加强身体的旋转稳定性和身体姿态的控制能力,主要发展腹直肌、腹内斜肌、腹外斜肌和腹横肌等。

【动作要领】练习者身体侧向弹力带,两腿分开坐于凳子上,躯干收紧,大腿下压以保持身体重心的平稳;双手握弹力带于头顶右上方,距离略比肩宽,右臂伸直;双臂向左侧腰际下拉弹力带,至左侧手臂伸直后,再伸直右侧手臂。

【教学重点】脊柱保持正常生理弯曲。

【教学难点】躯干部位姿势的控制能力。

【易犯错误】躯干晃动;腰椎部位过度前倾或后倾。

【纠正方法】运用个别纠正法为主,着重提示动作规格和动作质量。

【训练方法】每侧练习 8~10 次,练习 3~4 组。

【注意事项】保持挺胸直背,腹部收紧,身体不要晃动;旋转时,始终保持髋部向前。

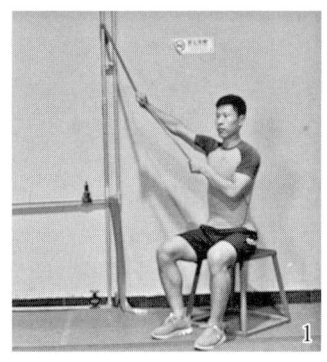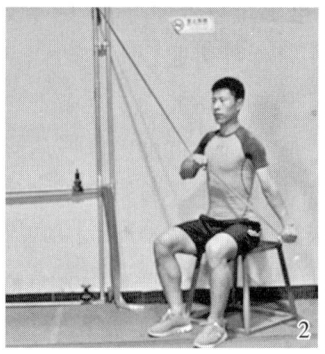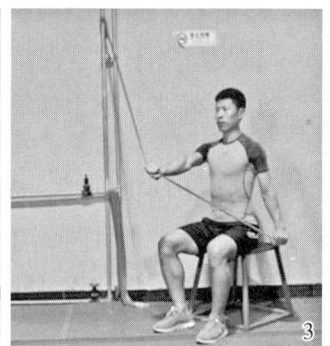

图 10-2

3. 坐姿稳定性推举

【教学目标】加强身体的旋转稳定性和身体姿态的控制能力，主要发展腹直肌、腹内斜肌、腹外斜肌和腹横肌等。

【动作要领】练习者身体侧向弹力带，两腿分开坐于凳子上，躯干收紧，大腿下压以保持身体重心的平稳；双手握弹力带于右侧腰际，距离略比肩宽，右臂伸直；双臂向左肩上方拉弹力带，至左手臂伸直；保持左手臂不动，右手将弹力带沿水平方向推出至右臂伸直。

【教学重点】脊柱保持正常生理弯曲。

【教学难点】躯干部位姿势的控制能力。

【易犯错误】躯干晃动；腰椎部位过度前倾或后倾。

【纠正方法】运用个别纠正法为主，着重提示动作规格和动作质量。

【训练方法】每侧练习 8~10 次，练习 3~4 组。

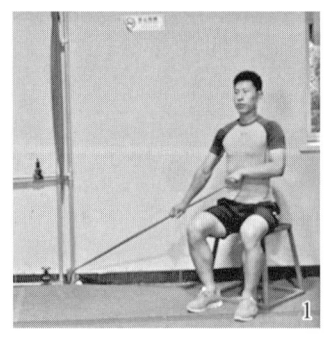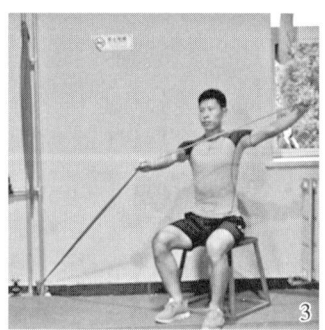

图 10-3

【注意事项】保持挺胸直背,腹部收紧,身体不要晃动;旋转时,始终保持髋部向前。

4. 坐姿肩上轮摆壶铃

【教学目标】加强身体的旋转稳定性和身体姿态的控制能力,主要发展腹直肌、腹内斜肌、腹外斜肌和腹横肌等。

【动作要领】练习者两腿分开坐于练习凳上,躯干收紧,大腿下压以保持身体重心的平稳,双手握住壶铃手柄于胸前。练习开始时,腰部保持稳定,胸椎充分旋转,双手持壶铃从胸前经左侧肩上、头顶、右侧肩上到胸前结束。

【教学重点】脊柱保持正常生理弯曲。

【教学难点】躯干部位姿势的控制能力。

【易犯错误】躯干晃动;腰椎部位过度前倾或后倾。

【纠正方法】运用个别纠正法为主,着重提示动作规格和动作质量。

【训练方法】每侧练习 8~10 次,练习 3~4 组。

【注意事项】动作过程中挺胸直背,腰腹收紧,身体不要晃动。

图 10-4

(二)双膝跪姿旋转稳定性练习方法

1. 双膝跪姿侧向胸部推起

【教学目标】加强身体的旋转稳定性和身体姿态的控制能力,主要发展腹直肌、腹内斜肌、腹外斜肌和腹横肌等。

【动作要领】身体右侧对弹力带呈直立伸髋双膝跪姿，双手合十握住弹力带置于胸前；将弹力带向前沿水平方向推出至双臂伸直；收回手臂，回到起始姿势。

【教学重点】脊柱保持正常生理弯曲。

【教学难点】膝关节以上部位身体姿势的控制能力。

【易犯错误】躯干晃动；腰椎部位过度前倾或后倾。

【纠正方法】运用个别纠正法为主，着重提示动作规格和动作质量。

【训练方法】每侧练习8~10次，练习3~4组。

【注意事项】动作过程中挺胸直背，腰腹和臀部收紧，身体不要晃动。

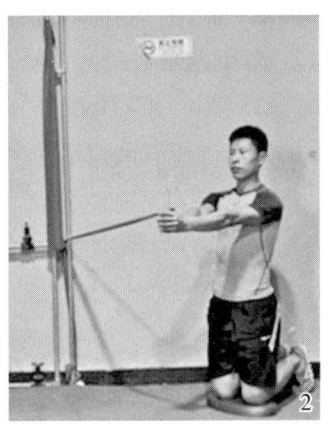

图 10-5

2. 双膝跪姿稳定性下砍

【教学目标】加强身体的旋转稳定性和身体姿态的控制能力，主要发展腹直肌、腹内斜肌、腹外斜肌和腹横肌等。

【动作要领】身体右侧对弹力带呈直立伸髋双膝跪姿，双手握弹力带置于头顶右上方，距离略宽于肩，右臂伸直；双臂向左侧腰际下拉弹力带，至左侧手臂伸直后，再伸直右侧手臂。

【教学重点】脊柱保持正常生理弯曲。

【教学难点】膝关节以上部位身体姿势的控制能力。

【易犯错误】躯干晃动；腰椎部位过度前倾或后倾。

【纠正方法】运用个别纠正法为主，着重提示动作规格和动作质量。

【训练方法】每侧练习 8~10 次，练习 3~4 组。

【注意事项】动作过程中挺胸直背，腰腹和臀部收紧，身体不要晃动。

图 10-6

3. 双膝跪姿稳定性推举

【教学目标】加强身体的旋转稳定性和身体姿态的控制能力，主要发展腹直肌、腹内斜肌、腹外斜肌和腹横肌等。

【动作要领】练习者身体侧向弹力带，两腿分开坐于凳子上，躯干收紧，大腿下压以保持身体重心的平稳；双臂向左肩上方拉弹力带，至左手臂伸直；保持左手臂不动，右手将弹力带沿水平方向推出至右臂伸直。

【教学重点】脊柱保持正常生理弯曲。

【教学难点】膝关节以上部位身体姿势的控制能力。

【易犯错误】躯干晃动；腰椎部位过度前倾或后倾。

【纠正方法】运用个别纠正法为主，着重提示动作规格和动作质量。

【训练方法】每侧练习 8~10 次，练习 3~4 组。

【注意事项】动作过程中挺胸直背，腰腹和臀部收紧，身体不要晃动。

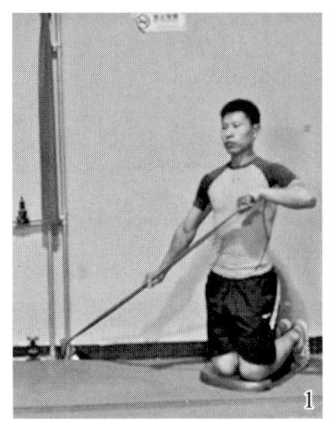

图 10-7

(三) 半跪姿旋转稳定性练习方法

1. 半跪姿侧向胸部推起

【教学目标】加强身体的旋转稳定性和身体姿态的控制能力,主要发展腹直肌、腹内斜肌、腹外斜肌和腹横肌等。

【动作要领】练习者身体侧向弹力带呈半跪姿,右腿在前,双手合十握住弹力带置于胸前;将弹力带向前沿水平方向推出至双臂伸直;收回手臂,回到起始姿势。

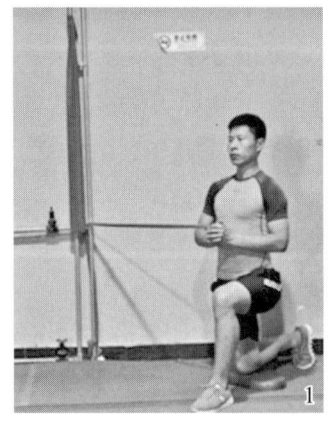

图 10-8

【教学重点】脊柱保持正常生理弯曲。

【教学难点】膝关节以上部位身体姿势的控制能力。

【易犯错误】躯干晃动；腰椎部位过度前倾或后倾；前侧腿膝关节内扣、外展或超过脚尖。

【纠正方法】运用个别纠正法为主，着重提示动作规格和动作质量。

【训练方法】每侧练习 8~10 次，练习 3~4 组。

【注意事项】动作过程中挺胸直背，腰腹和臀部收紧，身体不要晃动；前侧腿膝关节位于矢状面。

2. 半跪姿稳定性下砍

【教学目标】加强身体的旋转稳定性和身体姿态的控制能力，主要发展腹直肌、腹内斜肌、腹外斜肌和腹横肌等。

【动作要领】练习者身体侧向弹力带呈半跪姿，右腿在前，双手握弹力带置于头顶右上方，距离略宽于肩，右臂伸直；双臂向左侧腰际下拉弹力带，至左侧手臂伸直后，再伸直右侧手臂。

【教学重点】脊柱保持正常生理弯曲。

【教学难点】膝关节以上部位身体姿势的控制能力。

【易犯错误】躯干晃动；腰椎部位过度前倾或后倾；前侧腿膝关节内扣、外展或超过脚尖。

图 10-9

【纠正方法】运用个别纠正法为主,着重提示动作规格和动作质量。

【训练方法】每侧练习 8~10 次,练习 3~4 组。

【注意事项】动作过程中挺胸直背,腰腹和臀部收紧,身体不要晃动;前侧腿膝关节位于矢状面。

3. 半跪姿稳定性推举

【教学目标】加强身体的旋转稳定性和身体姿态的控制能力,主要发展腹直肌、腹内斜肌、腹外斜肌和腹横肌等。

【动作要领】练习者身体侧向弹力带呈半跪姿,左腿在前,双手握拉杆置于右侧腰际,距离略宽于肩,右臂伸直;双臂向左肩上方拉弹力带,至左手臂伸直;保持左手臂不动,右手将弹力带沿水平方向推出至右臂伸直。

【教学重点】脊柱保持正常生理弯曲。

【教学难点】膝关节以上部位身体姿势的控制能力。

【易犯错误】躯干晃动;腰椎部位过度前倾或后倾;前侧腿膝关节内扣、外展或超过脚尖。

【纠正方法】运用个别纠正法为主,着重提示动作规格和动作质量。

【训练方法】每侧练习 8~10 次,练习 3~4 组。

【注意事项】动作过程中挺胸直背,腰腹和臀部收紧,身体不要晃动;前侧腿膝关节位于矢状面。

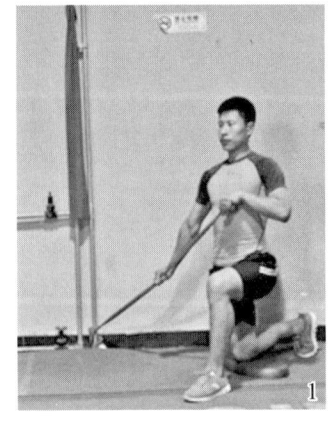

图 10-10

(四) 前后分腿姿旋转稳定性练习方法

1. 前后分腿姿侧向胸部推起

【教学目标】加强身体的旋转稳定性和身体姿态的控制能力,主要发展腹直肌、腹内斜肌、腹外斜肌和腹横肌等。

【动作要领】练习者身体侧向弹力带呈前后分腿姿(右腿在前,左腿在后,且膝关节不触地,该姿势又可分为低分腿姿和高分腿姿);双手合十握住弹力带置于胸前;将把手向前沿水平方向推出至双臂伸直;收回手臂,回到起始姿势。

【教学重点】脊柱保持正常生理弯曲。

【教学难点】动作过程中身体姿势的控制能力。

【易犯错误】躯干晃动;腰椎部位过度前倾或后倾;前侧腿膝关节内扣、外展或超过脚尖。

【纠正方法】运用个别纠正法为主,着重提示动作规格和动作质量。

【训练方法】每侧练习8~10次,练习3~4组。

【注意事项】动作过程中挺胸直背,腰腹和臀部收紧,身体不要晃动;前侧腿膝关节位于矢状面。

图 10-11

2. 前后分腿姿稳定性下砍

【教学目标】加强身体的旋转稳定性和身体姿态的控制能力,主要发展腹直肌、腹内斜肌、腹外斜肌和腹横肌等。

【动作要领】练习者身体侧向弹力带呈前后分腿姿（右腿在前）；双手握弹力带置于头顶右上方，距离略宽于肩，右臂伸直；双臂向左侧腰际下拉弹力带，至左侧手臂伸直后，再伸直右侧手臂。

【教学重点】脊柱保持正常生理弯曲。

【教学难点】动作过程中身体姿势的控制能力。

【易犯错误】躯干晃动；腰椎部位过度前倾或后倾；前侧腿膝关节内扣、外展或超过脚尖。

【纠正方法】运用个别纠正法为主，着重提示动作规格和动作质量。

【训练方法】每侧练习 8~10 次，练习 3~4 组。

【注意事项】动作过程中挺胸直背，腰腹和臀部收紧，身体不要晃动；前侧腿膝关节位于矢状面。

图 10-12

3. 前后分腿姿稳定性推举

【教学目标】加强身体的旋转稳定性和身体姿态的控制能力，主要发展腹直肌、腹内斜肌、腹外斜肌和腹横肌等。

【动作要领】练习者身体侧向弹力带呈前后分腿姿，左腿在前，双手握弹力带置于右侧腰际，距离略宽于肩，右臂伸直；双臂向左肩上方拉弹力带，至左手臂伸直；保持左手臂不动，右手将弹力带沿水平方向推出至右臂伸直。

【教学重点】脊柱保持正常生理弯曲。

【教学难点】动作过程中身体姿势的控制能力。

【易犯错误】躯干晃动；腰椎部位过度前倾或后倾；前侧腿膝关节内扣、外展或超过脚尖。

【纠正方法】运用个别纠正法为主，着重提示动作规格和动作质量。

【训练方法】每侧练习 8~10 次，练习 3~4 组。

【注意事项】动作过程中挺胸直背，腰腹和臀部收紧，身体不要晃动；前侧腿膝关节位于矢状面。

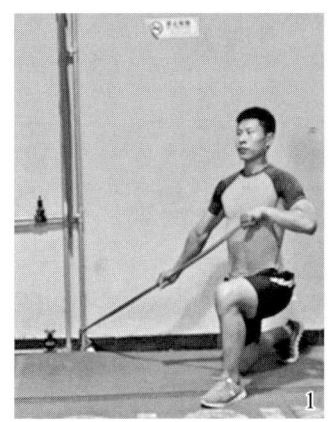

图 10-13

（五）站立姿旋转稳定性练习方法

1. 站立姿侧向胸部推起

【教学目标】加强身体的旋转稳定性和身体姿态的控制能力。

【动作要领】练习者身体侧向弹力带呈运动基本姿站立；双手合十握住弹力带置于胸前；将弹力带向前沿水平方向推出至双臂伸直；收回手臂，回到起始姿势。

【教学重点】脊柱保持正常生理弯曲。

【教学难点】动作过程中身体姿势的控制能力；臀部后移参与身体姿势的控制。

【易犯错误】躯干晃动；腰椎部位过度前倾或后倾；腿膝关节内扣、外展或超过脚尖；臀部没有后移。

【纠正方法】运用个别纠正法为主，着重提示动作规格和动作质量。

【训练方法】每侧练习 8～10 次，练习 3～4 组。

【注意事项】动作过程中挺胸直背，身体不要晃动；膝关节位于矢状面。

图 10-14

2. 站立姿稳定性下砍

【教学目标】加强身体的旋转稳定性和身体姿态的控制能力。

【动作要领】练习者身体侧向弹力带呈运动基本姿站立；双手握弹力带置于头顶右上方，距离略宽于肩，右臂伸直；双臂向左侧腰际下拉弹力带，至左侧手臂伸直，然后伸直右侧手臂。

【教学重点】脊柱保持正常生理弯曲。

【教学难点】动作过程中身体姿势的控制能力；臀部后移参与身体姿势的控制。

【易犯错误】躯干晃动；腰椎部位过度前倾或后倾；腿膝关节内扣、外展或超过脚尖；臀部没有后移。

【纠正方法】运用个别纠正法为主，着重提示动作规格和动作质量。

【训练方法】每侧练习 8～10 次，练习 3～4 组。

【注意事项】动作过程中挺胸直背，身体不要晃动；膝关节位于矢状面。

图 10-15

3. 站立姿稳定性推举

【教学目标】加强身体的旋转稳定性和身体姿态的控制能力。

【动作要领】练习者身体侧向弹力带呈运动姿站立;双手握弹力带置于右侧腰际,距离略宽于肩,右臂伸直;双臂向左肩上方拉弹力带,至左手臂伸直;保持左手臂不动,右手将弹力带沿水平方向推出至右臂伸直。

【教学重点】脊柱保持正常生理弯曲。

【教学难点】动作过程中身体姿势的控制能力;臀部后移参与身体姿势的控制。

图 10-16

【易犯错误】躯干晃动；腰椎部位过度前倾或后倾；腿膝关节内扣、外展或超过脚尖；臀部没有后移。

【纠正方法】运用个别纠正法为主，着重提示动作规格和动作质量。

【训练方法】每侧练习 8~10 次，练习 3~4 组。

【注意事项】动作过程中挺胸直背，身体不要晃动；膝关节位于矢状面。

简而言之，上述练习方法分别按照如下两个标准进行分类：第一，按照参与运动关节数的多少（或者称之为身体姿势），分为坐姿、双膝跪姿、半跪姿、前后分腿姿和站立姿；第二，按照动作模式，分为静力性对抗，下砍和推举三种基本动作模式。以上练习分类在此仅起到抛砖引玉的作用，练习者可根据实际需要设计其他练习手段，如在脚下放置平衡盘将稳定训练环境改变为非稳定训练环境等；或者是改变练习器材，如将弹力带换为气动阻力训练器，以提高动作难度；抑或是增加动作模式，如在水平推举的基础上增加向上的垂直推举动作模式等。

二、旋转爆发力练习方法

(一) 坐姿旋转爆发力练习方法

1. 坐姿斜下拉

【教学目标】加强身体的旋转爆发力，提高动力链能量传递效率。

【动作要领】练习者身体侧向弹力带，两腿分开坐于凳子上，躯干收紧，大腿下压以保持身体重心的平稳，双手握住弹力带于内侧肩上，身体向内侧扭紧。练习开始时，髋关节保持稳定，胸椎充分旋转，双手沿着身体转动的趋势向斜下方快速下拉弹力带。

【教学重点】脊柱保持正常生理弯曲。

【教学难点】躯干部位姿势的控制能力。

【易犯错误】躯干晃动；腰椎部位过度前倾或后倾。

【纠正方法】运用个别纠正法为主，着重提示动作规格和动作质量。

【训练方法】每侧练习 8~10 次，练习 3~4 组。

【注意事项】动作过程中挺胸直背，腰腹收紧；躯干不要前倾或后仰。

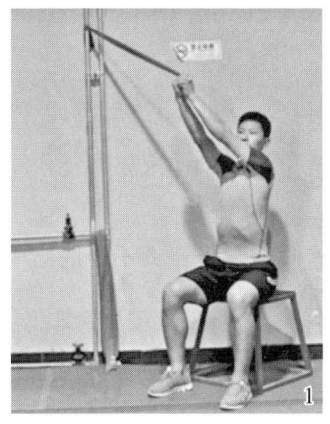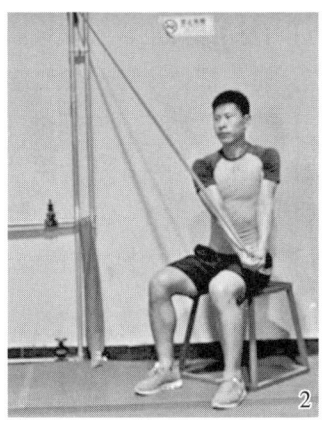

图 10-17

2. 坐姿斜上拉

【教学目标】加强身体的旋转爆发力，提高动力链能量传递效率。

【动作要领】练习者身体侧向弹力带，两腿分开坐于凳子上，躯干收紧，大腿下压以保持身体重心的平稳，双手握住弹力带于内侧腰际，身体向内侧扭紧。练习开始时，髋关节保持稳定，胸椎充分旋转，双手沿着身体转动的趋势向斜上方快速上拉弹力带。

图 10-18

【教学重点】脊柱保持正常生理弯曲。

【教学难点】躯干部位姿势的控制能力。

【易犯错误】躯干晃动；腰椎部位过度前倾或后倾。

【纠正方法】运用个别纠正法为主，着重提示动作规格和动作质量。

【训练方法】每侧练习8~10次，练习3~4组。

【注意事项】动作过程中挺胸直背，腰腹收紧；躯干不要前倾或后仰。

3. 坐姿推拉

【教学目标】加强身体的旋转爆发力，提高动力链能量传递效率。

【动作要领】练习者身体侧向弹力带，两腿分开坐于练习凳上，躯干收紧，大腿下压以保持身体重心的平稳，一只手握住弹力带于身前，另一只手握住弹力带于身后。练习开始时，髋关节保持稳定，胸椎充分旋转，双手沿着身体转动的趋势向对侧快速推拉弹力带，练习过程中身体姿态保持稳定。

【教学重点】脊柱保持正常生理弯曲。

【教学难点】躯干部位姿势的控制能力。

【易犯错误】躯干晃动；肩部过度旋转。

【纠正方法】运用个别纠正法为主，着重提示动作规格和动作质量。

【训练方法】每侧练习8~10次，练习3~4组。

【注意事项】动作过程中挺胸直背，腰腹收紧；躯干不要前倾或后仰。

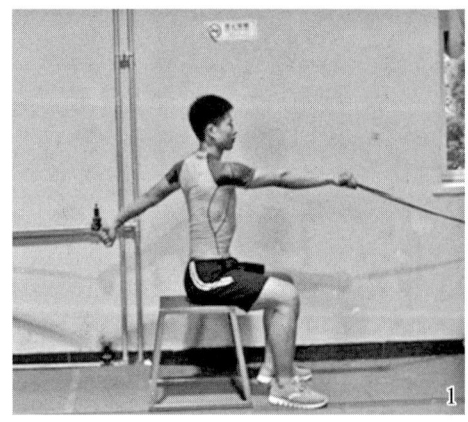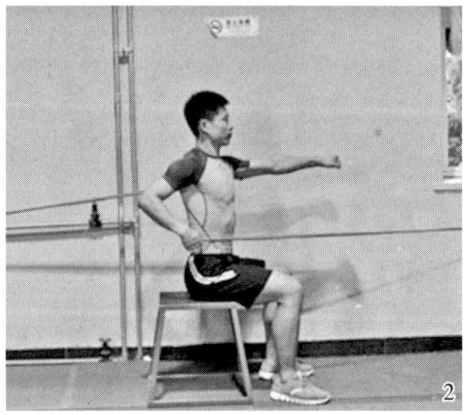

图 10-19

4. 坐姿正对斜抛实心球

【教学目标】加强身体的旋转爆发力，提高动力链能量传递效率。

【动作要领】练习者身体正对投掷墙，距墙约 1 米，坐在练习凳上。双手握住实心球，旋转躯干并将实心球摆至髋关节外侧，使躯干形成扭紧姿势。练习开始时，以躯干发力为主，双手借助身体转动的惯性顺势把球抛向墙面，球回弹后双手接球利用球的反弹力扭紧身体还原成基本准备姿势，重复上一动作。

【教学重点】脊柱保持正常生理弯曲。

【教学难点】躯干部位姿势的控制能力。

【易犯错误】躯干晃动；腰椎部位过屈或过伸。

【纠正方法】运用个别纠正法为主，着重提示动作规格和动作质量。

【训练方法】每侧练习 8~10 次，练习 3~4 组。

【注意事项】动作过程中挺胸直背，腰腹收紧；躯干不要前倾或后仰。

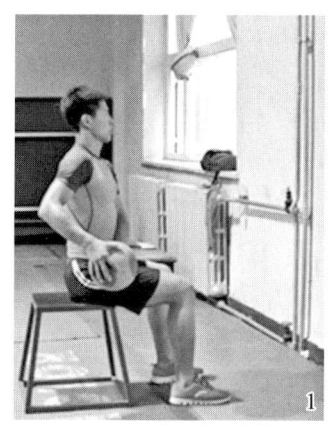

图 10-20

5. 坐姿侧对斜抛实心球

【教学目标】加强身体的旋转爆发力，提高动力链能量传递效率。

【动作要领】练习者身体侧对投掷墙，距墙约 1 米，坐在练习凳上。双手握住实心球，旋转躯干并将实心球摆至髋关节外侧，使躯干形成扭紧姿势。练习开始时，以躯干发力为主，双手借助身体转动的惯性顺势把球抛向墙面，球回弹后双手接球利用球的反弹力扭紧身体还原成基本准备姿势，重复上一动作。

【教学重点】脊柱保持正常生理弯曲。

【教学难点】躯干部位姿势的控制能力。

【易犯错误】躯干晃动；腰椎部位过屈或过伸。

【纠正方法】运用个别纠正法为主，着重提示动作规格和动作质量。

【训练方法】每侧练习8~10次，练习3~4组。

【注意事项】动作过程中挺胸直背，腰腹收紧；躯干不要前倾或后仰；抛球时手臂伸直。

图 10-21

6. 坐姿背对斜抛实心球

【教学目标】加强身体的旋转爆发力，提高动力链能量传递效率。

【动作要领】练习者身体背对投掷墙，距墙约1米，坐在练习凳上。双手握住实心球，旋转躯干并将实心球摆至髋关节外侧，使躯干形成扭紧姿势。练习开始时，以躯干发力为主，双手借助身体转动的惯性顺势把球抛向墙面，球回弹后双手接球利用球的反弹力扭紧身体还原成基本准备姿势，重复上一动作。

【教学重点】脊柱保持正常生理弯曲。

【教学难点】躯干部位姿势的控制能力。

【易犯错误】躯干晃动；腰椎部位过屈或过伸。

【纠正方法】运用个别纠正法为主，着重提示动作规格和动作质量。

【训练方法】每侧练习 8~10 次，练习 3~4 组。

【注意事项】动作过程中挺胸直背，腰腹收紧；躯干不要前倾或后仰；抛球时手臂伸直。

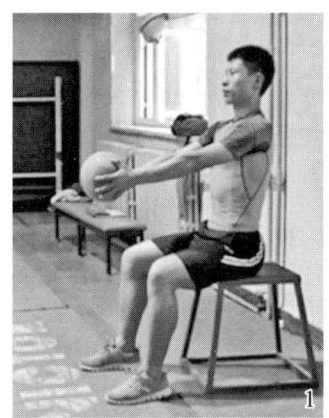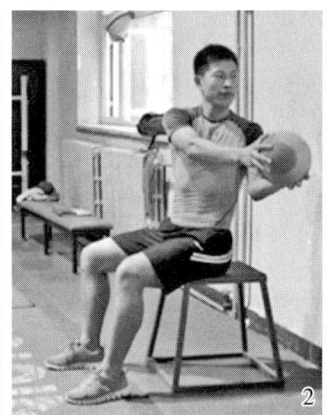

图 10-22

（二）双膝跪姿旋转爆发力练习方法

1. 双膝跪姿斜下拉

【教学目标】加强身体的旋转爆发力，提高动力链能量传递效率。

【动作要领】身体侧向弹力带，呈基本跪姿。双手握住弹力带于身体内侧肩上方，身体向内侧扭紧。练习开始时，髋关节保持稳定，胸椎向外侧充分旋转，双手沿着身体转动的趋势向斜下方快速下拉弹力带。练习过程中，挺胸抬头后背收紧，髋关节保持稳定。

【教学重点】脊柱保持正常生理弯曲。

【教学难点】动态环境下，膝关节以上部位身体姿势的控制能力。

【易犯错误】躯干晃动；腰椎部位过屈或过伸。

【纠正方法】运用个别纠正法为主，着重提示动作规格和动作质量。

【训练方法】每侧练习 8~10 次，练习 3~4 组。

【注意事项】动作过程中挺胸直背，腰腹和臀部收紧；躯干不要前倾或后仰。

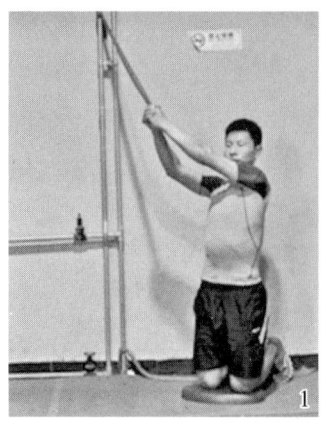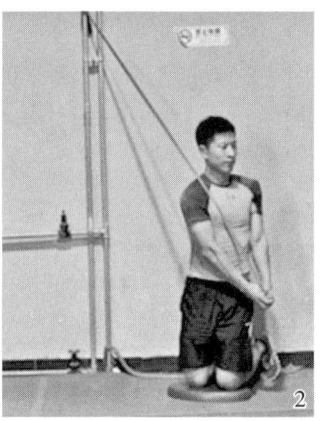

图 10-23

2. 双膝跪姿旋转推举

【教学目标】加强身体的旋转爆发力,提高动力链能量传递效率。

【动作要领】身体右侧对弹力带,呈基本跪姿;双手握住弹力带于身体内侧髋部,双臂伸直;双臂提举弹力带至胸部,同时,快速转向正面;双臂向左肩上方提举弹力带,至头顶左上方,双臂伸直,同时,胸部快速转向左侧。

【教学重点】脊柱保持正常生理弯曲。

【教学难点】动态环境下,膝关节以上部位身体姿势的控制能力。

【易犯错误】躯干晃动;腰椎部位过屈或过伸;臀部没有收紧。

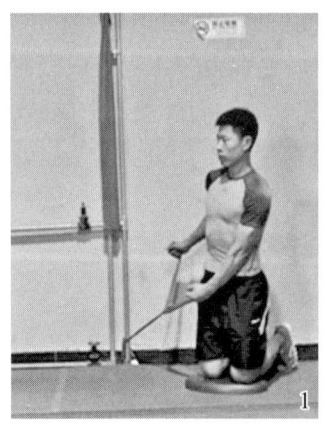

图 10-24

【纠正方法】运用个别纠正法为主，着重提示动作规格和动作质量。
【训练方法】每侧练习8~10次，练习3~4组。
【注意事项】动作过程中挺胸直背，腰腹和臀部收紧；躯干不要前倾或后仰。

3. 双膝跪姿正对斜抛实心球

【教学目标】加强身体的旋转爆发力，提高动力链能量传递效率。

【动作要领】练习者身体正对投掷墙，距墙约1米，双腿呈跪姿。双手握住实心球，旋转躯干并将实心球摆至髋关节外侧，使躯干形成扭紧姿势。练习开始时，以扭紧一侧臀肌发力为主，双手借助身体转动的惯性顺势把球抛向墙面，球回弹后双手接球利用球的反弹力扭紧身体还原成基本准备姿势。

【教学重点】脊柱保持正常生理弯曲。
【教学难点】动态环境下，膝关节以上部位身体姿势的控制能力。
【易犯错误】躯干晃动；腰椎部位过屈或过伸；臀部没有收紧。
【纠正方法】运用个别纠正法为主，着重提示动作规格和动作质量。
【训练方法】每侧练习8~10次，练习3~4组。
【注意事项】动作过程中挺胸直背，腰腹和臀部收紧；躯干不要前倾或后仰。

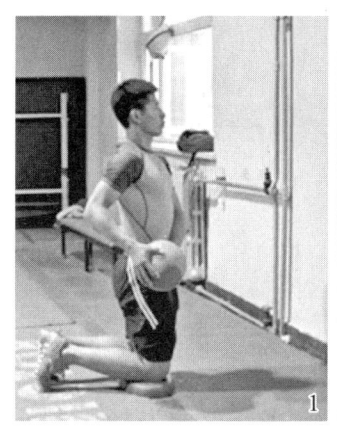

图 10-25

4. 双膝跪姿侧对斜抛实心球

【教学目标】加强身体的旋转爆发力，提高动力链能量传递效率。
【动作要领】练习者身体侧对投掷墙，距墙约1米，双腿呈跪姿。双手握住实心球，旋转躯干并将实心球摆至髋关节外侧，使躯干形成扭紧姿势。练习开始时，以扭紧一侧臀肌发力为主，双手借助身体转动的惯性顺势把球抛向墙面，球回弹后双手接球利用球的反弹力扭紧身体还原成基本准备姿势。

【教学重点】脊柱保持正常生理弯曲。

【教学难点】动态环境下，膝关节以上部位身体姿势的控制能力。

【易犯错误】躯干晃动；腰椎部位过屈或过伸；臀部没有收紧。

【纠正方法】运用个别纠正法为主，着重提示动作规格和动作质量。

【训练方法】每侧练习8～10次，练习3～4组。

【注意事项】动作过程中挺胸直背，腰腹和臀部收紧；躯干不要前倾或后仰。抛球时手臂伸直。

图10-26

5. 双膝跪姿背对斜抛实心球

【教学目标】加强身体的旋转爆发力，提高动力链能量传递效率。

【动作要领】练习者身体背对投掷墙，距墙约1米，双腿呈跪姿。双手握住实心球，旋转躯干并将实心球摆至髋关节外侧，使躯干形成扭紧姿势。练习开始时，以扭紧一侧臀肌发力为主，双手借助身体转动的惯性顺势把球抛向墙面，球回弹后双手接球利用球的反弹力扭紧身体还原成基本准备姿势。

【教学重点】脊柱保持正常生理弯曲。

【教学难点】动态环境下，膝关节以上部位身体姿势的控制能力。

【易犯错误】躯干晃动；腰椎部位过屈或过伸；臀部没有收紧。

【纠正方法】运用个别纠正法为主，着重提示动作规格和动作质量。

【训练方法】每侧练习8～10次，练习3～4组。

【注意事项】动作过程中挺胸直背，腰腹和臀部收紧；躯干不要前倾或后仰。

图 10-27

（三）半跪姿旋转爆发力练习方法

1. 半跪姿斜下拉

【教学目标】加强身体的旋转爆发力，提高动力链能量传递效率。

【动作要领】身体侧向弹力带呈半跪姿，右腿在前，髋部朝前，胸部转向右侧，双手握弹力带置于躯干右上方，双臂伸直；双手沿着身体转动的趋势向斜下方快速下拉弹力带，练习过程中身体姿态保持稳定。

【教学重点】脊柱保持正常生理弯曲。

【教学难点】动态环境下，膝关节以上部位身体姿势的控制能力。

【易犯错误】躯干晃动；腰椎部位过度前倾或后倾；前侧腿膝关节内扣、外展或超过脚尖。

【纠正方法】运用个别纠正法为主，着重提示动作规格和动作质量。

【训练方法】每侧练习8～10次，练习3～4组。

【注意事项】动作过程中挺胸直背，腰腹和臀部收紧，身体不要晃动；前侧腿膝关节位于矢状面。

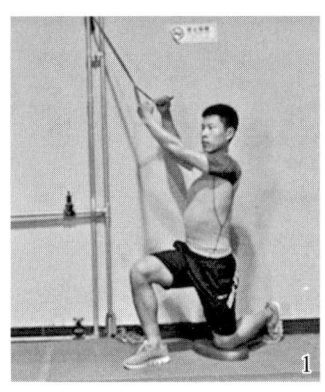  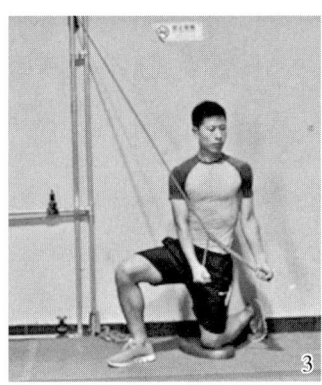

图 10-28

2. 半跪姿斜上拉

【教学目标】加强身体的旋转爆发力,提高动力链能量传递效率。

【动作要领】身体侧向弹力带呈半跪姿,左腿在前,胸部转向右侧,双手握弹力带置于体前,双臂伸直;双臂提举弹力带至胸部,同时,快速转向正面;双臂向左肩上方提举弹力带,至头顶左上方,双臂伸直,同时,胸部快速转向左侧。

【教学重点】脊柱保持正常生理弯曲。

【教学难点】动态环境下,膝关节以上部位身体姿势的控制能力。

【易犯错误】躯干晃动;腰椎部位过度前倾或后倾;前侧腿膝关节内扣、外展或超过脚尖。

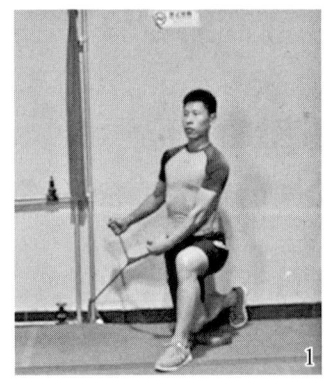  

图 10-29

【纠正方法】运用个别纠正法为主，着重提示动作规格和动作质量。

【训练方法】每侧练习 8~10 次，练习 3~4 组。

【注意事项】动作过程中挺胸直背，腰腹和臀部收紧，身体不要晃动；前侧腿膝关节位于矢状面。

3. 半跪姿正对斜抛实心球

【教学目标】加强身体的旋转爆发力，提高动力链能量传递效率。

【动作要领】练习者身体正对投掷墙，距墙约 1 米，两腿前后分开呈半跪姿势，前后支撑腿的大小腿夹角均为 90° 左右。双手握住实心球，身体向后支撑腿方向扭转，将实心球摆至髋关节外侧，使躯干形成扭紧姿势。练习开始时，以躯干发力为主，双手借助身体转动的惯性顺势把球抛向墙面，球回弹后双手接球利用球的反弹力扭紧身体还原成基本准备姿势。

【教学重点】脊柱保持正常生理弯曲。

【教学难点】动态环境下，膝关节以上部位身体姿势的控制能力。

【易犯错误】躯干晃动；腰椎部位过度前倾或后倾；前侧腿膝关节内扣、外展或超过脚尖。

【纠正方法】运用个别纠正法为主，着重提示动作规格和动作质量。

【训练方法】每侧练习 8~10 次，练习 3~4 组。

【注意事项】动作过程中挺胸直背，腰腹和臀部收紧，身体不要晃动；前侧腿膝关节位于矢状面。

图 10-30

4. 半跪姿下掷药球

【教学目标】加强身体的旋转爆发力，提高动力链能量传递效率。

【动作要领】练习者呈半跪姿；同伴持药球站立于练习者左侧方向。同伴向地面掷药球；待药球从地面反弹起来后，练习者双手接药球；练习者双手将药球掷向地面，待药球从地面反弹起来后，同伴双手接药球。

【教学重点】脊柱保持正常生理弯曲。

【教学难点】动态环境下，膝关节以上部位身体姿势的控制能力。

【易犯错误】躯干晃动；腰椎部位过度前倾或后倾；前侧腿膝关节内扣、外展或超过脚尖。

【纠正方法】运用个别纠正法为主，着重提示动作规格和动作质量。

【训练方法】每侧练习 8～10 次，练习 3～4 组。

【注意事项】动作过程中保持躯干平直；膝关节不能超过脚尖。

图 10-31

5. 半跪姿侧对斜抛实心球

【教学目标】加强身体的旋转爆发力，提高动力链能量传递效率。

【动作要领】练习者身体侧对投掷墙，距墙约 1 米，两腿前后分开呈半跪姿势，前后支撑腿的大小腿夹角均为 90° 左右。双手握住实心球，身体向后支撑腿方向扭转，将实心球摆至髋关节外侧，使躯干形成扭紧姿势。练习开始时，以躯干发力为主，双手借助身体转动的惯性顺势把球抛向墙面，球回弹后双手接球利用球的反弹力扭紧身体还原成基本准备姿势。

【教学重点】脊柱保持正常生理弯曲。

【教学难点】动态环境下，膝关节以上部位身体姿势的控制能力。

【易犯错误】躯干晃动；腰椎部位过度前倾或后倾；前侧腿膝关节内扣、外展或超过脚尖。

【纠正方法】运用个别纠正法为主，着重提示动作规格和动作质量。

【训练方法】每侧练习 8~10 次，练习 3~4 组。

【注意事项】动作过程中保持躯干平直；膝关节不能超过脚尖。

图 10-32

（四）前后分腿姿旋转爆发力练习方法

1. 前后分腿姿掷药球

【教学目标】加强身体的旋转爆发力，提高动力链能量传递效率。

【动作要领】练习者身体侧对投掷墙,距墙约1米,两腿前后分开呈前后分腿姿势,前后支撑腿的大小腿夹角均为90°左右。双手握住药球于身体右侧髋部;练习开始时,以躯干发力为主,双手借助身体转动的惯性顺势把球抛向墙面。

【教学重点】脊柱保持正常生理弯曲。

【教学难点】动态环境下身体姿势的控制能力。

【易犯错误】躯干晃动;腰椎部位过度前倾或后倾;前侧腿膝关节内扣、外展或超过脚尖。

【纠正方法】运用个别纠正法为主,着重提示动作规格和动作质量。

【训练方法】每侧练习8~10次,练习3~4组。

【注意事项】动作过程中保持躯干平直;膝关节不能超过脚尖。

图 10-33

2. 前后分腿姿下砍掷药球

【教学目标】加强身体的旋转爆发力,提高动力链能量传递效率。

【动作要领】基本站立姿;同伴持药球站立于练习者左侧方向。同伴从左侧方向抛出药球,练习者右脚向前迈出一步,呈前后分腿姿势接药球;练习者将药球掷向同伴并回到起始基本站立姿。

【教学重点】脊柱保持正常生理弯曲。

【教学难点】动态环境下身体姿势的控制能力。

【易犯错误】躯干晃动；腰椎部位过度前倾或后倾；前侧腿膝关节内扣、外展或超过脚尖。

【纠正方法】运用个别纠正法为主，着重提示动作规格和动作质量。

【训练方法】每侧练习 8~10 次，练习 3~4 组。

【注意事项】动作过程中保持躯干平直；膝关节不能超过脚尖。

图 10-34

3. 前后分腿姿前掷药球

【教学目标】加强身体的旋转爆发力，提高动力链能量传递效率。

【动作要领】基本站立姿；练习者双手将药球置于右肩上方，躯干稍向右侧方向旋转；左腿向前迈出呈前后高分腿姿，同时右侧手臂借助躯干的旋转力量快速地将药球掷向前方墙壁。

【教学重点】脊柱保持正常生理弯曲。

【教学难点】动态环境下身体姿势的控制能力。

【易犯错误】躯干晃动；腰椎部位过度前倾或后倾；前侧腿膝关节内扣、外展或超过脚尖。

【纠正方法】运用个别纠正法为主，着重提示动作规格和动作质量。

【训练方法】每侧练习 8~10 次，练习 3~4 组。

【注意事项】动作过程中保持躯干平直；膝关节不能超过脚尖。

图 10-35

4. 前后分腿姿推拉组合

【教学目标】加强身体的旋转爆发力，提高动力链能量传递效率。

【动作要领】练习者左腿在前，右腿在后呈前后高分腿姿站立；左手握住弹力带于身前，右手握住弹力带于身后。练习开始时，髋关节保持稳定，胸椎充分旋转，双手沿着身体转动的趋势向对侧快速推拉弹力带，练习过程中身体姿态保持稳定。

【教学重点】脊柱保持正常生理弯曲。

【教学难点】动态环境下身体姿势的控制能力。

【易犯错误】躯干晃动；腰椎部位过度前倾或后倾；前侧腿膝关节内扣、外展或超过脚尖。

【纠正方法】运用个别纠正法为主，着重提示动作规格和动作质量。

【训练方法】每侧练习 8~10 次，练习 3~4 组。

【注意事项】动作过程中保持躯干平直；膝关节不能超过脚尖。

图 10-36

5. 前后分腿姿推举

【教学目标】加强身体的旋转爆发力，提高动力链能量传递效率。

【动作要领】身体右侧对弹力带呈前后分腿姿，左腿在前，胸部转向右侧，双手握弹力带置于体前，距离略比肩宽，右臂伸直；双臂向左肩上方提举弹力带，至头顶左上方，双臂伸直，同时，胸部快速转向左侧。

【教学重点】脊柱保持正常生理弯曲。

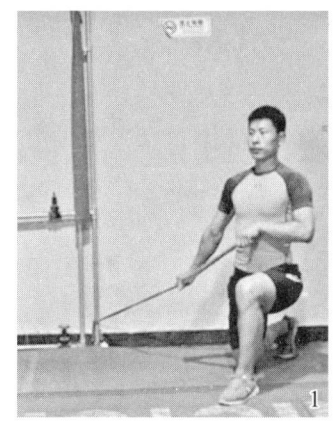

图 10-37

【教学难点】动态环境下身体姿势的控制能力。

【易犯错误】躯干晃动；腰椎部位过度前倾或后倾；前侧腿膝关节内扣、外展或超过脚尖。

【纠正方法】运用个别纠正法为主，着重提示动作规格和动作质量。

【训练方法】每侧练习 8~10 次，练习 3~4 组。

【注意事项】动作过程中保持躯干平直；膝关节不能超过脚尖。

6. 前后分腿姿下砍

【教学目标】加强身体的旋转爆发力，提高动力链能量传递效率。

【动作要领】身体侧向弹力带，两腿呈前后分腿姿，前后支撑腿的大小腿夹角均为 90°左右，内侧臀大肌收紧，外侧大腿下压以保持骨盆水平面的平稳，双手握住弹力带于内侧肩上方，身体向内侧扭紧。练习开始时，髋关节保持稳定，胸椎充分旋转，双手沿着身体转动的趋势向斜下方快速下拉弹力带。

【教学重点】脊柱保持正常生理弯曲。

【教学难点】动态环境下身体姿势的控制能力。

【易犯错误】躯干晃动；腰椎部位过度前倾或后倾；前侧腿膝关节内扣、外展或超过脚尖。

【纠正方法】运用个别纠正法为主，着重提示动作规格和动作质量。

【训练方法】每侧练习 8~10 次，练习 3~4 组。

【注意事项】动作过程中保持躯干平直；膝关节不能超过脚尖。

图 10-38

（五）站立姿旋转爆发力练习方法

1. 站姿推拉组合

【教学目标】加强身体的旋转爆发力，提高动力链能量传递效率。

【动作要领】将弹力带一前一后固定，练习者基本运动姿站立，双手分别持弹力带，躯干收紧，右手握住弹力带于身前，左手握住弹力带于身后。练习开始时，髋关节保持稳定，胸椎充分向右旋转，双手沿着身体转动的趋势快速推拉弹力带，即左手向前推至水平，右手向后拉至腰间，练习过程中身体姿态保持稳定。

【教学重点】脊柱保持正常生理弯曲。

【教学难点】动态环境下身体姿势的控制能力。

【易犯错误】躯干晃动；腰椎部位过度前倾或后倾；膝关节超过脚尖。

【纠正方法】运用个别纠正法为主，着重提示动作规格和动作质量。

【训练方法】每侧练习8~10次，练习3~4组。

【注意事项】动作过程中保持躯干平直；臀部后移。

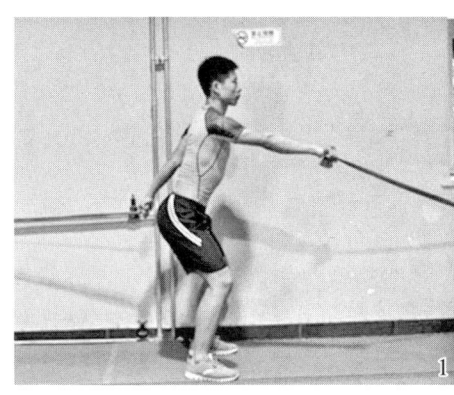

图10-39

2. 站姿斜下拉

【教学目标】加强身体的旋转爆发力，提高动力链能量传递效率。

【动作要领】身体侧向弹力带，呈基本准备姿势站立。双手握住弹力带于内侧肩上方，身体向内侧扭紧，练习开始时，双手沿着身体转动的趋势向斜下方快速下拉弹力带，练习过程中身体姿态保持稳定。

【教学重点】脊柱保持正常生理弯曲。

【教学难点】动态环境下身体姿势的控制能力。

【易犯错误】躯干晃动；腰椎部位过度前倾或后倾；膝关节超过脚尖。

【纠正方法】运用个别纠正法为主，着重提示动作规格和动作质量。

【训练方法】每侧练习 8~10 次，练习 3~4 组。

【注意事项】动作过程中保持躯干平直；臀部后移。

图 10-40

3. 站姿斜上拉

【教学目标】加强身体的旋转爆发力，提高动力链能量传递效率。

【动作要领】身体侧向弹力带，呈基本准备姿势站立。外侧手握住弹力带并置于内侧膝关节上方，身体向内侧扭紧。练习开始时，以内侧臀肌发力为主，下肢做快速蹬地、转髋和伸髋等动作，髋关节、膝关节、踝关节快速充分蹬直，外侧手沿着下肢转动的轨迹顺势向斜上方提拉弹力带至外侧腰部，练习过程中身体姿态保持稳定。

【教学重点】脊柱保持正常生理弯曲。

【教学难点】动态环境下身体姿势的控制能力；通过膝关节的蹬伸动作体会能量的传递过程。

【易犯错误】躯干晃动；腰椎部位过度前倾或后倾；膝关节未充分伸展。

【纠正方法】运用个别纠正法为主，着重提示动作规格和动作质量。

【训练方法】每侧练习 8~10 次，练习 3~4 组。

【注意事项】体会转体动而不是手臂发力。

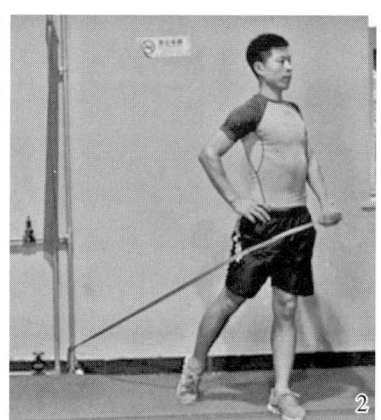

图 10-41

4. 站姿正对抛实心球

【教学目标】加强身体的旋转爆发力，提高动力链能量传递效率。

【动作要领】练习者身体正对投掷墙，距墙约 1 米，呈基本准备姿势站立。双手握住实心球，旋转躯干并将实心球摆至髋关节外侧，使躯干形成扭紧姿势。练习开始时，以扭紧一侧臀肌发力为主，下肢做快速蹬地、转髋和伸髋等动作，双手借助身体转动的惯性顺势把球抛向墙面，球回弹后双手接球利用球的反弹力扭紧身体还原成基本准备姿势。

【教学重点】脊柱保持正常生理弯曲。

【教学难点】动态环境下身体姿势的控制能力；通过膝关节的蹬伸动作体会能量的传递过程。

【易犯错误】躯干晃动；腰椎部位过度前倾或后倾；膝关节未充分伸展或超过脚尖。

【纠正方法】运用个别纠正法为主，着重提示动作规格和动作质量。

【训练方法】每侧练习 8~10 次，练习 3~4 组。

【注意事项】强调髋关节发力，髋、膝、踝关节充分伸展，旋转过程中保持腰椎稳定，胸椎旋转充分，抛球时手臂伸直。

图 10-42

5. 站姿侧对抛实心球

【教学目标】加强身体的旋转爆发力，提高动力链能量传递效率。

【动作要领】练习者身体侧对投掷墙，距墙约 1 米，双手握住实心球，旋转躯干并将球摆至外侧髋关节，使躯干形成扭紧姿势。练习开始时，以扭紧一侧臀肌发力为主，下肢做快速蹬地、转髋和伸髋等动作，双手借助身体转动的惯性顺势把球抛向墙面，球回弹后双手接球利用球的反弹力扭紧身体还原成基本准备姿势。

【教学重点】脊柱保持正常生理弯曲。

【教学难点】动态环境下身体姿势的控制能力；通过膝关节的蹬伸动作体会能量的传递过程。

【易犯错误】躯干晃动；腰椎部位过度前倾或后倾；膝关节未充分伸展或超过脚尖。

【纠正方法】运用个别纠正法为主，着重提示动作规格和动作质量。

【训练方法】每侧练习 8~10 次，练习 3~4 组。

【注意事项】强调髋关节发力，髋、膝、踝关节充分伸展，旋转过程中保持腰椎稳定，胸椎旋转充分，抛球时手臂伸直。

图 10-43

6. 站姿背对抛实心球

【教学目标】加强身体的旋转爆发力，提高动力链能量传递效率。

【动作要领】背对墙壁，双手持实心球置于身体右侧，两脚左右开立。躯干向右侧旋转，双手将实心球举至身体右侧前方；左脚后撤一步；躯干快速转向左侧，双手将实心球掷向墙壁。

【教学重点】脊柱保持正常生理弯曲。

【教学难点】动态环境下身体姿势的控制能力；通过膝关节的蹬伸动作体会能量的传递过程。

图 10-44

【易犯错误】躯干晃动；腰椎部位过度前倾或后倾；膝关节未充分伸展或超过脚尖。

【纠正方法】运用个别纠正法为主，着重提示动作规格和动作质量。

【训练方法】每侧练习 8~10 次，练习 3~4 组。

【注意事项】动作过程中保持躯干平直，两腿屈膝；体会躯干旋转和下肢的蹬伸动作。

7. 单腿站姿斜上拉

【教学目标】加强身体的旋转爆发力，提高动力链能量传递效率。

【动作要领】身体侧向弹力带，内侧腿单腿屈膝支撑站立，躯干正直，肩关节放松下沉，双手握住弹力带于内侧腰际，身体向内侧扭紧。练习开始时，下肢以支撑腿臀肌发力并向外旋转躯干，双手沿着身体转动的趋势向斜上方快速上拉弹力带。

【教学重点】脊柱保持正常生理弯曲。

【教学难点】非稳定环境下身体姿势的控制能力。

【易犯错误】躯干晃动；腰椎部位过度前倾或后倾。

【纠正方法】运用个别纠正法为主，着重提示动作规格和动作质量。

【训练方法】每侧练习 8~10 次，练习 3~4 组。

【注意事项】动作过程中保持躯干平直；体会躯干旋转动作。

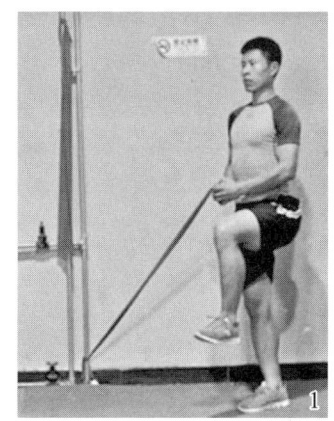

图 10-45

8. 单腿站姿斜下拉

【教学目标】加强身体的旋转爆发力，提高动力链能量传递效率。

【动作要领】身体侧向弹力带，外侧腿单腿支撑站立，内侧腿抬离地面维持平衡，躯干正直，肩关节放松下沉，双手握住弹力带于内侧肩上方，身体向内侧扭紧。练习开始时，下肢以支撑腿臀肌发力并向外旋转躯干，双手沿着身体转动的趋势向斜下方快速下拉弹力带，练习过程中身体姿态保持稳定。还原成起始姿势后，再重复上一次动作。

图 10-46

【教学重点】脊柱保持正常生理弯曲。

【教学难点】非稳定环境下身体姿势的控制能力。

【易犯错误】躯干晃动；腰椎部位过度前倾或后倾。

【纠正方法】运用个别纠正法为主，着重提示动作规格和动作质量。

【训练方法】每侧练习 8~10 次，练习 3~4 组。

【注意事项】动作过程中保持躯干平直；体会躯干旋转动作。

9. 单腿站姿下抛实心球

【教学目标】加强身体的旋转爆发力，提高动力链能量传递效率。

【动作要领】练习者单脚站立，两手持实心球于右肩上方，通过躯干旋转，两臂将实心球快速地掷向地面，同伴接反弹球后将球掷向地面，练习者接反弹球再次掷出。

【教学重点】脊柱保持正常生理弯曲。

【教学难点】非稳定环境下身体姿势的控制能力。

图 10-47

【易犯错误】躯干晃动；腰椎部位过度前倾或后倾。
【纠正方法】运用个别纠正法为主，着重提示动作规格和动作质量。
【训练方法】每侧练习 8~10 次，练习 3~4 组。
【注意事项】动作过程中保持躯干平直；体会躯干旋转动作。

第三节　旋转爆发力训练的相关注意事项

一、选择有效的训练手段

应根据专项的需要，正确地选择有效的训练手段，规范并明确正确的动作要求。如，在发展羽毛球项目运动员的旋转爆发力训练时，可侧重于单脚支撑类的旋转力量练习，以满足该项目单脚起跳杀球的专项技术需要。

二、处理好负荷与恢复的关系

①在一个训练阶段中，负荷安排应大中小结合，循序渐进地提高负荷量度。

②在小周期训练中，应使各种不同性质的力量训练交替进行。如在每周一、三、五可安排发展爆发力或最大力量为主的训练。

③在每组重复练习中，注意组间的休息。一般来讲，训练水平低的运动员组间休息时间要长些。

④旋转力量训练后，要特别注意使肌肉放松。肌肉在力量训练后会产生酸胀感，肌肉酸胀是肌纤维增粗现象的反映，也是力量增长的必然。但应采取积极措施消除肌肉的酸胀感，以利于减少能量消耗，并更好地保持肌肉弹性。

三、注意激发练习的兴趣

肌肉工作力量的大小与中枢神经系统发射的神经冲动的强度有着密切的关系。神经冲动的强度越大，肌纤维参与工作的数量越多，冲动越集中，运动单位工作的同步化程度也就越高，表现出的力量也就越大。因此，在运动训练中应注意有意识地提高运动员练习的兴趣与积极性，以求提高力量训练的效果。进行旋转爆发力训练对神经系统兴奋性要求更高。

四、根据生物年龄安排适宜运动负荷

生物年龄是根据正常人体生理学和解剖学的发育状态所推断出来的年龄，表明人体的组织结构和生理功能的实际状态。日历年龄是按照人的出生年月的日历计算的年龄或者说是从时间的推移上来计算的年龄。研究表明，同样年龄（日历年龄）的受试者在生物年龄上可以相差6年。因此，在青少年训练过程中，对于同年龄段的运动员是否可以采用同样的负荷量进行练习是一个值得商榷的命题。一种比较科学的做法是通过记录运动员身高的变化情况来推算出他们的生长速度，进而确定生物年龄，最后根据他们的生物年龄来安排适宜的运动负荷量。

思考题

(1) 旋转力量的概念与分类并举例说明。
(2) 为什么要优先进行稳定训练后进行非稳定训练？

参考文献

[1] 尹军. 乒乓球运动员身体运动功能训练 [M]. 北京：北京体育大学出版社，2013.

[2] 尹军. 身体运动功能诊断与训练 [M]. 北京：高等教育出版社，2015.

[3] 尹军. 身体运动功能训练 [M]. 北京：高等教育出版社，2015.

[4] 田麦久. 运动训练 [M]. 北京：人民体育出版社，2000.

[5] 尹军. 躯干支柱力量与动力链的能量传递 [J]. 中国体育教练员，2012，3：16–18.

[6] 宸铮，尹军. 功能动作筛查的应用研究 [J]. 山东体育科技，2015，37 (6)：75–79.

[7] 宸铮，尹军. 对"功能动作训练"之"功能动作筛查"的审视与思考 [J]. 山东体育学院学报，2013，29 (3)：62–70.

[8] Istavan Balyi, Richard Way, Colin Higgs. Long term athlete development

[M]. United States: Human Kinetics, 2013.

[9] STUART MCGILL. Low back disorders [M]. Human Kinetcs, 2007.

[10] STUART MCGILL. Ultimate back fitness and performance [M]. Human Kinetcs, 2010.

[11] BOYLE M. Advances in functional training: training techniques for coaches, personal trainers and athletes [M]. Lotus Publishing, 2011.

[12] BOYLE M. Functional training for sports: superior conditioning for today's athlete [M]. Human Kinetics, 2003.

[13] SHIRLEY SAHRMANN. Diagnosis and treatment of movement impairment syndromes [M]. Mosby, 2001.

[14] NORRIS, C.M. Functional load abdominal training: Part 1 [J]. Body Work Mov. Ther. 1999, 3: 150-158.

[15] AKUTHOTA V. Core strengthening [J]. Arch Phys Med Rehabil, 2004, 85 (3): suppl 1.

第十一章 快速伸缩复合训练

【本章导语】快速伸缩复合训练是发展运动员爆发力的重要方法。适宜的快速伸缩复合训练有助于塑造运动项目所需要的专项爆发力、有助于提高神经肌肉调控能力等。快速伸缩复合训练通过提高弹性能量的使用效率以及神经肌肉控制效能提高爆发力输出效果。快速伸缩复合训练可以提高运动员局部和整体爆发力、提高身体灵活性、提高身体协调性、提高动作效率。快速伸缩复合训练使神经肌肉控制得到积极适应,提高爆发力训练的实效性。

第一节 快速伸缩复合训练的概念及分类

肌肉在离心(拉长)收缩之后紧接着进行向心(缩短)收缩的力量练习称为快速伸缩复合训练,如投掷前的"引枪""团身",足球射门前的"预摆"等动作。快速伸缩复合训练的目的是利用肌肉与肌腱的自然弹性成分与牵张反射,增加后续动作的输出功率。从机械模型来看,肌肉和肌腱产生的弹性势能会因为快速伸展而增加并暂时储存,然后在紧接着的向心收缩阶段中释放出来,增加整体输出能量。从神经生理模型来看,快速伸缩复合训练利用牵张反射引发的向心收缩增强作用,肌梭快速侦测出肌肉伸展的速率和长度变化后,激发形成反射性肌肉动作,增加力量输出。快速伸缩复合训练可以提高动作速度和整体爆发力;提高运动过程中能量使用效率(跑步经济性);将最大力量转化为爆发力最好的方式;整合全身力量,形成"整劲"。

快速伸缩复合训练依负荷强度的等级而分类。最大强度快速伸缩复合训练包含超高强度的激烈肌肉收缩形式,一般由跳深和其不同变化所组成。非最大强度快速伸缩复合训练由低到中等强度的训练组成,包括除了跳深以外的大部分训练动作。另外快速伸缩复合训练可以是以冲击为导向的训练(跳跃、蹦跳、跨步跳、增强式伏地起身),此时肌肉与地面或其他物体的接触,可对肌肉的收缩形式做可逆的刺激;也可以是非冲击导向的(没有先前的接球动作即做打击、猛推、投掷、传、抛）等动作，此种训练属于开链训练。换句话说，离心时相和向心时相并没有直接地与其他的物体接触而增加。两种形式都被包含在快速伸缩复合训练的计划里。

第二节 快速伸缩复合训练方法与手段

1. 单 / 双脚纵跳 / 前跳

【教学目标】发展下肢快速伸缩能力。

【动作要领】练习者双脚与肩同宽开立 / 单腿站立，预先快速屈髋屈膝下蹲后，充分伸髋伸膝向上 / 向前跳跃，双臂上摆或无摆动。

【教学重点】正确的动作模式。

【教学难点】建立正确的动作模式。

【易犯错误】躯干前屈，下蹲和 / 或缓冲时屈膝主导。

【纠正方法】躯干竖直，下蹲和 / 或缓冲时屈髋主导。

【训练方法】训练频率每周 1~3 次；结合其他练习，单次训练课累积量（次

图 11-1

数）：初级 60~100、中级 100~120、高级 120~140；次间休息 5~10 秒，组间休息 2~3 分钟。

【注意事项】此练习可以做单次练习和多次连续练习，采用多次连续练习时应减少每组练习次数，增加组间休息时间。

2. 单 / 双脚屈膝跳

【教学目标】发展下肢快速伸缩能力。

【动作要领】练习者双脚与肩同宽开立 / 单腿站立，预先快速屈髋屈膝下蹲后迅速向上跳起，起跳至最高处单 / 双膝拉向胸部，双手快速抱膝并在落地前松开。

【教学重点】正确的动作模式。

【教学难点】建立正确的动作模式。

【易犯错误】躯干前屈，下蹲和 / 或缓冲时屈膝主导。

【纠正方法】躯干竖直，下蹲和 / 或缓冲时屈髋主导。

【训练方法】训练频率每周 1~3 次；结合其他练习，单次训练课累积量（次数)：初级 60~100、中级 100~120、高级 120~140；次间休息 5~10 秒，组间休息 2~3 分钟。

【注意事项】此练习可以做单次练习和多次连续练习，采用多次连续练习时应减少每组练习次数，增加组间休息时间。

图 11-2

3. 分腿蹲跳 / 循环分腿跳

【教学目标】发展下肢快速伸缩能力。

【动作要领】练习者以前后开立屈髋屈膝约 90°呈弓步姿势起始，充分向上跳起并双臂协助上摆，保持起始姿势或空中交换腿落地。

【教学重点】快速的起跳节奏。

【教学难点】合理的弓步幅度，适当的缓冲时间。

【易犯错误】躯干前倾，弓步幅度过大，缓冲时间过长。

【纠正方法】躯干竖直，合理安排弓步幅度，减缓缓冲时长。

【训练方法】训练频率每周 1~3 次；结合其他练习，单次训练课累积量（次数）：初级 60~100、中级 100~120、高级 120~140；次间休息 5~10 秒，组间休息 2~3 分钟。

【注意事项】若弓步幅度过大或过度缓冲将减缓伸长—缩短周期（SSC）对后续跳跃的效应。此练习采用多次连续练习为佳，多次连续练习时应减少每组练习次数，增加组间休息时间。

图 11-3

4. 跨步跳

【教学目标】发展下肢快速伸缩能力。

【动作要领】练习者单腿微蹲后向前上方跳出，同时对侧腿屈曲上抬以协助跳跃，双臂交互或同时摆动，单腿屈曲缓冲落地。

【教学重点】强调跨步的效率。

【教学难点】正确的动作模式，合理的动作节奏。

【易犯错误】缓冲时间过长。

【纠正方法】减缓缓冲时长。

【训练方法】训练频率每周 1~3 次；结合其他练习，单次训练课累积量（次数）：初级 60~100、中级 100~120、高级 120~140；组间休息 2~3 分钟。

【注意事项】此练习采用多次连续练习为佳，多次连续练习时应减少每组练习次数，增加组间休息时间。

图 11-4

5. 单 / 双脚跳越障碍——栏架

【教学目标】发展下肢快速伸缩能力。

【动作要领】练习者双脚与肩同宽开立 / 单脚站立，预先快速屈髋、屈膝下蹲后，充分伸髋、伸膝上跳越过栏架，双臂上摆协助。

【教学重点】正确的动作模式。

【教学难点】建立正确的动作模式。

【易犯错误】躯干前屈，下蹲和 / 或缓冲时屈膝主导。

【纠正方法】躯干竖直，下蹲和 / 或缓冲时屈髋主导。

【训练方法】训练频率每周 1~3 次；结合其他练习，单次训练课累积量（次

263

图 11-5

数）：初级 60~100、中级 100~120、高级 120~140；次间休息 5~10 秒，组间休息 2~3 分钟。

【注意事项】此练习可以做单次练习和多次连续练习，采用多次连续练习时应减少每组练习次数，增加组间休息时间。可以改变障碍高度以改变训练强度。

6. 双脚侧向/Z 形蹦跳——栏架

【教学目标】发展侧向跳跃能力。

【动作要领】练习者双脚与肩同宽开立于栏架外侧，预先快速屈髋屈膝下蹲后，侧向/呈 Z 字形跳跃，双臂上摆协助。

【教学重点】正确的动作模式。

【教学难点】建立正确的动作模式。

【易犯错误】躯干前屈，下蹲和/或缓冲时屈膝主导。

【纠正方法】躯干竖直，下蹲和/或缓冲时屈髋主导。

【训练方法】训练频率每周 1~3 次；结合其他练习，单次训练课累积量（次

图 11-6

数）：初级 60~100、中级 100~120、高级 120~140；次间休息 5~10 秒，组间休息 2~3 分钟。

【注意事项】此练习可以做单次练习和多次连续练习，采用多次连续练习时应减少每组练习次数，增加组间休息时间。可以利用改变障碍高度和距离以改变训练强度。

7. 正向 / 侧向跳上跳箱

【教学目标】发展下肢快速伸缩能力。

【动作要领】练习者双脚与肩同宽开立于跳箱正面 / 外侧，预先快速屈髋屈膝下蹲后跳上跳箱，双臂上摆协助，屈髋屈膝缓冲。

【教学重点】正确的动作模式。

【教学难点】建立正确的动作模式。

【易犯错误】下蹲和 / 或缓冲时屈膝主导、膝关节内扣。

【纠正方法】下蹲和 / 或缓冲时屈髋主导、膝关节向前。

【训练方法】训练频率每周 1~3 次；结合其他练习，单次训练课累积量（次数）：初级 60~100、中级 100~120、高级 120~140；次间休息 5~10 秒，组间休息 2~3 分钟。

【注意事项】此练习利用改变跳箱高度以改变训练强度。

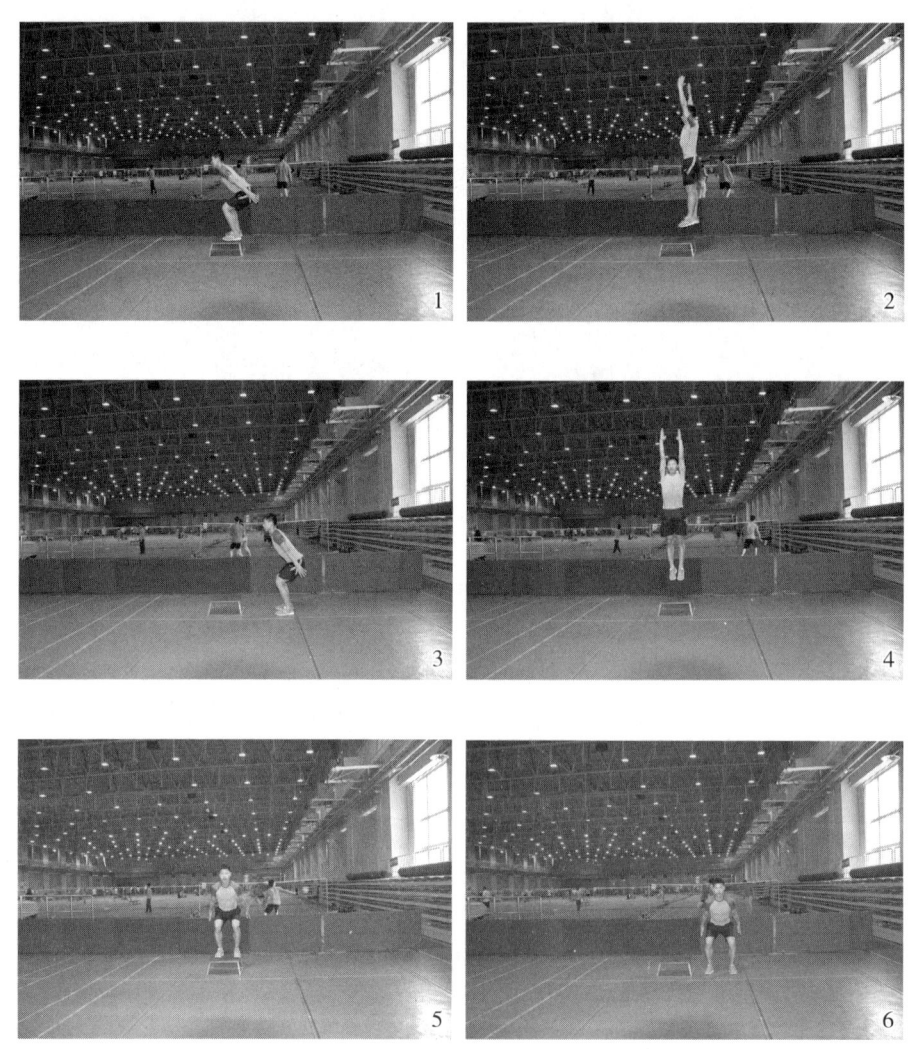

图 11-7

8. 单腿／换腿推蹬跳跃

【教学目标】发展下肢快速伸缩能力。

【动作要领】练习者一脚置于跳箱，另侧脚置于地面，箱上的脚推蹬以向上跳起，相同脚／换脚落下，双臂上摆协助。

【教学重点】正确的发力部位。

【教学难点】推蹬腿为主导。

【易犯错误】地面腿代偿发力，半脚掌推蹬。

【纠正方法】箱上腿主导发力，全脚掌推蹬。

【训练方法】训练频率每周 1~3 次；结合其他练习，单次训练课累积量（次数）：初级 60~100、中级 100~120、高级 120~140；组间休息 2~3 分钟。

【注意事项】此练习采用多次连续练习为佳，多次连续练习时应减少每组练习次数，增加组间休息时间。练习者可位于跳箱外侧进行侧向推蹬跳跃练习。

图 11-8

9. 跳深跳远 / 上跳 / 移动

【教学目标】发展下肢快速伸缩能力，提高动作速度。

【动作要领】练习者双脚与肩同宽开立于跳箱上，跨出箱面后水平跳远 / 向上纵跳 / 侧向移动，双臂摆动协助。

【教学重点】正确的动作模式，接地时间短促，动作速度快速。

【教学难点】建立正确的动作模式，减少接地时间，提高动作速度。

【易犯错误】下蹲和 / 或缓冲时屈膝主导、膝关节内扣，缓冲时间过长。

【纠正方法】下蹲和 / 或缓冲时屈髋主导、膝关节向前，减缓缓冲时间。

【训练方法】训练频率每周 1~3 次；结合其他练习，单次训练课累积量（次数）：初级 60~100、中级 100~120、高级 120~140；次间休息 5~10 秒，组间休息 3~5 分钟。

【注意事项】跨出箱面时不要上跳，否则会改变练习高度；减少缓冲时间；利用改变跳箱高度以改变训练强度。

图 11-9

10. 阻力助力跳——弹力带

【教学目标】发展下肢快速伸缩能力，提高动作速度。

【动作要领】练习者双脚与肩同宽开立，双手持弹力带于颈前或将弹力带固定于腰间，预先快速屈髋屈膝下蹲后，充分伸髋伸膝向上跳起，双臂上摆或无摆动。

【教学重点】接地时间短促，动作速度快。

【教学难点】减少接地时间，提高动作速度。

【易犯错误】下蹲和/或缓冲时屈膝主导，缓冲时间过长。

【纠正方法】下蹲和/或缓冲时屈髋主导，减缓缓冲时间。

【训练方法】训练频率每周 1~3 次；结合其他练习，单次训练课累积量（次数）：初级 60~100、中级 100~120、高级 120~140；组间休息 5~10 分钟。

【注意事项】利用弹力带助力加速下落，以增加伸长—缩短周期（SSC）的效益。

图 11-10

11. 药球前推

【教学目标】发展上肢快速伸缩能力。

【动作要领】练习者以站姿或跪姿持药球于胸前,手肘外展;预先反向运动后爆发性向前推球,可原地维持身体姿态或跨步以产生动力。

【教学重点】正确的动作模式。

【教学难点】建立正确的动作模式。

【易犯错误】躯干屈曲。

图 11-11

【纠正方法】躯干竖直。

【训练方法】训练频率每周 1~3 次；每组练习 8~12 次，3~6 组；组间休息 2~3 分钟。

【注意事项】可以利用墙面、弹网或同伴配合。

12. 药球过顶掷球

【教学目标】发展上肢快速伸缩能力。

【动作要领】练习者双脚与肩同宽开立，手持药球于胸前，预先将药球举过头顶并充分伸展身体，跨步向前时将药球掷出。

【教学重点】正确的动作模式。

【教学难点】建立正确的动作模式。

【易犯错误】手臂代偿发力。

【纠正方法】躯干主导发力。

【训练方法】训练频率每周 1~3 次；每组练习 8~12 次，3~6 组；组间休息 2~3 分钟。

【注意事项】可以利用墙面、弹网或同伴配合。可以以跪姿进行改变。

图 11-12

13. 爆发性下坠——药球

【教学目标】发展上肢快速伸缩能力。

【动作要领】练习者手肘伸直仰卧于地面，双肩屈曲约 90°，同伴持药球站于高处将球坠下，练习者双臂屈曲接球移至胸口，爆发性地向上推球。

【教学重点】接球—推球时机。

【教学难点】恰当的接球—推球时机。

【易犯错误】接球后停顿时间过长。

【纠正方法】缩短接球后停顿时间。

【训练方法】训练频率每周 1~3 次；每组练习 8~12 次，3~6 组；组间休息 3~5 分钟。

【注意事项】改变药球的重量或站立高度以改变训练强度。

图 11-13

14. 增强式推撑

【教学目标】发展上肢快速伸缩能力。

【动作要领】练习者直臂撑起呈俯撑姿势，手臂屈曲下降重心后迅速伸展手肘快速推撑。

【教学重点】下落—推起节奏。

【教学难点】正确的下落—推起节奏。

【易犯错误】躯干过伸，下落重心后停顿时间过长。

【纠正方法】躯干竖直，缩短下落重心后停顿时间。

【训练方法】训练频率每周 1~3 次；每组练习 8~12 次，3~6 组；组间休息 5~10 分钟。

【注意事项】可以利用推上踏板或跳箱以提高训练强度。

图 11-14

15. 增强式仰卧起坐——药球

【教学目标】发展躯干快速伸缩能力。

【动作要领】练习者双腿屈曲坐于地面，躯干和髋部屈曲约 45°，同伴持球面对；同伴将球抛出后，练习者接球缓冲，伸展躯干并将球推出。

【教学重点】正确的动作节奏。

【教学难点】把握正确的动作节奏。

【易犯错误】躯干屈曲，接球后停顿时间过长。

【纠正方法】躯干竖直，缩短接球后停顿时间。

【训练方法】训练频率每周 1~3 次；每组练习 8~10 次，3~6 组；组间休息

图 11-15

5~10 分钟。

【注意事项】推球的力量由躯干首先发出，较小的动作范围有利于牵张反射效益、增加腹肌收缩。利用改变药球重量以改变训练强度，需要同伴配合多次练习。

第三节　快速伸缩复合训练的相关注意事项

制订快速伸缩负荷训练计划时，需要考虑到其他因素对训练安全性、训练效应以及训练个性化的影响。这些因素包括热身、年龄、基础力量、平衡能力、训练状态、地面与可用的设备等。

一、热身

所有的快速伸缩复合训练计划的开始之前都必须要安排适当的热身。包括一般的热身方式（如慢跑 5～10 分钟）、静态拉伸、动态拉伸、动作模式训练、神经激活等。系统的热身运动可以使运动员在生理上做好准备以积极应对训练，并且帮助运动员发展基础运动技能和协调性，并转移到快速伸缩复合训练，保证训练的安全性和有效性。

二、年龄

一般认为快速伸缩复合训练主要适用于成年人。然而大量的研究表明，青少年和老年人也能从科学的快速伸缩复合训练中获得益处。青少年和老年人在进行快速伸缩复合训练时应根据个人需求，制订合理的训练方案，以实现训练安全性和个性化。建议对青少年和老年人以中低强度训练为主，遵循循序渐进原则。对下肢训练来说，以双脚支撑下的训练为主，单脚相关训练为辅，保证训练的安全性是最基本要求。

三、训练状态

快速伸缩复合训练计划的设计依据运动员的训练状态而定。新手运动员在刚开始时以低强度动作的基础计划进行即可。随着肌力与协调能力的提高，再逐渐过渡到高强度动作。训练有素的运动员有较大的耐受度，可以做高强度训练和较大的训练量。欧洲教练建议运动员必须要有基础的力量，譬如要求深蹲的重量是体重的 1.5~2.5 倍，才能进行中高等快速伸缩复合训练。还有专家认为运动员背蹲重量为体重的 1.5 倍，卧推的重量为体重的 1.2 倍是进行中等负荷快速伸缩复合训练的基础。此外运动员的平衡能力、协调能力、瞬间爆发力、速度与敏捷性等也影响快速伸缩复合训练。因为快速伸缩复合训练对体能的所有要素均有益，肌力较小和体能状况较差的运动员可以在低到中强度的快速伸缩复合训练中得到较大的训练效益。

四、训练地面

快速伸缩复合训练可以在不同的场地上进行。选择有弹性的训练界面，可以减少关节压力，训练地面不要弹性太大。对快速伸缩复合训练而言，在草地上进行训练是普遍的选择，作为开放性的运动场，有益于进行较长距离的训练。地面如果铺垫子，太厚会过度地增加缓冲期，且不能有效地增加 SSC。水泥和硬木地面不具备吸收冲击力的能力，并且可能导致运动员受伤。

在水中进行训练有利于跳跃时增加阻力（依据水的深度），但缺点是水的浮力减少了离心训练（ECC）的负荷。Stemm 与 Jacobson、Martel 皆指出水中快速伸缩复合训练可以增加垂直跳表现。因此水中快速伸缩复合训练是有效的，尤其是单脚运动。上坡的快速伸缩复合训练增加代谢与力量的需求，而下坡训练增加离心训练（ECC）的组成要素与负荷强度，并导致较大的运动后肌肉酸痛。

五、快速伸缩负荷训练的器材选择

进行快速伸缩复合训练常见的器材包括圆锥、训练箱、跳绳、小栏架、橡皮绳、训练袋、负重背心、药球、极限运动球、核心训练球等。圆锥可以用来作为障碍物，或是移动路径的指示，或作为各种跳跃训练时的障碍物。训练箱用在跳箱、跳深及各种不同跳跃训练时使用。快速伸缩复合训练使用的训练箱可以有不同的大小，但必须是坚固的，足以承受激烈的快速伸缩复合训练。大部分的训练箱是木制的或铁制的，可以承受相当大的重量。跳跃可以使用小训练箱，而跳箱和跳深都可以使用大训练箱。另外选择训练箱表面的材质也很重要。训练箱表面应采用防滑橡胶，运动员跳上去时具有较大的摩擦力和稳定性。

六、快速伸缩负荷训练与安全的考虑

如果训练计划都遵循基本训练知识，并在训练中给予适当的监督，那么快速伸缩复合训练对于所有年龄的运动员是安全的。在进行快速伸缩复合训练时，会导致受伤的大部分原因是：（a）违反了训练指导方针；（b）热身不足；（c）训练过程进展过于快速；（d）缺乏技巧；（e）选择较差的地面；（f）不合适的训练量或强度；（g）不明原因容易受伤的倾向。违反训练指导方针，加上训练量过多和强度过高（或进展太快），可能导致训练超量和随之而来的过度训练，而过度训练的运动员容易发生运动伤害。对快速伸缩复合训练本身而言，重要的是训练质量，而非单独考虑训练量，尤其是进行跳深训练时。训练量与训练频率必须依据训练阶段进行谨慎的设计。热身不足的运动员在没有适当的生理身体准备就从事激烈、爆发性肌肉收缩的运动，会因而增加受伤的风险。

七、快速伸缩负荷训练与其他训练形式结合

在整个训练的循环中，快速伸缩复合训练通常与其他的训练形式一起进行，以有效地提升运动员的表现。训练计划可以同时包含快速伸缩复合训练与抗阻训练。例如，每周两天的快速伸缩复合训练可以较容易结合抗阻计划。快速伸缩复合训练可以安排在和抗阻训练不同天或同一天。如果在同一天，则须先进行快速伸缩复合训练，抗阻训练在之后进行。每个训练动作所训练的肌群都很重要。如果当天仅有上半身是抗阻训练，那么下半身就可以不受约束地进行快速伸缩复合训练，且先后顺序可以不同。不建议下半身抗阻训练与下半身快速伸缩复合训练在一天内进行，以免导致过度疲劳。快速伸缩复合训练亦可结合于重量训练，譬如复合式训练。

快速伸缩复合训练也可以与冲刺和敏捷训练一起进行，并设计出有效的整合训练计划。这些训练形式具有相似的生理学基础和作用，将其串联起来操作可使神经肌肉表现最佳化，所以将这些形式的训练整合于训练中是最常见的。在整个训练中，快速伸缩复合训练、冲刺和敏捷训练可以采用交替训练或连续训练。在

一些运动项目中，运动员需要有好的有氧能力，而有氧训练亦可与快速伸缩复合训练一起进行。其中很重要的一点必须指出：高强度无氧训练和有氧训练确实不相容。然而，低到中强度的有氧训练（低频率）仍可以进行而不会影响运动表现。如果有氧训练的强度较高，则建议快速伸缩复合训练在前，有氧训练在后。可以在同一堂训练课中进行有氧训练和快速伸缩复合训练，因为有氧训练安排与两次有氧训练之间会影响恢复。

第十二章 速度训练

【本章导语】 本章通过简单实用的练习模式，系统介绍运动员实现最大速度和多方向变向速度的提高方法。在现代短距离周期运动项目中，如短跑、跨栏、自行车、游泳等，运动员最大速度能力的高低是创造高水平运动成绩的关键因素。在非周期的运动项目中，如投掷、跳跃、跳水、体操、自由式滑雪等，运动员的动作速度也成为获胜的核心因素。而在球类和搏击类运动项目中，多方向移动的速度素质又通过灵敏的运动方式成为左右比赛成绩的关键。所以，速度训练在各项目训练中占有重要地位。

第一节 速度训练的概念与分类

一、速度训练的概念

速度是指人体（或身体的某个部位）进行快速移动的能力，从生理学角度讲，速度指肌肉工作时，用最短的时间完成动作的能力。它包括对各种刺激快速反应的能力，快速完成动作的能力和快速移动的能力三个部分。在运动竞赛中，有些速度类运动项目如田径中的短跑、短距离游泳等实际上就是运动员快速运动能力的较量，有些运动项目虽然不是比速度，但速度素质的好坏对运动成绩有着直接的影响，投掷运动员要用最短的时间发挥全身力量，将器械抛出一定的远度；拳击、击剑等运动项目，要在运动中，伺机快速出击，既要击中对方，又要防躲被对方击中，这就要求运动员具有快速敏捷的动作速度。所以速度是运动员的基本素质之一，在体能训练中占有重要地位，任何一种运动项目都离不开速度训练。

二、速度训练的分类

速度训练的本质就是训练反应速度、动作速度和位移速度。

(一) 反应速度训练

反应速度是人体对各种信号刺激（如声、光、触等）的快速应答能力，如短跑运动员从发令到起动的时间不足 0.1 秒，乒乓球运动员能在 0.15 秒内根据对方的击球动作和击球声音（通过视觉和听觉），非常迅速、准确地判断来球的落点和旋转性能，同时做出相应的技术回击，这就是良好的反应速度的表现。运动员反应速度的快慢取决于刺激信号通过反射弧所需的时间，也就是反应时的长短。反应时越长，反应速度越慢。反应速度受遗传因素的影响较大，遗传率达到 75% 以上，训练的改变作用不大。

反应速度是由神经反射通路的传导速度决定的，属于一种生理过程，它首先受遗传因素的影响，在具体的运动中，也受信号刺激强度，视、听距离，中枢神经过程等因素的影响，所以反应速度训练主要是针对运动员集中注意力练习，人体对信号刺激快速应答能力的练习等。

同时，反应速度训练还因不同的运动项目类型以及完成动作的反应形式和复杂程度的不同，可分为简单反应训练和复杂反应训练。简单反应速度训练的特点是通过练习尽量缩短感觉（视、听、触）—动作反应的时间。在运动中，简单反应速度往往受到中枢神经系统的兴奋度、注意力集中度、动作的掌握程度等因素的影响。短跑、游泳、速度滑冰等项目适合简单反应速度训练。复杂反应速度训练的特点则是尽量缩短感觉（视、听、触）—中枢分析选择判别—动作反应时间。在运动中大部分属于选择反应，对于篮球、足球、羽毛球、拳击等需要根据对手和环境作出选择判断的项目适合采用复杂反应速度训练。

(二) 动作速度训练

动作速度是指人体和人体的某一部分快速完成单个动作或成套动作的能力，以及单位时间内重复动作次数多少的能力。因此动作速度可分为单个动作速度、成套动作速度及动作速率三种，如投掷运动员出手速度，跳跃运动员的起跳速度，体操和武术运动员完成成套动作的速度以及拳击运动员在单位时间内的出拳速率等。在技术动作中，动作速度还可以分为瞬间速度和角速度等。

动作速度寓于某一个具体的动作之中，根据运动项目的技术要求，在动作速度训练中，动作速度训练的练习任务和内容也不同，并取决于快速完成具体动作和提高动作的熟练程度、协调性、快速力量和速度耐力水平等。因此，可将动作速度训练分为专门性动作速度训练和专项技术动作速度训练。

(三) 位移速度训练

位移速度指在周期性运动中，单位时间内人体快速位移的能力。通常用通过一定距离的时间，或单位时间内所通过的距离来表示，如短跑运动员的跑速、三级跳的助跑速度等。在技术动作中，位移速度可分为平均速度、加速度和最高速度。位移速度受遗传因素影响也非常明显，有资料表明，50米跑速的遗传力为0.78。移动速度是以单位时间内人体移动的距离来评价的，这个距离的长短主要由人体移动时的步长和步频决定，所以位移速度训练主要针对的是人体移动过程中的步长和步频。

位移速度在一定意义上也是一种人体综合运动能力的体现，位移速度不仅和移动时的步长和步频有关，还与运动员的综合身体素质如力量、速度耐力、柔韧性、协调性等有密切的关系，因此，移动速度训练一般可以安排综合运动速度训练，通过提高运动员综合的身体素质可以提高位移速度，通过各种专项练习也可提高位移速度。

第二节　速度训练方法与手段

一、直线最大速度训练模式

(一) 摆臂技术动作训练模式

1. 原地摆臂训练模式

【教学目标】发展摆臂技术。

【动作要领】头部躯干在一条直线上，双眼平视，下颚微收、收腹、立背、沉肩。上肢摆动以肩为轴，屈肘前后交替摆动，半握拳或伸开手掌，前摆最高不超过下颚高度，肘角度 73°~90°，后摆约 90°，大臂约与地面平行，手臂后摆肘关节角度有加大的趋势。

【教学重点】摆臂的方向、角度、位置、轨迹。

【教学难点】放松协调，前摆与后摆的配合。

【易犯错误】肌肉紧张，耸肩、晃肩，手臂左右横摆，身体左右倾斜。

【纠正方法】语音提示，分别纠正。

【训练方法】每组练习 15 秒，练习 3~6 组。训练时可采用直立、前后开立、弓步、单膝跪、双膝跪、坐姿等多种姿势练习，练习时动作节奏可交替变换，也可以计时练习。

【注意事项】高速摆动保持肩和躯干的稳定性。变换节奏慢速—中速—高速，心理定向于两臂的协调配合。

图 12-1

2. 结合下肢摆臂训练模式

【教学目标】发展上肢与下肢摆动的协调配合。

【动作要领】上肢摆动同原地摆臂技术。保持肩部、髋部及躯干的稳定性，心理定向于一侧手臂前摆与异侧腿前摆的协同配合，包括方向、位置、轨迹、力量和速率等。

【教学重点】上肢与下肢的摆动协调配合。

【教学难点】放松协调，前摆与后摆的配合。

【易犯错误】动作僵硬，不放松协调，上下肢配合脱节。

【纠正方法】建立正确技术概念，语音提示，分别纠正，对比法，录像反馈法等。

【训练方法】原地每组练习10～20秒或行进间30米，练习3～6组；可采用行军步、高抬腿跑、弓步跳等方式进行练习，也可采用原地或行进间行军步或垫步结合摆臂，原地半蹲碎步或跑结合摆臂，原地或行进间高抬腿跑结合摆臂，原地或行进间摆腿结合摆臂，前后分腿跳结合摆臂，弓箭步换腿跳结合摆臂，弓步推拉滑板结合摆臂等方法。

【注意事项】高速摆动保持肩和躯干的稳定性，上肢与下肢运动的高度协同性。

图 12-2

3. 结合躯干摆臂训练模式

【教学目标】发展摆臂、下肢蹬摆与核心支柱稳定的协同配合能力。

【动作要领】上肢动作同原地摆臂技术，躯干保持稳定或发力状态。

【教学重点】摆臂技术的动作质量。

【教学难点】躯干用力的情况下摆臂的稳定性。

【易犯错误】动作僵硬，不放松协调。

【纠正方法】建立正确技术概念，语音提示。

【训练方法】原地每组练习 10～20 秒，练习 3～6 组；可采用仰卧起坐伴随摆臂、躯干 V 形摆臂、俯卧游泳等动作进行练习。

【注意事项】高速摆动保持肩和躯干的稳定性，上肢与下肢运动的高度协同性。

图 12-3

（二）技术动作训练模式

1. 小步跑

【教学目标】发展动作速率和鞭打着地技术。

【动作要领】头部与躯干前倾 5°~10°，双眼平视，下颚微收，保持核心支柱的稳定性。大腿抬起约 30°，踝关节背屈，大腿下压带动小腿用前脚掌鞭打着地，双腿交替前行。

【教学重点】高速下着地技术。

【教学难点】踝关节的灵活性与弹性支撑。

【易犯错误】脚背与小腿僵硬，制动性着地。

【纠正方法】建立正确技术概念，语音提示，分别纠正，分解法，对比法，录像反馈法。

【训练方法】原地每组练习 10~20 秒或行进间 30 米，练习 3~6 组。

【注意事项】踝关节的灵活性，小腿与脚掌的回扒动作，采用卡片式着地，避免制动着地。

图 12-4

2. 高抬腿跑

【教学目标】发展动作速度和摆腿技术。

【动作要领】躯干前倾 5°~10°，保持核心支柱的稳定性，支撑腿的髋、膝、踝充分伸展并保持稳定支撑，摆动腿的大小腿折叠上摆至水平位，双腿交替进行。

【教学重点】摆腿的技术。

【教学难点】摆与压的配合。

【易犯错误】后坐、骨盆后缩。

【纠正方法】建立正确技术概念，分解法，语音提示。

【训练方法】每组原地练习 5～20 秒或行进间 30 米，练习 3～6 组。

【注意事项】保持高重心，控制躯干的稳定性，动作轻快、放松、有弹性，与摆臂协调配合。

图 12-5

3. 行军步

【教学目标】整合上肢、躯干、下肢运动链，发展动作速度能力。

【动作要领】单脚着地，同侧手臂上摆，对侧下肢积极下压，着地脚蹬离地面的同时，对侧手臂积极向前上方摆动，两腿交替向前移动。保持肩部、躯干、髋部的稳定性，支撑腿的髋膝踝充分伸展，头、颈部、躯干、支撑腿保持一条直线。

【教学重点】下肢的蹬摆配合。

【教学难点】上下肢协调配合。

【易犯错误】核心支柱的稳定性差，上下肢配合不协调。

【纠正方法】建立正确技术概念，模仿法，语音提示。

【训练方法】每组行进间跑 20 米，练习 3～6 组。

【注意事项】练习行军步时要保持肩部、腰部、髋部的稳定性，向下向后蹬踏时臀大肌积极收缩，各肢体之间高度协调配合。练习方式可采用支撑腿垫 1 步、垫 2 步进行，练习注重动作质量。

图 12-6

4. 直腿下压跑

【教学目标】发展前摆下压着地能力。

【动作要领】跑动中,直腿支撑,踝关节发力充分蹬伸,摆动腿直腿摆动,双腿钟摆式交替向前跑动,保持肩部、躯干、髋部的稳定性。

【教学重点】前摆和后摆的剪绞配合。

【教学难点】前摆与后摆的幅度。

【易犯错误】两大腿之间角度过小,髋关节后缩。

【纠正方法】建立正确技术概念,语音提示。

图 12-7

【训练方法】每组行进间跑 30 米，练习 3~6 组。

【注意事项】注意下肢动作放松，可采用支撑双杠双腿悬空钟摆练习。

5. 加速跑

【教学目标】发展加速能力，提高加速跑技术。

【动作要领】前腿爆发性蹬伸并向前加速，后腿蹬离地面加速前摆，双臂充分向相反方向摆动。加速时，前几步在身体重心投影后着地，脚支持时间较长，逐渐加大步长、步速，躯干逐渐抬起，支撑时间逐渐缩短，采用匀加速节奏。

【教学重点】加速跑的节奏。

【教学难点】加速跑连贯性。

【易犯错误】起动时下肢发不出力，加速节奏不合理，身体重心抬起过早。

【纠正方法】建立正确技术概念，标志法，语音提示。

【训练方法】加速跑 30 米、40 米、50 米，练习 3~6 组；可采用站立式起跑接加速跑，半蹲式起跑接加速跑，蹲踞式起跑接加速跑等练习方式。

【注意事项】逐渐缩短脚与地面的接触时间，着地要有弹性，充分发挥髋部、下肢的蹬伸作用，前 4 步，大小腿半折叠，脚紧贴地面前摆，逐渐加大摆腿的高度，不要破坏加速节奏。

图 12-8

6. 绳梯训练

【教学目标】发展快速脚步移动能力，提高身体的灵活性、平衡性和协调性。

【动作要领】利用绳梯做小步跑、高抬腿跑、交叉步跑、垫步高抬腿等各种脚步移动练习，如一步一格、一步两格等。

【教学重点】脚的移动速度。

【教学难点】移动的协调性，脚法的准确性。

【易犯错误】跑步动作不协调。

【纠正方法】语音提示和信号刺激。

【训练方法】练习 8~12 组。

【注意事项】动作速率快，减少脚掌与地面的接触时间，动作放松、协调、有弹性，可采用计时跑。

图 12-9

7. 仰卧上下直腿交叉摆动

【教学目标】发展腿部剪绞速度。

【动作要领】仰卧，髋部以下悬空，两腿以髋为轴上下直腿交叉高速摆动。

【教学重点】剪绞的速率。

【教学难点】大幅度、快频率。

【易犯错误】动作僵硬，配合脱节。

【纠正方法】语音提示、信号刺激。

【训练方法】每组练习 10 秒，练习 6~8 组。

【注意事项】随着运动员水平的提高，可在其腿部负重进行练习。

图 12-10

8. 仰卧高抬腿

【教学目标】发展动作频率。
【动作要领】练习者仰卧，躯干正直保持稳定，两腿交替做高抬腿动作。
【教学重点】抬腿的速度。
【教学难点】躯干的稳定性。
【易犯错误】躯干晃动，动作自然不放松。
【纠正方法】语音提示、信号刺激。
【训练方法】每组练习10秒，练习6~8组。
【注意事项】随着运动员水平的提高，可在其腿部负重进行练习。

图 12-11

9. 快速摆腿训练

【教学目标】发展摆腿速度。
【动作要领】头部与躯干在一条直线上，双眼平视，下颚微收，收腹、立背、沉肩。一侧腿伸直支撑，对侧腿以髋为轴做快速上抬与下压运动，支撑腿配合摆动做快速垫步。

【教学重点】抬腿与下压的速度。

【教学难点】摆腿与支撑的协调配合。

【易犯错误】腰髋的稳定性差，躯干出现晃动与前后运动，动作僵硬不协调。

【纠正方法】语音提示、信号刺激。

【训练方法】每组练习10~15秒，练习6~8组。

【注意事项】摆动腿可负重或橡胶带与空摆相结合训练，双腿交换训练，规定时间与摆动次数。

图 12-12

10. 阻力跑

【教学目标】发展跑的步长能力。

【动作要领】利用上坡跑、橡胶带抗阻训练、拉雪橇训练、拖降落伞训练、负重跑、沙滩跑训练，发展跑的步长能力。

【教学重点】强调腿部蹬伸的力量和速度。

【教学难点】控制正确的跑动姿势。

【易犯错误】跑动不协调放松，动作有代偿。

【纠正方法】语音提示、信号刺激。

【训练方法】练习距离30~60米，练习3~6组。

【注意事项】外部阻力负荷应适宜，阻力过大会增加蹬伸的时间，破坏正确的跑动技术。

图 12-13

11. 橡胶带抗阻前、后摆腿训练

【教学目标】发展跑动的前、后摆动专项爆发力,提高步长能力。

【动作要领】利用橡胶带抗阻,发展跑的屈髋和伸髋力量。采取各种体姿进行训练,橡胶带可固定在腰、膝、踝处。

【教学重点】发展跑动的前、后摆动专项爆发力。

【教学难点】模拟专项动作练习。

【易犯错误】出现动作代偿。

【纠正方法】语音提示、帮助法。

【训练方法】固定时间或次数,练习3~6组。

【注意事项】根据个体情况,调整负荷。

图 12-14

二、多方向移动速度到原模式

(一) 程序化训练模式

1. 转身接起动加速训练

【教学目标】变向速度和动作灵敏，提高动作灵敏成绩。

【动作要领】三个标志物呈一直线摆放，按1、2、3编号，间距5米，运动员首先面向标志物2，髋部、肩部和躯干与标志物平行。准备完毕或接收外界信号后，运动员向左转身冲到标志物1，转180°，再冲到中间的标志物2。

【教学重点】变向速度和动作灵敏，提高动作灵敏成绩。

【教学难点】变向加速的连贯性。

【易犯错误】重心过高，失去平衡。

【纠正方法】讲解法、示范法。

【训练方法】每组2~4次，练习2~4组。

【注意事项】训练分别从左右两个方向进行。

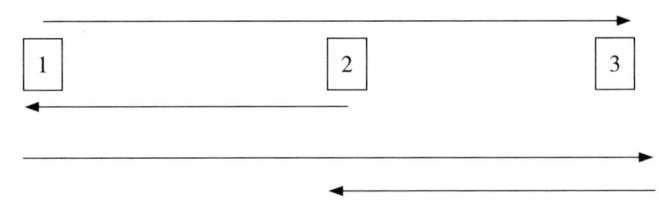

图 12-15

2. L形跑、90°急转变向

【教学目标】提高动多向移动之间的快速转换能力。

【动作要领】标志物设置L形，并编号，距离10米。运动员站在标志物1的外侧，髋部、肩部和躯干与标志物平行。信号下达，跑向标志物2。到达标志物2后，运动员降低重心，做一个侧向急转变向，冲刺到标志物3。

【教学重点】提高动多向移动之间的快速转换能力。

【教学难点】动作转换的协调性。
【易犯错误】失去平衡，变向慢。
【纠正方法】讲解法、示范法。
【训练方法】每组 2~4 次，练习 2~4 组。
【注意事项】应当从两个方向进行相等次数的重复练习。

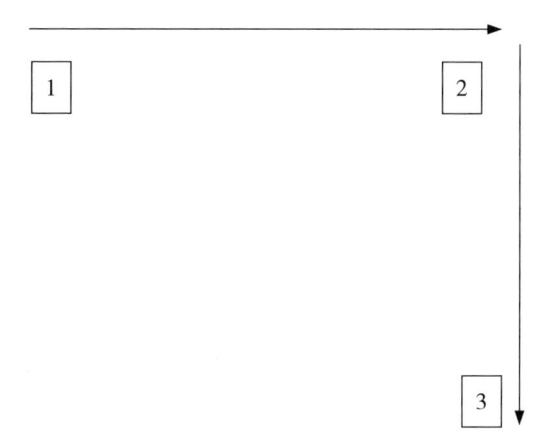

图 12-16

3. L 形跑

【教学目标】发展运动员专项运动的平衡能力和快速转向时的加速能力。

【动作要领】三个标志物呈 L 形，距离 10 米。站在标志物 1 的外侧起动，从标志物 1 冲到标志物 2，降低重心，调整脚步。运动员旋转 90°，加速跑到标志物 3。使用碎步绕标志物 3 转 180°，然后加速回到标志物 2。再一次转 90°，迅速跑回到标志物 1。

【教学重点】运动的平衡能力和快速转向时的加速能力。

【教学难点】加速、减速、制动、变向、加速的连贯性。

【易犯错误】动作不稳定，失去平衡，变向慢。

【纠正方法】讲解法、示范法。

【训练方法】每组 2~4 次，练习 2~4 组。

【注意事项】教练员可以采用反方向进行此训练。

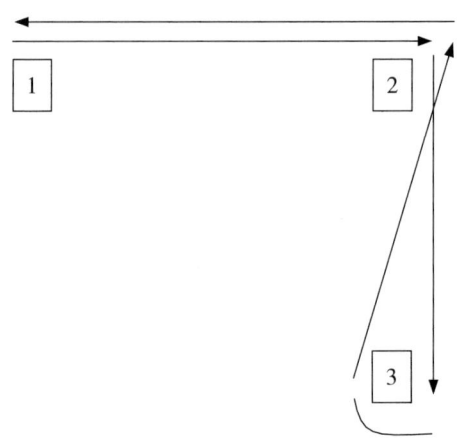

图 12-17

4. T形跑训练

【教学目标】提高运动员迅速加速或减速以及迅速改变方向的能力。

【动作要领】将三个标志物设置成一条直线，分别相隔 5 米。编号标志物 2、标志物 3 和标志物 4。第四个标志物（标志物 1）垂直于标志物 3，间隔为 10 米。从标志物 1 处出发，冲刺到标志物 3，迅速左转快速跑到标志物 2。运动员使用碎步绕标志物 2 转 180°，后冲刺到标志物 4。接着绕标志物 4 转 180° 冲到标志物 3，迅速左转然后加速跑回起点。

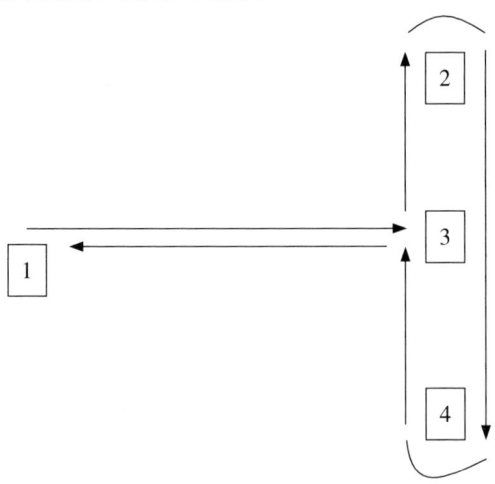

图 12-18

【教学重点】加速或减速以及迅速改变方向的能力。

【教学难点】加速、减速、制动、变向、加速的连贯性。

【易犯错误】动作不稳定，失去平衡，变向慢。

【纠正方法】讲解法、示范法、语言提示法。

【训练方法】每组2次，练习2~4组。

【注意事项】根据专项运动需要，结合相关步法练习。

5. 方形跑训练

【教学目标】提高运动员迅速加速或减速以及迅速改变方向的能力。

【动作要领】用4个标志物分别按1、2、3、4编号，设置成一个正方形，边长10米。运动员在标志物1站立式起跑，听到信号后冲向标志物2。当运动员到达标志物2时，并迅速转体90°，再跑向标志物3。运动员以相同的方式绕过所有的标志物，直到再次回到标志物1。

【教学重点】迅速加速或减速以及迅速改变方向的能力。

【教学难点】加速、减速、制动、变向、加速的连贯性。

【易犯错误】动作不稳定，失去平衡，变向慢。

【纠正方法】讲解法、示范法、语言提示法。

【训练方法】每组2次，练习2~4组。

【注意事项】此训练可以顺时针方向和逆时针方向进行。运动员也可以倒着跑过或侧向移过这些标志物。

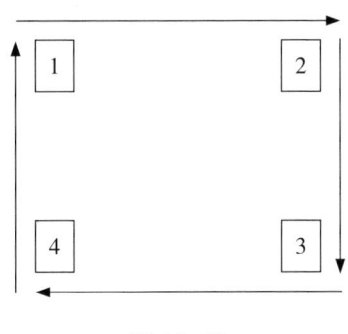

图 12-19

6. X形跑训练

【教学目标】提高运动员迅速加速或减速以及迅速改变方向的能力。

【动作要领】从标志物 1 出发，运动员快速冲向标志物 2。运动员倒走绕过标志物 2，然后斜着倒走到标志物 4。在标志物 4 处，运动员转身并绕过标志物 4，再冲向标志物 3。在标志物 3 处，运动员倒走绕过，接着斜着倒走到标志物 1。

【教学重点】迅速加速或减速以及迅速改变方向的能力。

【教学难点】加速、减速、制动、变向、加速的连贯性。

【易犯错误】动作不稳定，失去平衡，协调性差。

【纠正方法】讲解法、示范法、语言提示、减难法。

【训练方法】每组 2 次，练习 2~4 组。

【注意事项】运动模式可以改为先快跑后并步移动的形式。

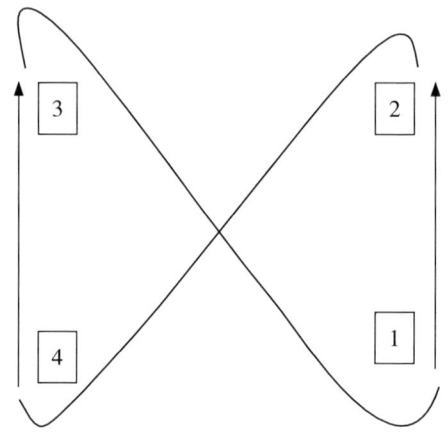

图 12-20

7. 米字跑训练

【教学目标】发展多方向移动速度。

【动作要领】6 个标志物摆成两列，之间相距 10 米，每列标志物之间相距 5 米，中心点 O 点用胶布标出。运动员呈准备姿势站在 O 点，得到信号后，运动员以交叉步触摸标志物 4，并快速退回 O 点；再交叉上步，触摸标志物 3，并快速退回 O 点，继续交叉上步，触摸标志物 5，依此顺序，触摸完所有标志物结束练习。

【教学重点】多方向移动速度。

【教学难点】步法的协调性。

【易犯错误】动作不放松，转换速度慢。

【纠正方法】语言提示动作节奏，减难法。

【训练方法】练习 4~6 组。

【注意事项】移动步法可采用交叉步、跑步、并步、后退，转身等多种脚法动作练习；可进行随机训练，分别对 6 个标志物按 1~6 编号，叫到哪个号码，运动员快速移动到哪个标志物后并快速返回。

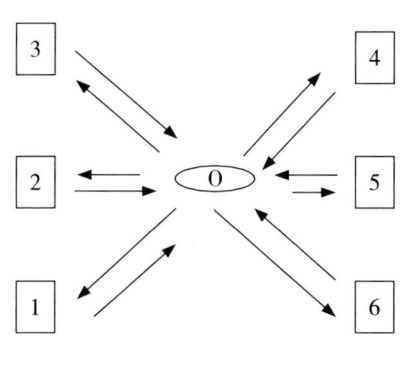

图 12-21

8. 放射跑训练

【教学目标】发展多方向移动速度。

【动作要领】用 5 个标志物间隔 2~3 米摆成一行直线，与一行直线的中间标志物垂直方向 6~8 米设置标志点，作为 O 点。运动员在 O 点呈准备姿势站好，接收到信号后，运动员跑到任何一侧的标志物，并触碰标志物后退回 O 点，再从起点到第二个标志物，依次进行练习。

【教学重点】前进与后退的技术动作。

【教学难点】加速—减速制动—加速的连贯性。

【易犯错误】后退重心过高，身体平衡控制差。

【纠正方法】语言提示，减难法。

【训练方法】练习 4~6 组。

【注意事项】可进行随机训练，分别对 5 个标志物按 1~5 编号，听到某个号码，运动员快速移动到该标志物后并快速返回。运动员可以腰部负橡胶带抗阻练习。

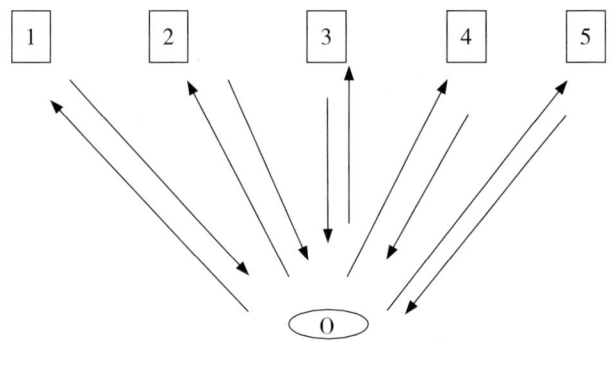

图 12-22

9. M 形跑训练

【教学目标】发展多方向移动速度。

【动作要领】从标志物 1 出发，快速冲向标志物 2。到达标志物 2 后，运动员恢复为预备姿势，当运动员通过标志物 2 时用外侧的脚改变方向。然后，运动员斜着走到标志物 5，之后恢复到预备姿势，站稳后迅速跑向标志物 3。到达标志物 3 后，运动员恢复到预备姿势，站稳后，倒走到标志物 4。通过标志物 4 后，运动员侧向移动返回到标志物 1。

【教学重点】多方向移动速度与相关步法动作技术。

【教学难点】加速—减速制动—加速的连贯性。

【易犯错误】身体平衡控制差。

【纠正方法】讲解法、示范法、语言提示法。

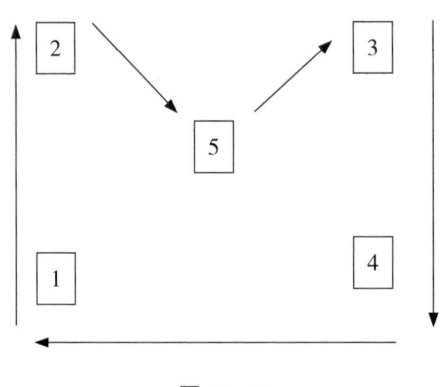

图 12-23

【训练方法】练习 4~6 组。

【注意事项】训练应该从左右两个方向进行练习从而保持训练的平衡。

(二) 随机训练模式

1. 速度转换训练

【教学目标】提高反应速度、加速和减速的能力。

【动作要领】两个标志物，相距 20 米，运动员从一侧标志物跑向另一侧标志物。1 信号以最大 40% 的速度跑，2 信号以最大 70% 的速度跑；3 信号以 100% 的速度快跑。以视觉或听觉信号线索，打乱三种信号顺序进行练习。

【教学重点】反应速度、加速和减速的能力。

【教学难点】速度感，节奏感，转换的自然连贯性。

【易犯错误】动作僵硬，节奏紊乱。

【纠正方法】讲解法、语言提示法、节拍器控制节奏法。

【训练方法】每组 25~30 秒，练习 4~6 组。

【注意事项】教练员以语音或手势发放命令，运动员注意力保持集中。

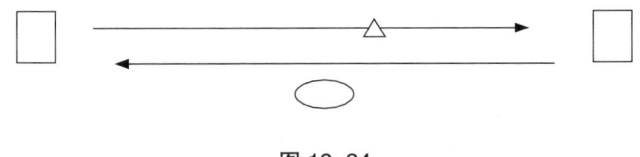

图 12-24

2. 手势信号示意反应能力训练

【教学目标】提高反应灵敏速度、左右快速变向、加速、减速、制动的能力。

【动作要领】标志物 1 与标志物 2 相距 10 米，运动员以准备姿势站在标志物 1 处，教练员在标志物 2 的后面。听到开始的命令，运动员原地踏步，等待教练员给出改变方向的视觉信号。教练员给出向前后、左右移动的手势信号，向左右侧移动，以并步或交叉步进行；向后的信号以后退跑进行；向前的信号以冲刺跑进行。

【教学重点】提高反应灵敏速度，加速、减速、制动的能力。

【教学难点】运动员对信号应答的速度、准确性。

【易犯错误】提前应答。

【纠正方法】讲解法、语言提示法。

【训练方法】每组8～10秒，练习4～6组。

【注意事项】动员到达两个标志物的中间位置，教练员便可以改变信号。教练员将双臂放于身体两侧示意运动员向后退。教练员可以直接把手臂伸到身前来示意运动员停在当前位置，踏步，等待下一个信息线索。

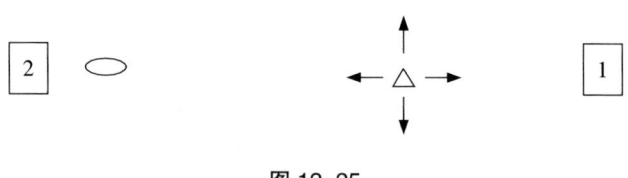

图 12-25

3. 传接球反应能力训练

【教学目标】提高侧向移动速度、手眼协调能力。

【动作要领】两个标志物相距6米，运动员站在两个标志物的中线，教练员面向运动员把球抛向左边或右边的标志物。运动员并步移到一边，接住球然后把球投回给教练员。

【教学重点】侧向移动速度。

【教学难点】手眼脚协调配合。

【易犯错误】重心不稳定，平衡能力差。

【纠正方法】语音提示，减难法。

【训练方法】每组20秒，练习3～6组。

【注意事项】随着运动员的反应时和运动模式的提高，可以增加两个标志物之间的距离或加快投球的速度。

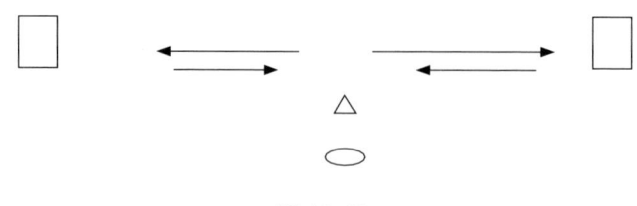

图 12-26

4. 传接球多向移动训练

【教学目标】发展运动员的多向移动速度能力、视觉反应能力。

【动作要领】在 15×15 米的场地上，教练员双手各拿一个网球，运动员面向教练员准备姿势站立，两人相距 3~4 米，教练员边后退边把球投到运动员周围 3~4 米的地方，运动员快速移动捡回球交给教练员，同时教练员把球抛出，不间断进行练习。

【教学重点】发展运动员的多向移动速度能力、视觉反应能力。

【教学难点】练习的节奏控制。

【易犯错误】移动不连贯、动作僵硬，变向慢。

【纠正方法】语音提示、减难法。

【训练方法】每组 20 秒，练习 3~6 组。

【注意事项】随着运动员的反应时和移动水平的提高，加快投球的速度与距离。

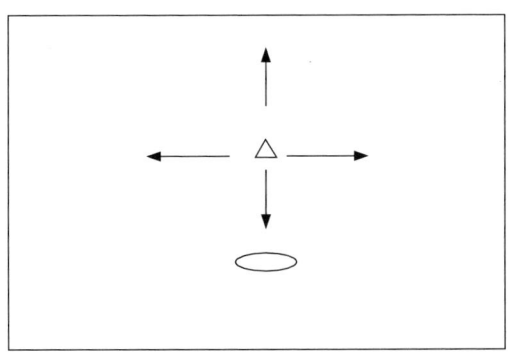

图 12-27

5. 三角移动训练

【教学目标】发展反应速度、多方向快速移动能力。

【动作要领】标志物从 1~3 分别编号，摆成三角形，相距 5~6 米。运动员以准备动作站在标志物 1 处，教练员站在旁边，喊出运动员前面的标志物 2 和标志物 3 的任意号码，运动员立刻冲刺到选中的标志物并转身或后退跑回标志物1。

【教学重点】发展反应速度、多方向快速移动能力。

【教学难点】反应的快速应答及移动的协调性。

【易犯错误】提前应答,动作不放松。

【纠正方法】语音提示、减难法。

【训练方法】每组10、15、20秒,练习3~6组。

【注意事项】根据运动需要改变练习模式,如运动员背对标志物或双手撑地,伸展双臂,以俯卧撑的姿势开始。

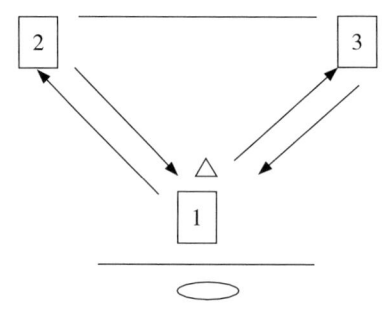

图 12-28

6. 多向移动盒子训练

【教学目标】发展反应灵敏速度、多向移动速度。

【动作要领】将4个标志物摆成一正方形:边长大约为6~8米。4个标志物从1~4分别编号。运动员以准备姿势站在正方形的中心。教练员发出编号后,运动员开始向前跑、后退或按照要求移动到标志物,并用离标志物最近的手触碰标志物或去触碰在训练前规定的标志物。随后运动员快速跑回开始位置,等待教练员叫下一个号码。

【教学重点】反应灵敏速度、多向移动速度。

【教学难点】快速应答,移动的协调性。

【易犯错误】提前应答,动作不放松。

【纠正方法】语音提示、减难法。

【训练方法】每组10、15、20秒,练习3~6组。

【注意事项】可提供视觉或听觉信号线索进行练习。

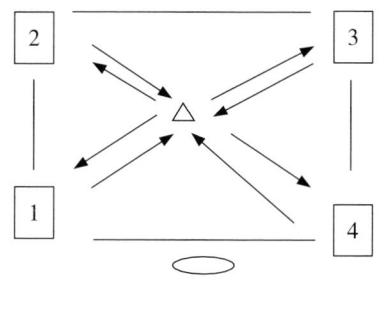

图 12-29

7. Y 形训练

【教学目标】发展反应灵敏速度、多向移动速度。

【动作要领】将 4 个标志物摆成 Y 形。两个标志物组成 Y 形的顶端，底端的标志物与中间的标志物相距 10 米。底部的标志物是 1 号，中间的是 2 号，顶端的分别为 3 号和 4 号。教练员站在标志物 2 的前面即 Y 形顶端 V 字形的位置。运动员在标志物 1 做出某专项运动的预备姿势。教练员的信号一发出，运动员快速跑向标志物 2。运动员到达后，教练员给出一个方向性的信息线索来指示运动员应该跑向哪个标志物。

【教学重点】反应灵敏速度、多向移动速度。

【教学难点】快速应答，移动的协调性。

【易犯错误】提前应答，动作不放松。

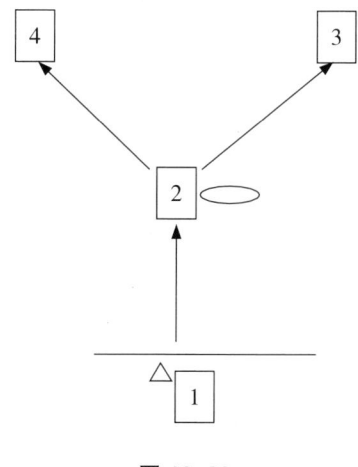

图 12-30

【纠正方法】语音提示。

【训练方法】每组 2 次，练习 3~6 组。

【注意事项】方向性的信息线索可以是听觉或视觉信息，比如叫出号码。教练员可以让运动员后退或者侧向移动到指定的标志物来改编这项训练。

8. 数字跑训练

【教学目标】发展反应灵敏速度、多向移动速度。

【动作要领】将 6 个标志物摆成 2 列，间隔大约为 10 米。每一列中的标志物各自相距大约 10 米。每列的第一个标志物为 1 号，中间的为 2 号，最后的为 3 号。运动员站在其中一列的标志物 1 后面。教练员喊出号码时，运动员快速跑向对面一列的相应位置，并站在旁边一直踏步，直到教练员喊出下一个方向信息。教练员每喊一个号码，运动员就跑向对面一列的相应位置。

【教学重点】反应灵敏速度、多向移动速度。

【教学难点】快速应答，移动的协调性。

【易犯错误】提前应答，动作不放松。

【纠正方法】语音提示。

【训练方法】每组 10~15 秒，练习 2~4 组。

【注意事项】这项训练需要进行 8~12 秒，休息之前方向应当改变 2~4 次，至少进行一组反方向的练习。

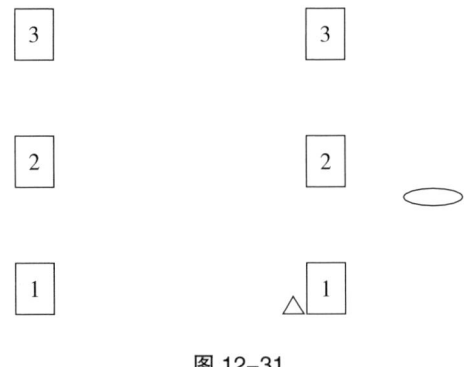

图 12-31

9. 反应竞速训练

【教学目标】发展反应灵敏速度、多向移动速度。

【动作要领】将 6 个标志物摆放成 2 列，大约相距 5 米。每列的标志物之间各自相距 10 米。教练员从 1~3 分别把每列的标志物编号，在标志物 1 前标一条起跑线。两名运动员选择各自的起跑线，然后以准备姿势站着距起跑线大约 5 米，教练员喊出一个号码便开始比赛。运动员跑到本列中相应的标志物，用一只手触碰它，转身，然后快速跑回起跑线。

【教学重点】反应灵敏速度、多向移动速度。

【教学难点】快速应答，跑的协调性。

【易犯错误】提前应答，动作不放松。

【纠正方法】语音提示。

【训练方法】练习 4~6 组。

【注意事项】练习时运动员保持技术动作的规范性。

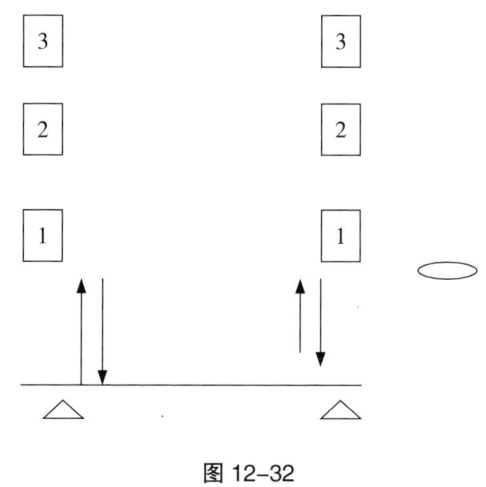

图 12-32

第三节　速度训练相关注意事项

一、注重准备活动

充分的准备活动，可使体温升高，中枢神经系统兴奋性提高，神经系统灵活性增强，肌肉的粘滞性下降，容易将肌肉处于适当的紧张待发状态。这样既能避免运动性损伤，又能有效地提高反应和动作的速度。

二、保持高度集中注意力

注意力集中可使神经系统处于适宜的兴奋状态，使肌肉处于紧张待发状态，此时肌肉反应速度比处于放松状态快60%左右。实践发现，运动员应把注意力重点集中在所完成反应的动作上，而不是在信号上。

三、采用多样化的信号刺激

运动员对某种信号刺激的应答动作达到熟练程度后，应经常采用多样化的信号刺激，改变刺激因素的强度和信号发出时间，这样有利于激发运动员的练习兴趣，提高练习效果。

四、结合专项特点进行训练

不同专项运动员对不同类型信号刺激做出的反应也不同，因此在训练中要根据专项特点训练运动员对特定信号的反应速度。例如：乒乓球运动主要提高运动员的视觉反应；篮球、排球运动主要提高运动员的视、听、触觉的反应；短跑和游泳运动主要提高运动员的听觉反应。

五、练习时间不宜过长，防止过度疲劳

快速运动需要神经系统发放高强度的神经冲动，高强度的神经冲动维持时间仅仅为几秒钟；快速的运动主要依赖磷酸原系统供能，磷酸原系统供能的时间一般不会超过10秒。所以速度练习时间最好不要超过10秒。

六、从练习者实际情况出发

训练内容的安排应充分考虑练习者训练水平和身体状态的可接受程度，速度训练期间应保证练习者身体疲劳完全恢复，练习内容循序渐进，先易后难，先慢后快。

七、合理安排青少年和女子速度训练内容

速度素质的发展水平受人体生长发育水平的制约，7~13岁的少年儿童处在速度素质的快速发展期，这一阶段他们的神经系统功能和协调能力快速发展，这一阶段的速度训练有助于提高他们的动作频率、单个动作速度和反应速度。13岁以后可安排以增长力量为主的速度训练。针对女子身体形态的特点，女子力量和爆发力相对较小，反应时较长，决定了女子在速度训练时，应注意发展反应能力和快速力量，以提高反应速度和动作速度。女子的下肢偏短，可通过加快步频弥补力量和步幅的不足。

八、预防和消除"速度障碍"

速度素质发展到一定水平，常会出现提高缓慢甚至停滞不前的现象，此被称为"速度障碍"。因此，为了预防和克服这种现象，继续提高速度，还应注意：

①加强基础训练。使运动员掌握好基本技术，全面提高水平，扩大机体能力，为提高专项能力打下扎实的基础，这可使速度障碍来得迟些。

②训练手段多样化。以不同的节奏和频率完成动作，建立中枢神经系统灵活多样的条件反射，可以防止或减缓速度障碍。

③出现"速度障碍"就要调整训练计划。如果出现了"速度障碍"现象就应有计划、有针对性地发展运动素质，改进运动技术，加大训练的量和强度，加大刺激，利用各种手段与其作斗争。如：上下坡跑、变速跑、顺风跑、牵引跑等，改变已形成习惯的动力定性，改变中枢神经系统的反射联系，建立新的快速运动的条件反射。

思考题

(1) 速度训练分为哪几种训练模式？列举每种训练模式的3种训练方法。
(2) 简述速度训练的注意事项。
(3) 简述速度训练中的频率训练模式。

参考文献

[1] Bill Foran. 高水平竞技体能训练 [M]. 袁守龙,刘爱杰,译. 北京:北京体育大学出版社,2006.

[2] 张英波. 现代体能训练方法 [M]. 北京:北京体育大学出版社,2006.

[3] 尹军,张启凌,陈洋. 乒乓球运动员身体运动功能训练 [M]. 北京:北京体育大学出版社,2013.

[4] 尹军,袁守龙. 身体运动功能训练 [M]. 北京:高等教育出版社,2015.

[5] 尹军. 身体运动功能诊断与训练 [M]. 北京:高等教育出版社,2015.

[6] 杨世勇. 体能训练 [M]. 北京:高等教育出版社,2012.

第十三章 平衡能力训练

【本章导语】 人体平衡是身体进行自我综合调节的一个复杂过程，涉及感觉输入、中枢分析组合及身体各部位肌群平衡协调收缩，其要达到的目标是保持身体平衡。平衡的维持需要高级中枢不断接受和整合来自身体各部位的感觉传入信息，经大脑皮层中枢的平衡反射调整，以保持身体躯干、肢体位置、运动的协调。

第一节 平衡训练的概念与分类

青少年正处在身心发展的关键时期，经常会参加学校及课外组织的各种体育活动。青少年精力旺盛、活泼好动是其特点，在参加体育的过程中，经常会产生一些运动损伤，而其中的一些损伤是由于学生自身因素和原因造成的。损伤不仅会影响学生参加体育活动的积极性，还会对其心理产生不良的影响，影响学生参加体育活动的积极性。学生平衡能力差，在运动中不能较好地保持身体的平衡，或在运动中不能快速地调整身体的重心，达到一种动态的平衡，都是造成学生运动损伤的原因。

平衡是指人体所处的一种稳定状态，以及不论处在何种位置、运动或者受到外力作用时，能自动调整并维持姿势的能力。即当人体重心垂线偏离稳定的支持面时，能立即通过主动或者反射性的活动使重心垂线返回到稳定的支持面内，这种能力称为平衡能力。平衡能力包括静态平衡和动态平衡，静态平衡是指人体在无外力的作用下，保持某一姿势，自身能控制身体平衡的能力，主要依赖于肌肉的等长收缩与关节周围的肌肉协调收缩来完成。动态平衡是指在外力作用于人体或身体原有的平衡被破坏后，人体需要不断地调整自己的姿势来维持新的平衡的一种能力，主要依赖于肌肉的等张收缩来完成。

人体在维持自身平衡时，需要全身的各个部位相互协调配合，是身体进行自我综合调节的一个复杂过程。影响人体平衡能力的主要因素有视觉、前庭器官的功能、本体感觉、触觉的输入和敏感度、中枢神经系统的功能、视觉及空间的感知能力、肌肉之间的协调能力、肌肉力量与耐力以及关节的灵活度和软组织的柔韧度。这些因素中，其中任何一个因素的缺失，都会影响人体的平衡能力。而通过一些方法和手段，能够有效地提高人体的平衡能力。

平衡能力训练是指通过各种方法和手段训练和加强人体维持平衡的能力，其中包括体育锻炼。通过训练，激发人体姿势反射，加强前庭器官的稳定性，从而改善平衡功能。

通过有针对性的体育锻炼，人体的平衡能力是能够提高的，但平衡训练要遵循一定的规律，尤其是处在发育阶段的青少年，在进行平衡能力训练时要遵循循序渐进的原则，避免训练时跨难度训练造成不必要的损伤。在平衡能力训练中应该遵循以下训练原则：

①从静态平衡开始训练，逐渐过渡到动态的平衡训练。

②逐渐加大平衡训练的难度，可以通过缩小支撑面积、提高身体的重心、改变支撑面的稳定程度以及施加外力的大小等方法增加训练的难度。

③从最稳定的体位开始训练，逐步向最不稳定的体位过渡，从坐立位、双腿跪姿、前后分腿跪姿、前后分腿蹲姿到站立位逐渐过渡。

④在保持身体平衡的基础上，逐渐增加躯干和四肢的运动。

⑤从睁眼状态下的活动，逐渐过渡到闭眼状态下的活动。

第二节　平衡训练方法与手段

青少年的平衡训练与医学康复的平衡训练不同，医学康复的平衡训练所针对的是一些平衡能力出现障碍的病人，训练的主要目的是使其平衡能力恢复到正常人的水平，而在本章中所针对的青少年是健康的人，他们具有人体基本的平衡能力，其训练的主要目的是进一步提高其平衡能力的水平，避免在生活及体育锻炼中因为平衡能力的原因而引起的运动损伤。

本节中的平衡训练方法与手段分为两部分：静态平衡能力训练方法与手段、动态平衡能力训练方法和手段。具体撰写方式按照以下顺序由易到难排列：①身体姿态。坐立位→双腿跪姿→前后分腿跪姿→前后分腿蹲姿→站立位逐渐过渡；②器械。瑞士球→平衡垫。各位教师在训练的过程中，应充分结合练习对象的具体情况，灵活准确地安排训练的方法和手段，不能千篇一律。

一、静态平衡能力训练方法和手段

1. 瑞士球——坐姿平衡

【教学目标】练习学生在非稳定支撑条件下，坐姿保持身体平衡的能力。

【动作要领】两名同学配合，一名同学坐在瑞士球上，双手不能扶在瑞士球上，以保持身体的平衡，另一名同学用手不断地给瑞士球适当的推力，练习同学尽量保持身体的平衡。

【教学重点】学生控制非稳定支撑界面的能力。

【教学难点】配合同学施加力度的控制。

【易犯错误】学生为保持身体的平衡，会把过多的身体重心放在支撑腿上。

【纠正方法】在练习开始前，让学生整个臀部坐在瑞士球上，脚部轻放在地面上。

【训练方法】每组 30 秒，练习 3 组。

【注意事项】配合的同学要在瑞士球的各个方向施加持续的力，不可在一点做过多的停留，也不宜突然施加过大的力，导致练习的学生突然失去平衡，导致损伤。

图 13-1

2. 平衡垫——跪姿练习

【教学目标】练习学生在非稳定界面上，跪姿保持身体平衡的能力。

【动作要领】学生双腿屈膝跪在平衡垫上，腰背挺直，肩、髋、膝在一条直线上，双臂自然展开，保持身体平衡。

【教学重点】学生在非稳定支撑界面上，持续保持身体的稳定。

【教学难点】使两条腿在矢状面上在一条直线上，持续保持身体平衡的能力。

【易犯错误】学生为保持身体的稳定，两腿之间的宽度过宽。

【纠正方法】在练习开始前，规定学生两条腿之间的距离，并要求学生在训练中保持该距离。

【训练方法】每组30～40秒，练习3组。

【注意事项】对于平衡能力较差的同学，刚刚开始训练时可以适当地降低训练的难度，可通过加宽两腿之间的宽度来达到降低难度的目的。

图 13-2

3. 前后分腿蹲姿练习

【教学目标】练习学生在前后分腿蹲姿下，保持身体平衡的能力。

【动作要领】学生前后分腿蹲姿，腰背挺直，肩、髋与后支撑腿的膝关节在一条直线上，后支撑腿的膝关节与地面距离5厘米左右，后脚脚尖支撑，前后支撑腿尽量保持在一条直线上，双臂伸直置于胸前，保持身体平衡。

【教学重点】学生在前后分腿蹲姿的状态下，身体保持平衡的能力。

【教学难点】两腿在矢状面接近成为一条直线时，身体持续保持平衡能力。

【易犯错误】学生为保持身体的平衡，后腿膝关节离地面的过远。

【纠正方法】在练习前，规定好后膝关节距离地面的高度，在练习中持续提示练习学生将膝关节至于规定的高度上。

【训练方法】每组 20~30 秒，练习 3 组。

【注意事项】对平衡能力较弱的同学，在训练时可通过抬高后腿膝关节距离地面的距离，或加宽两腿之间的宽度，以达到降低难度的目的。

图 13-3

4. 单腿支撑站立

【教学目标】发展学生静态平衡能力。

【动作要领】学生单腿支撑，非支撑腿向上抬起，大腿与地面平行，双手自然张开保持平衡。

【教学重点】发展学生静态下的身体平衡能力。

【教学难点】学生长时间保持身体稳定的能力。

【易犯错误】非支撑腿抬起的高度过低，降低了练习的难度。

【纠正方法】语言提示学生将腿抬到标准位置。

【训练方法】每组练习 30~50 秒，练习 3 组。

【注意事项】对平衡能力较差的学生，可适当地降低训练的难度。

图 13-4

5. 单腿支撑——脚掌站立

【教学目标】练习学生小面积支撑条件下的平衡能力。

【动作要领】学生单脚支撑，另一条腿抬起，大腿与地面平行，支撑腿脚跟抬起，前脚掌着地坚持 10 秒落地，休息 3 秒后，再次抬起脚跟，重复训练。

【教学重点】小面积支撑条件下，学生保持平衡的能力。

【教学难点】学生脚踝力量不足，导致抬起高度的不足。

【易犯错误】学生为保持身体的平衡，导致非支撑腿抬起的高度不足。

图 13-5

【纠正方法】语言提示学生将腿尽量抬到规定的位置。

【训练方法】每组10秒×3次，练习3组。

【注意事项】练习时，教师要保证学生的安全，防止踝关节的损伤。

6. 单腿支撑——闭眼站立

【教学目标】发展学生本体感觉状态下的平衡能力。

【动作要领】学生单脚支撑，另一条腿抬起，大腿与地面平行，双眼紧闭，双手自然张开，保持平衡。

【教学重点】学生闭眼时，身体的控制能力。

【教学难点】闭眼时，学生保持身体平衡的时间。

【易犯错误】学生为保持身体的平衡，降低非支撑腿抬起的高度。

【纠正方法】语言提示学生尽量将非支撑腿抬到规定的标准位置。

【训练方法】每组20~40秒，练习3组。

【注意事项】同学之间应互相保护，防止练习学生失去平衡导致受伤。

图 13-6

7. 单腿支撑——不倒翁

【教学目标】练习学生对抗外力时，保持身体平衡的能力。

【动作要领】两名学生配合练习，一名学生单腿支撑，另一条腿抬起，大腿与地面平行，手臂伸直，双手合十，置于胸部前方，另一名同学无规律地推练习学生的手臂及肩部位置，练习学生对抗外力，保持身体的平衡。

【教学重点】学生在单腿支撑条件下，对抗外力时，身体保持平衡的能力。

【教学难点】非练习学生施加力度的掌握。

【易犯错误】练习的学生为保持身体平衡，非支撑腿抬起的高度过低。

【纠正方法】语言提示学生将腿部抬到规定的标准位置。

【训练方法】每组 30 秒，练习 3 组。

【注意事项】练习学生之间要相隔一定的距离，配合的同学不宜施加过大的力，以免造成练习学生的损伤。

图 13-7

8. 单腿支撑——对抗外力闭眼不倒翁

【教学目标】练习学生在闭眼单腿支撑对抗外力时，身体保持平衡的能力。

【动作要领】两名学生配合，一名学生闭眼单脚支撑站立，另一条腿抬起，大腿与地面平行，双手自然张开，保持身体平衡，另一名同学适当地、不定时地给练习的同学一定的力，练习的同学尽量地保持身体平衡。

【教学重点】学生在闭眼时，对抗不规律外力时，身体保持平衡的能力。

【教学难点】学生在闭眼时，保持平衡能力的基础上，对抗外力的能力。

【易犯错误】为保持身体的平衡，非支撑腿抬起的高度过低。

【纠正方法】语言提示学生，将非支撑腿抬到规定的标准位置。

【训练方法】每组 20~30 秒，练习 3 组。

【注意事项】注意配合同学施加力的力度，不宜过大，以免造成练习学生突然失去平衡导致的损伤。

图 13-8

9. 平衡垫——单腿支撑

【教学目标】练习学生非稳定支撑状态下的平衡能力。

【动作要领】学生单脚支撑站在平衡垫上，另一条腿抬起，大腿与地面平行，双手自然张开，保持平衡。

【教学重点】非稳定支撑状态下，身体保持平衡的能力。

【教学难点】学生在平衡垫上保持身体的稳定。

图 13-9

【易犯错误】学生为保持身体的稳定,而降低非支撑腿抬起的高度。
【纠正方法】语言提示学生。
【训练方法】每组 30~50 秒,练习 3 组。
【注意事项】学生支撑腿的整个脚掌都应该踩在平衡垫上。

二、动态平衡能力训练方法和手段

1. 瑞士球——坐姿弹力带拉

【教学目标】练习学生在控制非稳定支撑界面条件下,上身对抗外力时,身体保持平衡的能力。

【动作要领】两名同学配合,一名同学坐在瑞士球上,双手握住弹力带的一端,双臂伸直在胸前,另一名同学握住弹力带的另一端,不断地给练习的同学各个方向的力,练习的同学尽量保持身体平衡。

【教学重点】学生在坐姿非稳定情况下,对抗外力时,身体保持平衡的能力。

【教学难点】学生在控制非稳定支撑条件下,身体持续对抗外力的能力。

【易犯错误】为对抗外力时保持身体平衡,身体大部分的重心落在双脚上。

【纠正方法】在训练中提示学生,尽量将身体的重心置于臀部。

【训练方法】每组 30~40 秒,练习 3 组。

【注意事项】配合同学拉弹力带的力量要适中,防止力量过大,导致练习同学不必要的损伤。

图 13-10

2. 平衡垫——跪姿弹力带拉

【教学目标】练习学生在非稳定界面上，跪姿对抗外力时，身体保持平衡的能力。

【动作要领】两名同学相互配合，一名同学双腿屈膝跪在平衡垫上，腰背挺直，肩、髋、膝在一条直线上，双手握住弹力带一端，双臂伸直置于胸前；另一名同学手握弹力带另一端，给练习同学施加各个方向的力，练习同学尽量保持身体平衡。

【教学重点】学生在非稳定跪姿状态下，上身对抗外力时，身体保持平衡的能力。

【教学难点】当两条腿在矢状面成一条直线、对抗外力时，持续保持身体平衡的能力。

【易犯错误】为保持身体平衡，两腿之间的宽度过宽，降低了训练的难度。

【纠正方法】在训练前，规定两腿之间的宽度，并要求学生在练习时保持宽度不变。

【训练方法】每组 30~40 秒，练习 3 组。

【注意事项】对于平衡能力较差的同学，可以适当地降低难度，可以通过加宽两腿之间的宽度或减轻拉动弹力带的力度来达到降低难度的目的。

图 13-11

3. 前后分腿蹲姿——弹力带拉

【教学目标】练习学生在前后分腿蹲姿下，上身对抗外力时，身体保持平衡的能力。

【动作要领】两名同学相互配合，一名同学呈前后分腿蹲姿，腰背挺直，肩、髋与后支撑腿的膝关节在一条直线上，后支撑腿的膝关节与地面距离 5 厘米左右，后脚脚尖支撑，前后支撑腿尽量保持在一条直线上，双手握住弹力带的一端，双臂伸直置于胸前，另一名同学握住弹力带的另一端，给练习同学施加适当的拉力，练习同学尽量保持身体平衡。

【教学重点】学生在前后蹲姿的状态下，身体对抗外力保持平衡的能力。

【教学难点】学生前后腿在矢状面上接近成一条直线时，身体对抗外力，持续保持平衡的能力。

【易犯错误】学生在练习的后半部，由于身体疲劳，身体向前倾斜。

【纠正方法】在训练中要随时观察学生的身体姿态，语言提示或用手纠正学生错误的身体姿态。

【训练方法】每组 20～30 秒，练习 3 组。

【注意事项】练习时要时刻观察学生的身体姿态是否达到规定的标准，并时刻提醒学生纠正错误动作。

图 13-12

4. 单腿支撑——脚尖点地

【教学目标】练习学生在单腿支撑的条件下，下肢运动时，身体保持平衡的能力。

【动作要领】学生单腿支撑，非支撑腿在自己身体的前、后、左、右四个方向点地，点地时要求脚尖轻点，即脚尖碰到地面后快速离开，点地的距离根据学生的能力而定，双臂自然张开，保持身体平衡。

【教学重点】学生在单腿支撑时，非支撑腿运动，身体保持平衡。

【教学难点】在学生保持身体稳定的基础上，尽量加大非支撑腿点地的距离。

【易犯错误】非支撑腿运动范围过小，或在点地时将身体的重心置于非支撑腿上。

【纠正方法】在练习前，将练习的要求讲清楚，在训练中不断提示并纠正学生错误的动作。

【训练方法】每组练习30~40秒，练习3组。

【注意事项】练习时支撑脚最好保持在起始时的位置，不要左右移动。

图 13-13

5. 单腿支撑——单手触点

【教学目标】练习学生在单脚支撑条件下，上身运动时身体保持平衡的能力。

【动作要领】学生单腿支撑，非支撑腿可自由放置，但不可接触其他任何物体，包括支撑腿，在学生的身体的前、后、左、右及斜方向摆置 8 个标志点，学生非支撑腿同侧手，按照顺时针方向的顺序，依次触摸标志点，另一侧手自然放置，保持身体平衡。

【教学重点】单腿支撑情况下，上肢运动，身体保持平衡的能力。

【教学难点】在身体保持平衡的基础上，尽量扩大手指触碰的距离。

图 13-14

【易犯错误】在触碰标志点时，为保持身体的平衡，过多地将身体重心移到手部。

【纠正方法】在训练前，将练习的要求讲清楚，在训练中不断提示并纠正学生错误的动作。

【训练方法】每组练习 30~50 秒，练习 3 组。

【注意事项】标志物摆放的距离，根据学生的能力来调整，并要求学生尽量完成规定任务。

6. 单腿支撑——抛接球

【教学目标】发展学生在上身运动时，身体的平衡能力。

【动作要领】两名同学相对站立，其中一人抬起一条腿，大腿与地面平行，两名同学相互抛球，可以适当地加大抛球的难度，给对方加大接球的难度。

【教学重点】练习学生在接球时身体保持平衡。

【教学难点】陪练学生抛球的角度及力度的控制。

【易犯错误】在接球时，练习学生的非支撑腿没有抬到规定的高度。

【纠正方法】语言提示学生将腿抬到标准位置。

【训练方法】每组练习 30 秒，练习 3 组。

【注意事项】陪练同学抛球的力度要适当，距离不宜过远或过近。

图 13-15

7. 单腿支撑——双人推手

【教学目标】发展学生对抗条件下的平衡能力。

【动作要领】两名学生相对站立，单腿支撑，另一条腿抬起，大腿与地面平行，两名同学互相推手，保持平衡。

【教学重点】对抗条件下，学生平衡能力的保持。

【教学难点】学生在练习时力量的控制。

【易犯错误】在推手时，非支撑腿没有抬到标准位置。

【纠正方法】语言提示学生将腿抬到标准位置。

【训练方法】每组练习 30 秒，练习 3 组。

【注意事项】练习时严禁学生之间恶意用力，导致学生损伤。

图 13-16

8. 头顶物体直线走

【教学目标】练习学生在行走时，保持上身平衡稳定的能力。

【动作要领】在地上画一条直线，学生在头上顶一物体（可以用书本），然后双脚踩着直线向前行走，双手自然张开，保持平衡，不能用手扶头上的物体，尽量保持头上的物体不掉落。

【教学重点】学生在行走过程中保持稳定的能力。

【教学难点】行走时保持头顶的物体不掉落。

【易犯错误】行走时双手不自觉触碰头上的物体。

【纠正方法】让学生先保证头上物体的稳定性的前提下，逐渐加快行走的速度。

【训练方法】每组10米，练习3组。

【注意事项】练习时学生之间的间隔要比较大，避免相互间的影响。

图 13-17

9. 大象转圈

【教学目标】练习学生在受干扰的情况下，保持本体感觉的能力。

【动作要领】学生一只手抓住自己的鼻子，另一只手伸直放在身体与抓鼻子手圈出的空间中，身体向下弯曲，然后向一侧转10圈，转完直起身体，快速地向规定区域行走。

【教学重点】旋转后保持身体稳定地走向规定地点。

【教学难点】旋转后能够尽量地直线行走。

【易犯错误】转动时速度过慢。

【纠正方法】教师进行监督。

【训练方法】每组1次,练习3组。

【注意事项】注意练习同学之间的距离,以免发生碰撞。

图 13-18

10. 平衡垫——单腿支撑弹力带拉

【教学目标】练习学生在非稳定支撑状态下对抗外力时,身体保持平衡的能力。

【动作要领】两名同学配合,一名同学单腿支撑站立在平衡垫上,另一条腿抬起,大腿与地面平行,双手握住弹力带的一端,双臂伸直在胸前,另一名同学握住弹力带的另一端,不断地给练习同学各个方向的拉力,练习同学尽量保持身体平衡。

【教学重点】在对抗外界环境阻力的同时保持身体平衡。

【教学难点】学生在非稳定支撑状态下,持续对抗外力时,身体保持平衡的能力。

【易犯错误】为保持身体平衡,非支撑腿抬起的高度过低。

【纠正方法】语言提示学生,将非支撑腿抬到规定的位置。

【训练方法】每组 30～50 秒，练习 3 组。

【注意事项】配合同学要施加持续而适当的各个方向的力，不能突然施加过大的力量，以免练习的学生突然失去平衡造成损伤。

图 13-19

11. 平衡垫——单脚站立拍球

【教学目标】练习学生站立在非稳定支撑界面上，上身不规则运动时，身体保持平衡的能力。

【动作要领】学生单腿支撑站立在平衡垫上，非支撑腿可自由放置，但不可接触其他任何物体，包括支撑腿，学生单手拍球或两手交替拍球，尽量保持身体平衡。

【教学重点】学生单腿站立在非稳定支撑界面上，上身运动时，发展身体的平衡能力。

【教学难点】学生单腿支撑在非稳定界面上，身体保持平衡的基础上，双手持续控球。

【易犯错误】学生为保持身体的平衡，将非支撑腿踩在支撑腿的脚面。

【纠正方法】语言提示学生，要严格按照练习的规定要求进行练习。

【训练方法】每组 30～40 秒，练习 3 组。

【注意事项】练习同学之间要相隔较大的距离，以免学生之间相互影响，降低训练效果或造成运动损伤。

图 13-20

第三节 平衡训练的相关注意事项

青少年正处在身心发展的关键时期，在进行平衡训练时，要注意以下几点：

①应培养学生运动前做好准备活动，预防运动损伤的意识。平衡训练中介入一些器械以创造非稳定环境，练习难度较大，因此训练前应充分做好准备活动，预防运动损伤。

②运动中，要遵循循序渐进的原则，要从最基本、最简单的平衡训练开始，逐渐向难度较大的平衡训练过渡。

③安排训练内容时，要注意学生之间的区别对待，学生是处在发展中的人，但是由于遗传因素、身体发展的速度不同，学生之间的平衡能力是有差异的，所以在进行平衡训练时，要注意学生之间的区别对待，逐渐提高不同学生的平衡能力。

④增加学生的平衡能力，预防其在生活及体育锻炼中的损伤，在进行平衡训练时，也要做好训练时的保护工作，避免因为疏忽而造成的损伤。

平衡训练注意事项：

①保持正确的身体姿势对平衡训练至关重要；

②平衡能力训练时，根据达到目的的不同要合理地选择与练习器械的接触部位；

③平衡能力训练是一种本体感受性训练，练习时要从较简单的基础稳定性训练开始，再根据动作难度逐渐提高，以确保练习的安全性和练习人员的易接受性；

④训练前，要求练习者学会放松，减少紧张或恐惧心理；

⑤平衡能力训练首先应保持头和躯干的稳定。

思考题

(1) 简述平衡能力训练的概念。
(2) 平衡能力训练有什么意义？
(3) 简述平衡能力训练要注意的事项。

参考文献

[1] 刘佳. 动作训练对4岁幼儿平衡能力影响的实验研究 [D]. 河北：河北师范大学，2015.

[2] 周萍萍. 核心力量训练对提高竞技健美操运动员平衡能力的实验研究 [D]. 北京：北京体育大学，2012.

第十四章　灵敏与协调训练

【本章导语】本章介绍灵敏素质和协调素质的概念、意义、种类和特点，有关灵敏素质的评价标准，以及灵敏、协调素质的训练方法手段和训练时的注意事项。学习本章要求学生熟悉灵敏素质的基本概念、种类和特点，理解两种素质对运动的意义；了解、掌握并运用灵敏素质的测评方法；掌握发展灵敏、协调素质的训练方法，了解并掌握发展灵敏素质常见器械的使用方法；理解灵敏、协调素质训练时应注意的事项。

第一节　灵敏素质和协调素质的概念与分类

一、灵敏素质的概念及分类

（一）灵敏素质的概念

灵敏性又称灵敏素质，是指运动员在各种突然变换的条件下，快速、协调、准确地完成动作的能力。它是运动员的运动技能、神经反应和各种运动素质在运动过程中的综合表现。灵敏素质之所以是运动技能、神经反应和各种素质的综合表现，是因为各专项的每一个动作都不同程度地体现了力量、速度、耐力、柔韧等素质。因此，灵敏素质是建立在力量、速度（反应速度、动作速度）、耐力、柔韧、协调性、节奏感等多种素质和技能之上，通过力量特别是爆发力量，控制身体的加速或减速；通过速度，特别是爆发速度，控制身体移动、躲闪、变换方向的快慢；通过柔韧保证力量、速度的发挥；通过耐力保证持久的工作能力。这些素质的综合运用才能保证动作的熟练程度，而动作的熟练程度必须在中枢神经支配下才能自如运用。因为神经反应决定了反应速度的快慢、决定了判断是否准确、决定了随机应变及时作出应答动作的快慢。因此反应迅速、判断准确、及时作出应答动作是灵敏素质的先决条件，各素质协同配合是完成应答动作的基础。应答动作的熟练程度直接体现了灵敏素质的高低。所以说，灵敏素质是运动技能、神经反应和各种素质的综合表现。

（二）灵敏素质的评价标准

灵敏素质没有客观衡量标准，只有通过动作的熟练程度来显示灵敏素质的高低。它不像其他素质有客观衡量标准来测定其素质的优劣。如力量用重量的大小来衡量，单位是公斤；速度用距离和时间的比来衡量，单位是米/秒；耐力用时间的长短或重复次数的多少来衡量；柔韧用角度、幅度的大小来衡量；而灵敏素质只有用迅速、准确、协调完成动作的能力来衡量。例如运动员的躲闪能力，必须通过躲闪动作来体现，而躲闪的快慢就表现了灵敏程度的高低。

但完成躲闪动作是以身体素质为基础的，反应判断的快慢决定相应躲闪动作的快慢，速度力量又决定了完成动作的快慢，因此运动员在没有作出躲闪动作之前无法衡量其在躲闪方面的灵敏素质，诸如急跑急停、转体、平稳等动作也都如此。因此身体素质越好完成动作越熟练，所表现的灵敏素质就越好。离开其他素质和运动技能根本谈不上有灵敏素质，而灵敏素质只有通过熟练的动作才能表现出来，单纯的灵敏素质是不存在的。

灵敏素质的发展水平主要从以下三个方面进行评价：

第一，是否具有快速的反应、判断、躲闪、转身、翻转、维持平衡和随机应变的能力。

第二，在完成动作时，是否能自如地操纵自己的身体，在任何不同的条件下都能准确熟练地完成动作。

第三，是否能把力量（爆发力）、速度（反应速度）、耐力、协调性、节奏感等素质和技能通过熟练的动作综合表现出来。

客观实践证明，具有高度灵敏素质的人，他可以随心所欲地控制自己的运动器官，熟练自如地准确完成动作。

（三）灵敏素质的意义

灵敏素质是协调发挥各种身体素质能力，提高技术动作质量和创造优异运动成绩的重要条件。它在各个运动项目中的作用主要有以下两点：

第一，能够保证人准确、熟练、协调地完成动作，取得优异运动成绩。
第二，能够灵活、巧妙地战胜对手，取得比赛的胜利。

(四) 灵敏素质的分类及特点

1. 灵敏素质的分类

灵敏素质从其与专项运动关系来看，可分为一般灵敏素质和专项灵敏素质。一般灵敏素质是指人在各种活动中，在突然变换的条件下，迅速、合理、准确地完成各种动作的能力。它是专项灵敏素质发展的基础。专项灵敏素质是运动员在专项运动中，迅速、准确、协调自如地完成本专项各种技术动作的能力。它是在一般灵敏素质的基础上，多年重复专项技术，提高专项技能的结果。

从运动过程中灵敏素质的表现与应用来看，灵敏素质可以被分为程序性灵敏和随机性灵敏。程序性灵敏是指机体对于比较相似的竞技行为作出选择性反应的应变能力，其应变行为基本上可以程序化地进行操作；随机性灵敏则指对于完全无序的竞技行为作出随机反应的应变能力，由于突发竞技行为的难以预见，就对人体的机动灵活的应变行为提出了更高的要求。

2. 灵敏素质的特点

不同的体育运动项目对灵敏素质有不同的要求，球类和一些其他对抗性项目要求判断、反应、躲闪、随机应变等方面的灵敏素质。因球类项目的动作技巧变化多样，身体的各部位也迅速发生变化，动作结构变异大，反应敏捷，不像体操、武术、田径等项目是按规定套路进行的，所以球类项目没有一种动作技巧是固定不变的，要时刻根据比赛时的复杂条件而灵活地改变动作的方向、速度、身体的姿势，这就要求球类运动员在球场上要有广阔的视野，敏锐的球感，多变的战术，协调的配合，才能适应球类运动的需要，因此没有良好的灵敏素质很难成为一名优秀的球类运动员。篮球一般要求躲闪、突然起动、急停、迅速改变身体位置、运球过人、切入、跳起空中投篮、争夺篮板球等方面所表现的灵敏素质。足球要求急跑急停、铲球、过人、射门、头及身体控制球等方面所表现的灵敏素质，特别是守门员要求较高的反应、判断能力。排球要求跳起扣球、倒地滚动、鱼跃救球、反应判断等方面所表现的灵敏素质。乒乓球、羽毛球、网球的技术动作变化迅速，要求脚的快速移动，身体姿势变化，反应判断等方面所表现的灵敏素质。体操、跳水等项目要求身体位置迅速改变，空中翻转、控制身体平衡等方面所表现的灵敏素质。滑雪、滑冰等项目要求迅速调整身体位置平衡，迅速改变运动方向等方面所表现的灵敏素质。

灵敏素质具有明显的项目特点。由于各体育项目所表现的运动技能差异，所以对各素质及神经反应的要求也就不同，对灵敏素质的要求也不一样，从而体现灵敏素质在不同的项目都各有自己本项的特点。例如优秀的篮球运动员在篮球场上灵巧多变，可在体操器械上却显得力不从心，因为他们不具备体操运动员所需要的运动技能，自然不能熟练地完成体操动作，体现不出体操方面的灵敏素质。而体操运动员在器械上能轻松自如地完成动作，但在篮球场上控制空间方面的灵敏度不如篮球运动员。同样，其他专项的运动员在本专项上是能手，在其他项目上并不一定是能手。因此，有经验的教练员和运动员非常重视发展本专项所需要的灵敏素质。

二、协调素质的概念及分类

（一）协调素质的概念

协调性又称协调素质，是指运动员机体不同系统、不同部位、不同器官协同配合完成技术动作的能力，协调能力是形成运动技术的重要基础。运动协调能力是综合的神经机能能力，其表现形式即是运动协调。人体运动协调能力由反应能力、空间定向能力、本体感知能力、节奏能力、平衡能力、动作认知能力等多种要素所构成。

（二）协调素质的分类

在神经系统的综合控制下，运动协调可以分为肌肉协调与动作协调。肌肉协调通过肌肉的配合来表现。一个动作，不论简单还是复杂，都存在着主动肌、辅助肌、拮抗肌的相互配合协作以及不同动作部位各肌肉间的配合协作。动作协调是指动作的不同阶段、不同环节相互配合、相互连结的状态。

从其与专项运动关系来看，协调素质也可分一般协调素质和专项协调素质。一般协调素质是指人体在完成各种运动活动时所需要的普适性的协调能力；专项协调素质则指人体在完成专项运动时所需要的专门性的协调能力。

第二节　灵敏素质训练方法与手段

一、灵敏性训练的方法

灵敏素质是人体综合能力的反映，受遗传因素影响很大。因此，在发展灵敏素质的同时，应注意力量、速度、耐力、柔韧、协调等素质的发展是提高灵敏素质的基础；在具体方法手段上灵敏素质不像其他身体素质那样有固定的练习，一般而言，一些体操、武术、技巧、滑冰、滑雪、各种球类运动等项目当中的技术动作都是发展灵敏素质的有效动作。在发展灵敏素质过程中，除了注意力量、速度等其他身体素质的发展，还应注意动作技术的熟练，因此教练员应尽可能采取逐渐增加复杂程度的练习方式，也可以通过改变条件、器械、器材等方式增加技术动作的复杂性和难度。此外，还应着重培养和提高运动员掌握动作的能力、反应能力、平衡能力、观察能力、节奏感等。可以说，灵敏素质的发展可以包括如下几种：提高反应判断的练习；发展平衡能力的练习；发展协调能力的练习；在跑、跳中做迅速改变方向的各种跑、躲闪、突然起动以及各种快速急停和迅速转体的练习；灵敏性游戏。

（一）提高反应判断的练习

详见本书第十二章中相关内容。

（二）发展平衡能力的练习

详见本书第十三章中相关内容。

（三）发展协调能力的练习

详见本章第三节中相关内容。

（四）在跑动或跳动过程中的急停、转向等练习

详见随后的圆锥筒练习。

（五）灵敏性游戏

发展灵敏素质的游戏具有综合性、趣味性、竞争性的特点，能引起练习者的极大兴趣，使人全力以赴地投入活动，既能集中注意力、积极思维、巧妙对付复杂多变的活动场面，又能锻炼提高神经系统的灵活性和反应过程，有效地发展身体素质和运动技能。发展灵敏素质的游戏很多，主要包括各种应答性游戏、追逐性游戏和集体游戏等。在灵敏性游戏的设计、选择、运用中，要注意把思维判断、快速反应、协调动作、节奏感等内容有机地结合起来。进行游戏时，要严格执行规则，防止投机取巧，遵守纪律，注意安全。

1. 形影不离

两人一组，并肩而站。右侧的人自由变换位置和方向，站在左侧的人必须及时跟进仍站到他的右侧位置。

要求：随机应变，快速移动。

2. 照着样子做

两人一组，其中一人做站立或活动中的各种动作，并不断更换花样，另一人必须照着他的样子做。

要求：领做者随意发挥，照做者模仿逼真。

3. 水、火、雷、电

练习者在直径为 15 米的圆圈内快跑，教练员接连喊"水""火""雷""电"，所有人必须做出与之相适应的动作。

要求：想象力丰富，变换动作快。

4. 互相拍肩

两人相对 1 米左右站立，既要设法拍到对方的肩膀，又要防止对方拍到自己的肩膀。

要求：伺机而动，身手敏捷。

5. 单、双数互追

练习者按单、双数分成两组迎面相距 1~2 米坐下，当教练喊"单数"时，单数追双数，双数转身向后跑开 20 米；当教练喊"双数"时，双数追单数，单数转身向后跑开。

要求：判断准确，起动迅速。

6. 抓"替身"

成对前后站立围成圈，指定一人抓，另一人逃，逃者通过站到一对人的前面来逃脱被抓，后面的人立即逃开。当抓人者拍打着被抓者时，两人交换继续抓"替身"。

要求：反应快、躲闪灵。

7. 听号接球

练习者围圈报数后向着一个方向跑动，教练持球站在圈中心，将球向空中抛起喊号，被喊号者应声前去接球。

要求：根据时间和空间采取应急行动。

8. 围圈打猴

指定几个人当"猴"在圈中活动，余者作为"猎人"手持 2~3 个皮球围在圈外，掷球打圈中的"猴"（只准打腿部），被击中的"猴子"与掷球的"猎人"互换。

要求：眼观六路，耳听八方，掷球准确，躲闪机灵。

9. 爬山涉水

用各种器械和物体设置山、水、沟、洞等，练习者采取相应运动越过去，山要攀登，水要划行，沟要跳跃，洞要匍匐前进，看谁爬山涉水快。此游戏可分成两组计时比赛。

要求：协调灵活，及时改变动作。

10. 追逐拍、救人

队员分散站在场内，指定 4 名引导人为追逐者，其他队员闪躲逃跑。当有人被追着时，需马上原地站立，两手侧平举。此时，同伴者可去拍肩救他，使之复活逃脱。由于在救人时可能被追拍，因此，该游戏可以培养自我牺牲的精神。

要求：判断准确，闪躲敏捷，救人机智。

二、常用的灵敏性练习器械

由于灵敏素质的训练没有固定的套路，很多项目的练习方法和技术动作都可以作为灵敏性练习的方法，因此灵敏性练习器械很多，这里仅介绍常见的三种灵敏性练习的器械：跳绳、绳梯和圆锥筒。

（一）利用跳绳进行灵敏性练习

跳绳是灵敏性练习的器械之一，可以增强身体的协调性和反应能力，尤其是花式跳绳，如：两手交叉，摇两次跳一次，或者摇一次跳两次等，可以有效发展运动员的灵敏性。在利用跳绳发展灵敏性练习的过程中，要注意练习动作的节奏性，注意上下肢的协调同步，注意速度快慢，按节拍进行练习。

在跳绳过程中，需要注意如下技巧：

- 摇绳的主要部位是手腕。
- 跳起的高度不宜太高，一般在 3～5 厘米之间，落地时稍有屈膝缓冲动作。
- 跳起的双脚膝关节一般都是直的，不能有明显屈膝。
- 呼吸要有节奏，全身要放松。

跳绳的注意事项如下：

- 跳绳者应穿质地软、重量轻的高帮鞋，避免脚踝受伤。
- 绳子软硬、粗细适中。初学者通常宜用硬绳，熟练后可改为软绳。
- 选择软硬适中的草坪、木质地板和泥土地的场地较好，切莫在硬性水泥地上跳绳，以免损伤关节，并易引起头昏。
- 跳绳时须放松肌肉和关节，脚尖和脚跟须用力协调，防止扭伤。
- 胖人和中年妇女宜采用双脚同时起落。同时，上跃也不要太高，以免关节因过于负重而受伤。
- 跳绳前先让足部、腿部、腕部、踝部作些准备活动，跳绳后则可作些放松活动。

有关跳绳发展灵敏性的练习如下：

①"扫地"跳跃：练习者将绳握成多段，从下蹲姿势开始，将绳子做扫地动作，两脚不停顿地做跳跃练习。

②前摇两次或三次，双足跳一次，俗称"双飞""三飞"。

③后摇两次，双足跳一次，俗称"后双飞"。

④交叉摇绳：练习者两手交叉摇绳，每摇一、两次，单足或双足跳长绳子一次。

⑤集体跳绳：两名练习者摇长绳子，其他练习者连续不断地跳过绳子，每人应在绳子摇到最高点时迅速跟进，跳过绳子，并快速跑出。谁碰到绳子，与摇绳者交换。

⑥双人跳绳：同前，要求两名练习者手拉手跳3~5次后快速跑出。

⑦走矮子步：教师与一名学生将绳拉直，并把高度适当降低，练习者在绳子下走矮子步和滑步。

⑧跳波浪绳：教师与一名学生双手握一根长绳子，并把绳子上下抖动成波浪形，队员必须敏捷地从上跳过，谁碰到绳子，与摇绳者交换。

⑨跳蛇形绳：教师与一名学生双手握一根长绳，并把绳子左右抖动，使绳子像一条蛇在地上爬行，学生们在中间跳来跳去，1分钟内触及绳子最少者为胜。

⑩跳粗绳（或竹竿）：教师双手握一根粗绳或竹竿，队员围成一个圆圈站立，当教师握绳或竿做扫圆动作时，队员立即跳起，触及绳索或竹竿者为败。

（二）利用绳梯进行的灵敏性练习

绳梯训练法就是让练习者利用绳梯进行各种动作练习，特别是步法移动练习，从而提高运动员的灵敏素质和协调素质。绳梯训练法符合灵敏素质训练的机理，具有很强的科学性。它简单易行，教练员可根据专项运动特点有目的地改变梯内结构，使灵敏性训练突出专项特点；它新颖、有趣味，能激发运动员的兴趣，营造一种轻松愉快的训练气氛；它可以根据需要设计多种训练方式和方法，常练常新，常新常练。绳梯训练法的这些特点完全符合运动员灵敏素质的训练要求，既能促进练习者掌握各种技术，同时又能培养其意志、作风，对提高其灵敏素质有着显著的作用。绳梯灵敏练习的主要作用就是发展脚步位移速度和身体感知能力。运动员可以通过变换运动的节奏、频率和方向来改变动作难度，从而针对性地提高速度、灵敏、协调素质。

灵敏素质练习应在身体状态好和神经兴奋性高的情况下进行，一般安排在训练课的前半部分或准备活动时。练习时要严格控制时间，并按要求改变动作的速度。绳梯训练作为一种有效的提高运动员灵敏性的训练方法，可按以下原则进行训练：

- 强度：中等或中等偏上，要求动作完成得既轻松又协调。
- 时间：10~20分钟。

- 间歇：完全恢复或基本恢复。
- 次数：1~2次为宜。
- 组数：2~3组。

1. 快速垫步前跑

方法：身体正对梯子，在每框里踩两次，垫步前跑。

动作要领：重心前移，两脚一前一后，在每框内垫步，呈小步跑（图14-1）。要求频率快，每前进一步摆臂一次。

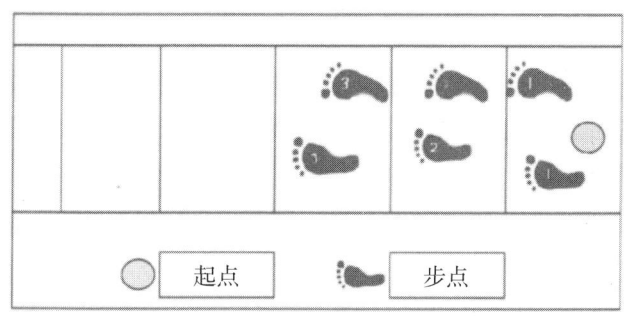

图14-1

2. 两腿前交叉向前跳

方法：身体正对梯子，两腿前后交叉前跳。

动作要领：两腿开立，站于梯外，重心前移，两手放松。蹬地时，两脚一前一后踩前面的框。落地时继续蹬地，使两腿再次分开于梯外（图14-2）。再往前蹬时，左右腿交换，左腿在前变为右腿在前，循环往复。

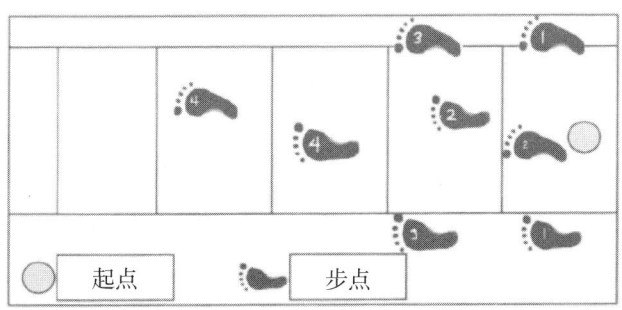

图14-2

3. 前转髋跳

方法：身体正对梯子，垫步扭髋往前跳。

动作要领：两腿开立，站于梯外，两手置于体侧，重心前移。蹬地时，两腿分开，一前一后落于前面的框内。落地时，髋往前顶，迅速蹬地使得两腿再次分开于梯外（图14-3）。再往前蹬时前后腿交换，循环往复。

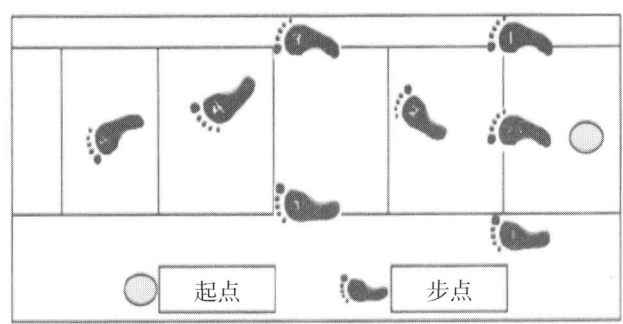

图14-3

4. 左右碎步往前跑

方法：身体正对梯子，框内、框外碎步往前跑。

动作要领：两腿分立于梯外，右脚先向梯框里迈步，接着左脚也往里迈步。随后，右脚往该框右边迈步，紧接着左脚往前一框左框外迈步，右脚再往前一框框内迈步，循环往复（图14-4）。

（向后跑方法和身体姿态一样，方向向后）

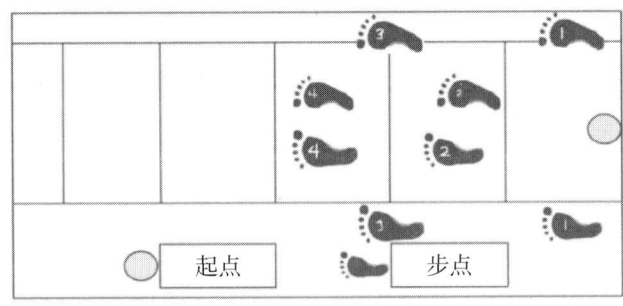

图14-4

5. 交叉分腿平移

方法：身体侧对梯子，两腿交叉跑。

动作要领：两脚前后开立平行于梯子横杆，一脚在框内一脚在框外。两脚蹬地，左右脚交替踩横杆进行平移，每个框两脚都要踩到，频率要快（图14-5）。

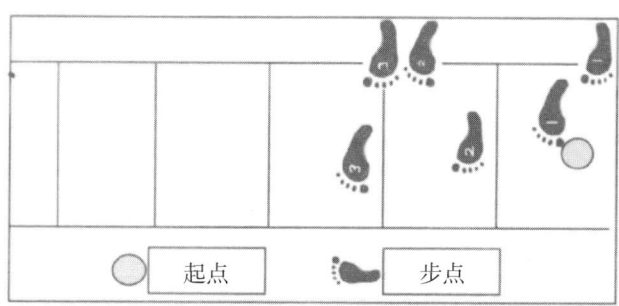

图14-5

6. 快速小步平移跑

方法：身体侧对梯子，两腿小步平移跑。

动作要领：右脚往右侧方蹬地平移，左脚跟进，两手自然摆动，身体前倾（图 14-6）。

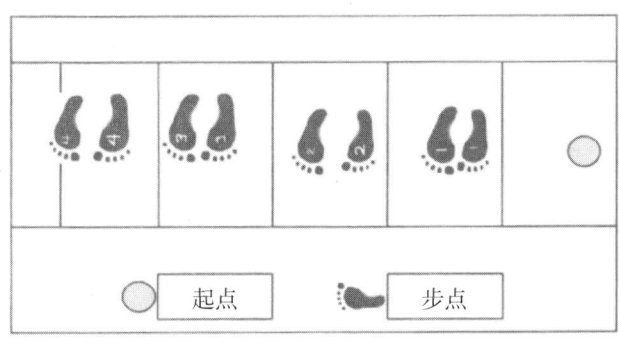

图14-6

7. 侧向单脚换两脚跳

方法：身体侧对梯子，侧向单脚换两脚跳。

动作要领：两脚站于框内，膝盖微弯。蹬地后往右侧框内跳，右脚单脚落地，紧接着两脚同时落在下一框内。蹬地后继续往右侧框跳，循环进行（图14-7）。

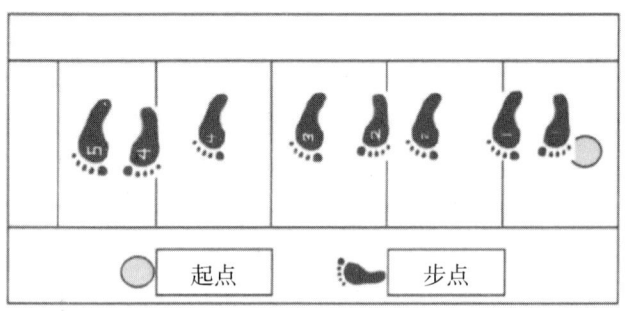

图14-7

8. 侧交叉步

方法：身体侧对梯子，一腿往前一腿往后跨步跑。

动作要领：两脚平行于横杆开立，左脚在第一框左侧。转髋，使左脚迈入第一框，右脚随即从左脚后迈入第二框，左脚从右脚前迈入第三框，右脚在左脚前迈入第四框，左脚紧接着在右脚前迈入第五框，循环往复（图14-8）。

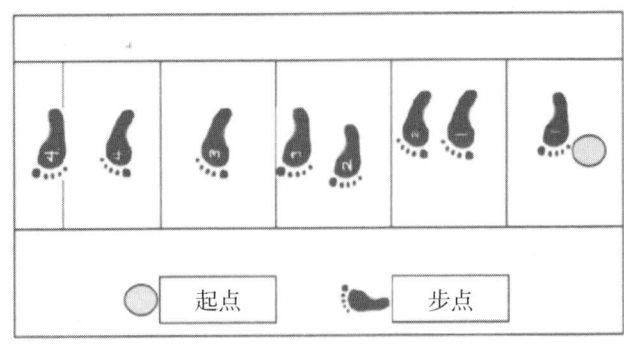

图14-8

9. 前交叉向前跑

方法：身体正对梯子，交叉步往前跑。

动作要领：身体垂直于梯面，站在梯面的左后方。开始时，左脚踏入第一框内，右脚踏向第一框框外右侧，重心转到右脚上。左脚做一个垫步，紧接着右脚踏入第二框内，左脚踏向第二框框外左侧，重心换到左脚上，重复进行往前跑（图14-9）。要求频率要快，在脚落地的同时要及时转换重心，上体保持不变，用上转髋的力。

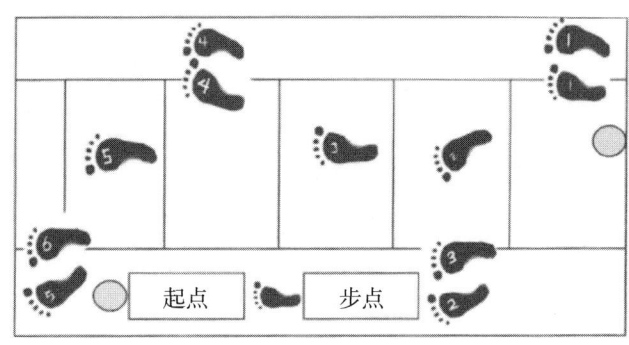

图14-9

10. 左右跨步往前跑

方法：身体正对梯子，一腿跨步一腿跟上往前跑。

动作要领：开始时，面向梯子站在左后方。以左脚为轴，右脚跨入第一框，在脚尖落地的同时左脚找右脚踏入第一框内。右脚顺势往右侧跨步，站稳在第一框右侧。左脚顺势提起，重心在右脚上，左脚不落地往第二框框内跨，在脚尖落地时右脚踏入第二框，左脚顺势跨向左侧，右脚提起踩入第三框，依次进行（图14-10）。

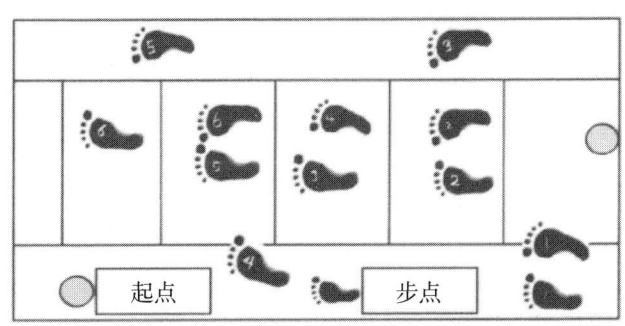

图14-10

（三）利用标志物进行的灵敏性练习

利用各种标志物让练习者进行固定线路跑动或移动来进行灵敏素质的练习，这些标志物通常是圆锥筒。这种练习在发展练习者灵敏性的同时也提高了练习者的速度素质和反应能力。因此，该类练习方法是有效提高练习者灵敏素质的方法之一。这类练习主要侧重在下肢的灵敏性训练，因此不管标志物组成何种形状，标志物之间的距离如下，步法一共分为如下 5 种，这 5 种步法的选择可以根据具体的爱好和所从事的运动项目而定。

向前跑；后退跑；侧向滑步；侧向跨步；侧向交叉步。

1. T形跑（图14-11）

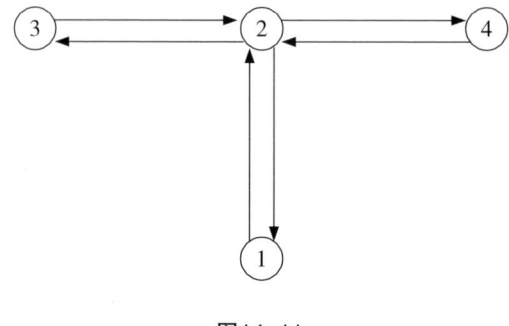

图14-11

2. L形跑（图14-12）

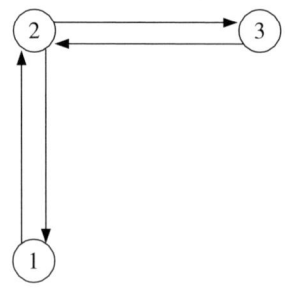

图14-12

3. 方形跑（图 14-13）

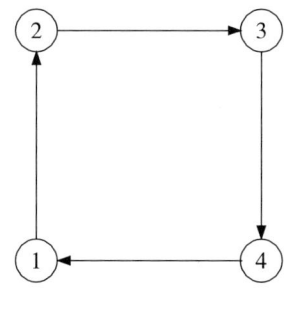

图 14-13

4. X 形跑（图 14-14）

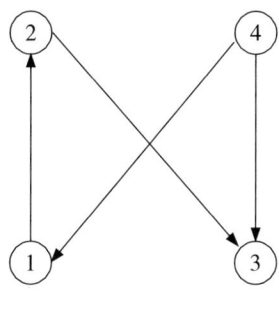

图 14-14

5. 星形跑（图 14-15）

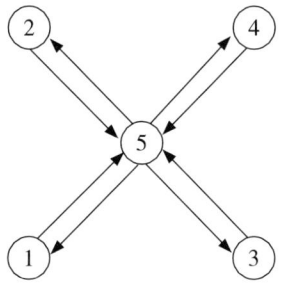

图 14-15

6. S形跑（图14-16）

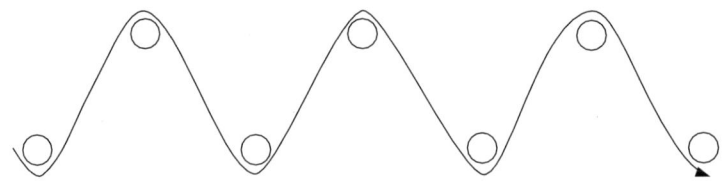

图14-16

7. Z形切向（图14-17）

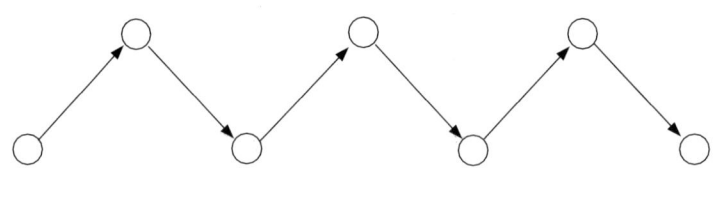

图14-17

8. 8字形跑（图14-18）

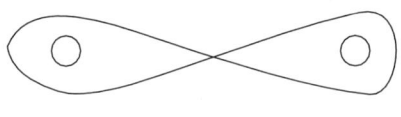

图14-18

9. V形跑（图14-19）

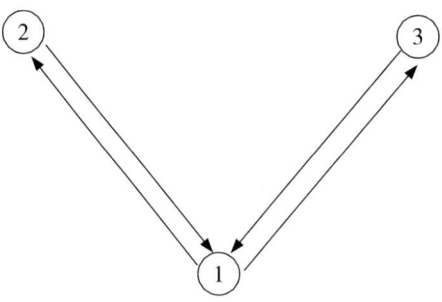

图14-19

10. 星形结合方形跑（图14-20）

跑动顺序：1到5，5回1；1到2，2到5，5回2；2到4，4到5，5回4；4到3，3到5，5回3；3到1。

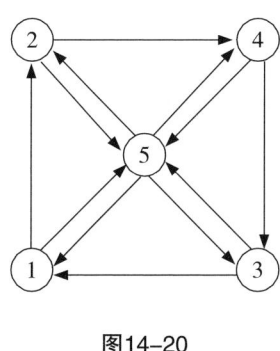

图14-20

第三节 协调素质训练方法与手段

发展协调素质可分为组织综合的协调素质训练和分解的协调素质训练两个途径进行。综合的协调素质训练主要是在综合训练和比赛中，同时也在技能训练、战术训练、体能训练中，要求运动员注意完成动作的协调性；分解的协调素质训练则针对其各种构成能力分别采用专门的练习手段予以发展。本书这一节将从反应能力、平衡能力、节奏能力、空间感知能力、时间感知能力、距离感知能力、专门感觉能力的训练要点来简述协调能力的训练。

一、反应能力训练

反应能力是指人的神经系统及动作的快速应答能力。运动员反应能力的强弱直接影响着运动员的协调能力的水平。反应能力的训练通常采用反应速度的训练方法（详情参见本书第十二章速度训练相关内容）。

二、平衡能力训练

平衡能力是指人体维持平衡的本领。人体运动时总是与维持相对稳定的身体位置（身体姿势）相联系，即与保持平衡相联系。平衡是通过对抗使身体偏离适宜位置的力（如惯性力、支撑反应力等）而达到的状态。人体保持稳定姿势的能力是保证人体基本静态位置的关键能力，也是人体有效完成某一动作的基础。通常将运动员的平衡能力分为静态平衡能力和动态平衡能力。有关平衡能力的训练详见本书第十三章节中的相关内容。

三、节奏能力训练

节奏能力是指运动员在练习过程中，在完成动作的时间和力度上呈现出来的快慢、强弱有序变化的能力。节奏能力的训练常采用如下练习方法：

①用固定的频率完成不同长度的分段距离。要求在完成每一个分段距离时保持固定的频率。

②用固定的频率完成固定的练习。按比赛的节奏完成练习。该练习常用于跳跃、投掷及体操等固定动作组合运动项目的训练之中。

③用高于比赛平均频率完成一定距离和固定动作的练习。要求练习时首先确定比赛平均速度，练习中采用高于或低于比赛的频率，如1分钟多做或者少做2、4、6个动作，来提高运动员控制节奏的能力。

④竞速运动训练中，可设置3~4个分段距离，保持成绩，增加频率。要求第一个分段距离用比赛速度来完成，下一个分段距离与上一次练习相比，多增加一个周期动作或减少一个周期动作。

四、空间定向能力训练

空间定向能力，是指运动员对外界物体或现象的空间位置的判断及其对自身运动的空间位置判断的能力。空间定向能力的主要评价指标是对技术动作的精确控制水平。

控制动作的精确性作为完成某一技术动作的关键因素对运动员的空间定位能

力起着决定性作用。如，体操等难表现美性的运动项目要求运动员神经、肌肉系统准确地控制肌肉的工作，并表现身体和身体不同环节在空间运动过程中的精确移动；排球、拳击等得分与命中类运动项目，也要求运动员具有很强的空间定向能力，通过瞬间判断和操作来控制完成动作的方式与发力的时机。

五、时间感知能力训练

时间感知能力是指运动员对完成练习在时间维度上准确判断的能力。时间感知能力的培养常采用以下方法：

①变速完成比赛距离的练习。预先设定练习目标（如时间），可规定行进速度为最大速度的95%、90%、85%、75%、70%。要求运动员尽可能按规定的速度完成练习。

②要求运动员在练习距离中规定的段落里按比赛速度行进，并逐渐增加规定段落的距离。

③练习后要求运动员将实际练习速度与主观感觉速度进行对比，以提高运动员的时间感知能力。

六、距离感知能力训练

距离感知能力是指运动员对距离的准确判断与控制能力。该能力对田径项目中需要准确助跑的跳跃和掷远运动项目有着重要作用。

对于要求有准确助跑的运动项目来讲，由于场地、气候、运动员身体状态等各种原因都会影响助跑的准确性，因此训练运动员的助跑准确性时，加强运动员的距离感成为重要的内容。如，提高运动员最后4~5步控制步幅、准确起跳的能力成为像跳远这样要求有准确助跑运动项目运动员训练的关键。

另外，可以通过固定投掷距离的方式提高运动员的肌肉控制能力，通过投准的方式提高运动员控制器械的能力，该练习对铁饼、标枪等项目运动员距离感的提高有积极作用。

七、专门感觉能力训练

专门感觉能力是在完成各种各样的专门练习的过程中得到发展的。专门的感觉能力与运动项目的运动方式及运动环境密切相关。如自行车运动员的车感；游泳运动员的水感；划船、帆船运动员的船感；篮球运动员的球感等都是通过从小在相应的环境里或通过从小驾驭器械的训练获得的。

第四节 灵敏、协调训练的注意事项

一、灵敏训练的相关注意事项

（一）练习方法、手段应多样化并经常改变

灵敏素质的发展与各种分析器和运动器官机能的改善有密切的关系。人体能否在运动中表现出准确的定向定时能力和动作准确、迅速变换的能力，都取决于各种分析器和运动器官功能的提高。而人体一旦对某一动作技能熟练到自动化程度时，再用该动作去发展灵敏素质的意义就不大了。为此，发展灵敏素质练习的方法应是多种多样的，并且要经常地改变。这样不仅可以使人掌握多种多样的运动技能，还可以提高人体内各种分析器的功能，在运动中能够表现出时空三维立体中的准确定向定时能力，还能表现出动作准确、变换迅速的能力。

（二）掌握本专项一定数量的基本动作

运动技能本质是条件反射，这种在大脑皮层中建立的条件反射暂时联系的数量越多，临场时及时变换动作的暂时联系的接通就越迅速准确，在已掌握的运动技能的基础上，可以快速形成新的应答性动作来应付突然发生的情况。因此应尽量多掌握一些基本的动作、基本技术及战术等，这样做有利于提高灵敏素质。

由于灵敏素质是人体综合能力的表现，发展灵敏素质还必须从培养人的各种能力入手，在练习中广泛采用发展其他身体素质的方法来发展灵敏素质，并培养掌握动作的能力、反应能力、平衡能力等。

（三）抓住发展灵敏素质的最佳时期

灵敏素质是在中枢神经系统的指挥下，各种能力的综合表现。儿童少年的神

经系统是人体发育最早、最快的系统，他们具有较好的反应能力，动作速度、平衡能力、节奏感等方面具有很大的发展潜力，这些都为发展灵敏素质提供了有利的条件，因此应抓紧这一时期进行灵敏素质练习。

（四）灵敏素质练习时应注意消除练习者的紧张心理状态

在进行灵敏素质练习时，教练员应采用各种有效的方法与手段，消除练习者紧张的心理状态和恐惧心理。因为人心里紧张时，肌肉等运动器官也必然紧张，会使反应迟钝，动作的协调性下降，影响练习的效果。

（五）合理安排训练时间

灵敏素质的训练在整个训练过程中都应该适当安排，使之系统化。但训练时间不宜过长，练习重复次数不宜过多。因为肌体疲劳时，运动员力量水平会下降，速度将减慢，节奏感被破坏，平衡能力会降低，这些都不利于灵敏素质的发展。有经验的教练员都是根据不同训练过程的特点来安排灵敏素质的训练。如随着比赛临近，技术训练比重增加，协调能力的训练应相应加强。准备期以一般灵敏素质训练为主，比赛期以专项灵敏性训练为主。在一次训练课中应把灵敏素质的训练安排在课的前半部分，让运动员处在体力充沛、精神饱满、运动欲望强的状态下进行练习。

（六）灵敏素质的练习应有足够的间歇时间

在进行灵敏素质的练习过程中应有足够的间歇时间，以保证氧债的偿还和肌肉中 ATP 能量物质的合成。但休息时间又不可过长，休息时间过长会使中枢神经系统的兴奋性大幅度下降，在下次练习中就会减弱对运动器官的指挥能力，使动作协调性下降、速度减慢、反应迟钝，这必然影响练习的效果。一般地讲，练习时间和休息时间可控制在 1：3 的比例。

（七）应结合专项要求进行训练

灵敏素质具有专项化的特点。经验丰富的教练员都针对本专项对灵敏素质的特殊要求安排灵敏素质训练，使训练效果与专项要求相一致。例如篮球运动员多做发展手的专门灵敏性训练，以提高手感和控球能力；足球运动员多做一些脚步移动和用脚控球的练习；体操、技巧等项目运动员多做一些移动身体方位的练习等。此外，还应注意控制练习者的体重。

二、协调训练的相关注意事项

①运动员的协调能力受到运动员时间、空间及动力控制等多种因素的影响。改进运动员协调能力的训练中，在关注某一能力改善的同时，应注意与全面改善综合协调能力密切结合。

②少年儿童应该进行更多的运动项目练习，尤其要重视多安排体操练习，以有效提高机体肌肉的协调能力、空间感知能力以及平衡能力。

③协调素质的训练应作为每天的重要训练内容来进行安排，尤其是对一些动作相对单一的运动项目来讲显得更为重要。

④在周期性项目中，协调能力的专门练习手段较少，因此，随着运动技术水平的逐步提高，应在完成习惯性练习的同时开拓更多的训练手段。如，不常用的开始姿势；运用各种扩大动作幅度的练习器械和专门设备；改变训练条件和环境等。

⑤由于协调素质具有明显的项目特征，因此，要密切围绕专项需要进行协调性训练。

思考题

(1) 什么是灵敏性？
(2) 什么是协调素质？
(3) 灵敏素质有什么意义？
(4) 试结合自己所从事的专项分析其灵敏性的特点。
(5) 简述灵敏性或协调素质训练常见的方法。

参考文献

[1] 杨世勇. 体能训练 [M]. 人民体育出版社, 2012.

[2] Lee E. Brown, Vance A. Ferrigno (Editors). Training for Speed, Agility, and Quickness (Second Edition) [M]. Human Kinetics, 2005.

［3］王正伟. 软梯训练法对提高运动员灵敏素质的作用机理探讨［J］. 体育世界（学术），2011，4：99-100.

［4］孙文新. 现代体能训练软梯训练方法［M］. 北京体育大学出版社，2010.

［5］李鸿江. 青少年体能锻炼［M］. 高等教育出版社，2007.

第十五章　牵拉技术

【本章导语】良好的柔韧性和灵活性有助于扩大动作幅度从而实现肌力的最大化，有助于更加合理地完成技术动作，并预防运动损伤。而牵拉训练是训练体系中提升机体柔韧性和灵活性的主要方法和手段。本章介绍牵拉技术的概念与分类、方法与手段及牵拉注意事项。通过本章的学习使学生了解牵拉技术的概念与分类体系，重点掌握静态主动牵拉和静态被动牵拉的方法手段。

第一节　牵拉技术的概念与分类

良好的柔韧性和灵活性对肌肉和关节有非常积极的作用，它有助于预防机体损伤，减少肌肉伤痛，加强身体锻炼的效果。牵拉训练是提升机体柔韧性和灵活性的重要方法和手段，主要针对有规律的正确拉伸肌肉、筋膜韧带等结缔组织和其他相关组织，通过增加骨骼肌起止点或不同骨骼间距离的方式，使其柔韧性得以发展并放松的过程。其目的是改善或重新获得关节周围软组织的伸展性，降低肌张力；增加或恢复关节的活动范围；预防或降低躯体活动或从事某项运动时出现的肌肉、肌腱损伤。它的作用是增加肌肉长度，降低肌肉张力，使延展性改善，弹性变好，使得肌肉力量快速恢复，能够适应生活、工作、运动的需要。

根据牵拉技术来源、牵拉方式和持续时间，可以把牵拉分为以下几种，这几种牵拉没有明显的界线，它们之间相互包含。

（一）主动牵拉与被动牵拉

根据进行牵拉时是否借助于外力，把牵拉分为主动牵拉和被动牵拉。主动牵拉是指在牵拉肌肉之前，练习者有意识地放松该肌肉，使肌肉收缩机制受到人为的抑制，此时进行牵拉的阻力最小。主动牵拉技术只能放松肌肉组织中具有收缩性的结构，而对结缔组织则无影响。这种牵拉主要用于肌肉神经支配完整、练习者能自主控制的情况。被动牵拉是利用外界力量如辅助者、器械或练习者自身肢体力量来牵拉的一种方法，根据是否使用器械又分为手法被动牵拉和小器械被动牵拉两种。

（二）动态牵拉与静态牵拉

根据牵拉时机体所处的状态，把牵拉分为动态牵拉和静态牵拉。动态牵拉是指由节奏控制的、速度略快的多次重复同一动作的练习方法，一般用在运动前，多与接下来要进行的专项活动有紧密联系。在动态中根据自身情况合理地进行拉伸，力度和幅度的大小自身可控。而静态牵拉指通过缓慢的动作将肌肉、韧带等软组织拉长到一定程度时，保持静止不动状态的练习方法，多用于运动后的整理活动，使运动后疲劳的肌肉能够充分地伸展和放松，为下一次运动做好铺垫。

（三）本体感受神经肌肉性促进法牵拉和主动分离式牵拉

根据不同的神经感受器原理，可以把牵拉分为本体感受神经肌肉性促进法牵拉（简称 PNF 牵拉）和主动分离式牵拉（简称 AIS 牵拉）。PNF 牵拉和 AIS 牵拉从练习形式上看和静态牵拉方法相似，但生理机制有本质的区别。

PNF 牵拉的生理学理论依据是利用逆牵张反射而达到肌肉放松的目的，肌肉活动方式都能在被动拉伸之前，通过等长收缩和向心收缩引起自身本体感受性抑制。以牵拉腘绳肌为例，首先进行静态被动牵拉 10 秒（有中等程度的牵拉感），而后牵拉者继续施加外力，被牵拉者尽可能对抗其施加的外力使腘绳肌等长收缩 6 秒（保持腿位置不变），最后被牵拉者腿部放松后再继续进行静态被动拉伸的同时，股四头肌主动收缩，保持 30 秒。再次重复上述过程 3~4 次，直至最大牵拉范围。

AIS 牵拉的生理学机制是通过主动收缩拮抗肌使其张力变大从而使目标肌肉反射性放松，每次在 1.5~2 秒的持续时间内施加少于 1 磅的助力（有中等程度的牵拉感），然后回到起始位置，逐渐增加牵拉的幅度，重复 8~10 次。

第二节　牵拉方法与手段

在进行牵拉之前，应先了解自身状态，如运动前、运动中或者运动后等，根据情况选择适当的拉伸方法。尽量保持在舒适、放松的体位，被牵拉部位处于抑制反射、易于牵拉的肢体位，充分暴露牵拉部位。牵拉时，牵拉力量的方向应与肌肉紧张或挛缩的方向相反。先在关节可动范围内，然后固定关节近端，牵拉远端，以增加肌肉长度和关节范围。动态牵拉是准备活动的主要内容之一，在准备活动中进行动态牵拉更有利于提高肌肉的工作能力、增加运动表现力，预防损伤。动态牵拉详见本书第七章《动作准备》，本节将具体描述静态牵拉的方法与手段。

一、静态主动牵拉

静态主动牵拉指自身肌肉在没有外力协助的条件下，用自身力量和体重牵拉肌肉和筋膜结缔组织的过程，其优点是牵拉过程中牵拉的力度可以根据自身感受调节控制。

1. 颈部牵拉——胸锁乳突肌

【教学目标】牵拉胸锁乳突肌。

【动作要领】呈坐姿，双臂自然下垂，头部后伸至最大限度后，向一侧尽力侧屈，然后转向对侧，眼睛看斜上方。

【教学重点】保持躯干的稳定，肩带保持后缩下降的状态。

【教学难点】把握主动伸展的力度，明确拉伸的顺序。

【易犯错误】起始位置的头部有前屈状态。

【纠正方法】先做标准姿态下的后屈、侧屈和转头分解动作。

【训练方法】当目标肌肉有中等程度的牵拉感，保持静力性收缩 10~30 秒，顺畅呼吸不憋气，重复 3~5 组，对侧亦然。

【注意事项】颈部活动角度控制，背部挺直，不能弯腰弓背。

图 15-1

2. 颈部牵拉——肩胛提肌

【教学目标】牵拉肩胛提肌。

【动作要领】呈坐姿，一侧手臂自然下垂并尽量延展，另一侧手臂抬起扶住对侧头部，发力将头部拉向对侧。

【教学重点】保持躯干稳定和颈部的正常生理弯曲。

【教学难点】把握好主动伸展的力度。

【易犯错误】拉伸一侧的肩胛骨上提。

【纠正方法】可以将手臂坐到臀部下方，起到固定作用。

图 15-2

【训练方法】当目标肌肉有中等程度的牵拉感,保持静力性收缩10~30秒,顺畅呼吸不憋气,重复3~5组,对侧亦然。

【注意事项】施力方向要在冠状面内尽力侧屈。

3. 肩带牵拉——三角肌前束

【教学目标】牵拉三角肌前束。

【动作要领】身体自然站立,将双侧手臂自然伸直,向后伸至极限位置。

【教学重点】保持肩带后缩、下降,身体重心固定不变。

【教学难点】向后发力时控制发力方向。

【易犯错误】手臂向后带动躯干前倾。

【纠正方法】始终保持挺胸、收下颌的状态。

【训练方法】当目标肌肉有中等程度的牵拉感,保持静力性收缩10~30秒,顺畅呼吸不憋气,重复3~5组,对侧亦然。

【注意事项】直接向后发力,缓慢延展,切忌手臂内旋和肩关节外展。

图15-3

4. 肩带牵拉——三角肌后束

【教学目标】牵拉三角肌后束。

【动作要领】身体自然站立,将一侧手臂抬至水平位置,拇指向下,用对侧手臂扶住肘关节上方,拉至躯干的方向。

【教学重点】保持躯干稳定。

【教学难点】双侧肩部保持在同一高度。

【易犯错误】躯干发生旋转，并且肘关节发生角度变化。

【纠正方法】将两侧肩胛骨平贴于固定物上，扶住肘关节上方的位置。

【训练方法】当目标肌肉有中等程度的牵拉感，保持静力性收缩 10~30 秒，顺畅呼吸不憋气，重复 3~5 组，对侧亦然。

【注意事项】肘关节保持微屈，不能超伸。

图 15-4

5. 上臂牵拉——肱二头肌

【教学目标】牵拉肱二头肌。

【动作要领】身体自然站立，将两臂尽力向后延展（稍低于肩），并将前臂内旋。

【教学重点】使肩关节、肘关节、桡尺关节充分得到延展。

【教学难点】施力方向的把握。

【易犯错误】三个关节发力顺序发生颠倒。

【纠正方法】先从前臂内旋开始，再加强肘关节，最后肩关节用力。

【训练方法】当目标肌肉有中等程度的牵拉感，保持静力性收缩 10~30 秒，顺畅呼吸不憋气，重复 3~5 组。

【注意事项】避免肘关节的超伸，可单侧拉伸，再换另一侧。

图 15-5

6. 上臂牵拉——肱三头肌

【教学目标】牵拉肱三头肌。

【动作要领】呈坐姿,将一侧肘关节尽力折叠,手掌落在肩胛骨中间,另一侧手握住肘关节上方拉向头部。

【教学重点】预先使肘关节充分折叠,进而增加肩关节屈的角度。

【教学难点】施力方向的把握。

【易犯错误】肘关节屈的角度无法达到最佳。

【纠正方法】首先固定肩关节屈的角度,然后增加肘关节的角度。

图 15-6

【训练方法】当目标肌肉有中等程度的牵拉感，保持静力性收缩 10~30 秒，顺畅呼吸不憋气，重复 3~5 组，对侧亦然。

【注意事项】避免躯干发生侧屈，沿着前臂的指向施力。

7. 躯干牵拉——腹直肌

【教学目标】牵拉腹直肌。

【动作要领】俯卧在垫子上，前臂支撑在胸部正下方，将上体缓慢推起。

【教学重点】保持地板和髋关节之间的压力，上体缓慢抬起。

【教学难点】放松肩部，保持肩部向下并远离耳部。

【易犯错误】骨盆离开垫子，造成胯关节拉伸。

【纠正方法】骨盆始终保持跟垫子接触，手臂支撑不能使肘关节超伸。

【训练方法】当目标肌肉有中等程度的牵拉感，保持静力性收缩 10~30 秒，顺畅呼吸不憋气，重复 3~5 组。

【注意事项】向上抬起时，可由手臂支撑过渡到手支撑；避免抬起角度太大，造成腰椎的压力。

图 15-7

8. 躯干牵拉——胸大肌

【教学目标】牵拉胸大肌。

【动作要领】找一个固定物，双脚前后站立，将一侧手臂呈垂直角度扶住固定物，上臂和躯干呈90°。

【教学重点】身体整体前倾。

【教学难点】上臂和躯干的角度。

【易犯错误】用手掌推固定物，小臂没有贴紧。

【纠正方法】将小臂完整地贴在固定物上。

【训练方法】当目标肌肉有中等程度的牵拉感，保持静力性收缩10～30秒，顺畅呼吸不憋气，重复3～5组。

【注意事项】保持躯干稳定，整体向前躯干可略微向对侧旋转。

图15-8

9. 躯干牵拉——背阔肌

【教学目标】牵拉背阔肌。

【动作要领】双手扶住固定物，双腿自然分开站立，将手臂伸直，躯干前倾，使手臂和躯干在一条直线上。

【教学重点】身体重心向后、向下缓慢拉伸。

【教学难点】背部保持直立，重心下降时膝关节不能超伸。

【易犯错误】弯腰弓背。

【纠正方法】身体站立时离固定物略远，将身体前倾至与地面平行。

【训练方法】当目标肌肉有中等程度的牵拉感，保持静力性收缩10～30秒，顺畅呼吸不憋气，重复3～5组，对侧亦然。

【注意事项】身体重心向后、向下缓慢发力。

图 15-9

10. 躯干牵拉——腰方肌

【教学目标】牵拉腰方肌。

【动作要领】呈分腿坐姿，左臂上举，右手放在左侧骨盆，身体向右侧倾。

【教学重点】固定骨盆在中立位。

【教学难点】躯干保持固定。

【易犯错误】身体会略微前倾。

【纠正方法】可将对侧手臂抬至耳部附近牵引身体向侧方移动。

【训练方法】当目标肌肉有中等程度的牵拉感，保持静力性收缩 10~30 秒，顺畅呼吸不憋气，重复 3~5 组，对侧亦然。

【注意事项】可根据下肢柔韧性大小，改变双腿的角度和膝关节的弯曲度。

图 15-10

11. 臀部牵拉——臀大肌

【教学目标】牵拉臀大肌。

【动作要领】前腿盘坐，后腿自然伸直，腰背挺直，上体前倾。

【教学重点】双手撑地，骨盆保持中立位，身体正直。

【教学难点】加强骨盆的稳定。

【易犯错误】骨盆容易离开垫子。

【纠正方法】调整前侧腿横放的角度。

【训练方法】当目标肌肉有中等程度的牵拉感时，保持静力性收缩 10~30 秒，顺畅呼吸不憋气，重复 3~5 组，对侧亦然。

【注意事项】使臀大肌有充分拉伸的同时不能造成腰椎的压力。

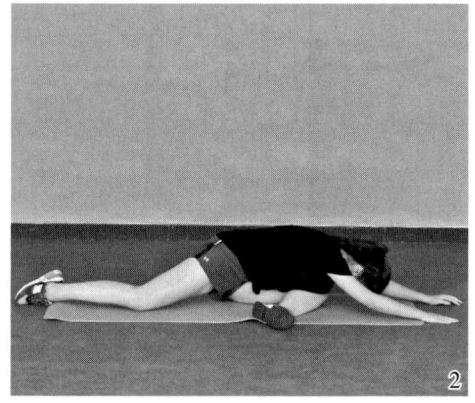

图 15-11

12. 臀部牵拉——梨状肌

【教学目标】牵拉梨状肌。

【动作要领】仰卧于垫上，将拉伸一侧腿抬起屈膝，脚踝置于异侧腿膝关节处，双手抱住异侧腿的大腿位置，用力拉向躯干的方向。

【教学重点】拉伸腿呈屈髋外旋的姿态。

【教学难点】骨盆容易发生侧倾和翻转。

【易犯错误】拉伸腿的髋关节外旋角度不够。

【纠正方法】将拉伸腿的脚踝放置在另一侧腿的股骨滑车沟正上方。

【训练方法】当目标肌肉有中等程度的牵拉感时,保持静力性收缩 10~30 秒,顺畅呼吸不憋气,重复 3~5 组,对侧亦然。

【注意事项】拉伸时避免肩部前伸过多,尽量拉向躯干,躯干尽可能接触地面。

图 15-12

13. 下肢牵拉——内收肌群

【教学目标】牵拉内收肌群。

【动作要领】上身挺直,屈腿坐于垫子上,脚掌相对,双手放于膝盖处下压。

【教学重点】双手用力下压,将膝盖尽量靠近垫子。

图 15-13

【教学难点】下压时手臂发力，躯干放松，保持正直。

【易犯错误】强调静力性伸展，避免弹振。

【纠正方法】缓慢发力，腿部放松不要产生对抗。

【训练方法】当目标肌肉有中等程度的牵拉感，保持静力性收缩 10~30 秒，顺畅呼吸不憋气，重复 3~5 组。

【注意事项】双腿屈膝坐位时，双脚尽量靠近髋部。

14. 下肢牵拉——阔筋膜张肌

【教学目标】牵拉阔筋膜张肌。

【动作要领】上体保持正直坐于垫上，右腿伸直，左腿屈膝，左脚放于右膝外侧，躯干转向左侧，左手支撑于地面，右手放在左膝上。

【教学重点】左脚全脚掌接触地面，右肘贴右膝给予压力，尽量将身体转向左侧。

【教学难点】坐姿情况下控制骨盆的角度。

【易犯错误】向前弯腰。

【纠正方法】上体稍后仰，腰背挺直左转，完成髋关节内收动作。

【训练方法】当目标肌肉有中等程度的牵拉感，保持静力性收缩 10~30 秒，顺畅呼吸不憋气，重复 3~5 组，对侧亦然。

【注意事项】拉伸过程中左脚全脚掌接触地面，不要向前弯腰。

图 15-14

15. 下肢牵拉——股四头肌

【教学目标】牵拉股四头肌。

【动作要领】站姿，将牵拉一侧的大小腿充分折叠，同侧手握住脚踝的位置向后上方提拉，另一只手可以扶住墙壁支撑。

【教学重点】加强髋关节伸和膝关节屈的角度。

【教学难点】稳定躯干，上体保持正直，不能向前屈。

【易犯错误】发力过程容易导致躯干前屈。

【纠正方法】双侧大腿并拢，并收紧腹部。

【训练方法】当目标肌肉有中等程度的牵拉感，保持静力性收缩10~30秒，顺畅呼吸不憋气，重复3~5组，对侧亦然。

【注意事项】可以同侧手臂拉伸同侧股四头肌，也可以是对侧拉伸。

图15-15

16. 下肢牵拉——腘绳肌

【教学目标】牵拉腘绳肌。

【动作要领】以拉伸右侧为例：右脚在前前后站立，左腿屈膝，右腿伸直全脚掌着地，上体前屈；左侧亦如此。

【教学重点】前侧拉伸腿的膝关节自然伸直，不能弯曲。

【教学难点】后背挺直。

【易犯错误】重心前移，造成腰背部压力过大。

【纠正方法】支撑腿屈膝，重心偏向后移动。

【训练方法】当目标肌肉有中等程度的牵拉感，保持静力性收缩 10~30 秒，顺畅呼吸不憋气，重复 3~5 组，对侧亦然。

【注意事项】拉伸时要保持运动呼吸，避免憋气。

图 15-16

17. 下肢牵拉——腓肠肌

【教学目标】牵拉腓肠肌。

【动作要领】以拉伸左侧为例：两脚前后开立，双手叉腰，左脚在前，右脚在后，屈左膝，重心前移，右侧亦如此。

【教学重点】左右脚在同一条直线上，两脚尖向前。

【教学难点】后侧腿的膝关节要尽力伸展。

【易犯错误】后侧腿屈膝，脚尖外开，同时脚跟离开地面。

【纠正方法】首先固定后侧腿脚尖向前，全脚掌着地，重心缓慢前移。

【训练方法】当目标肌肉有中等程度的牵拉感，保持静力性收缩 10~30 秒，顺畅呼吸不憋气，重复 3~5 组，对侧亦然。

【注意事项】弓箭步站立时，应保持身体姿态稳定，避免晃动。

图 15-17

二、静态被动牵拉

静态被动牵拉是指由他人或器械对被拉伸者进行牵拉的过程,在整个牵拉的过程中被牵拉的肌肉放松不参与发力。其优点是当被牵拉的肌肉或结缔组织限制了柔韧性或者肌肉组织进行康复时,被动牵拉效果明显;当主动肌太虚弱不能进行反应时,这种方法效果很好;允许超出自身能动的运动幅度,提高了关节能动活动范围的储备;运动后进行拉伸,可缓解大负荷运动后的神经疲劳,预防运动损伤,为下一次运动做好良性准备。

本章节的静态被动牵拉重点介绍两人一组的徒手牵拉,更加有助于实现合作性学习、增进同学间的友谊。徒手拉伸以教会学生正确地使用被动牵拉技术为主,所以教学目标为掌握静态被动拉伸目标肌肉时的站位、手法以及用力的顺序和大小,在下面的具体拉伸方法里不再一一赘述。

1. 臀部牵拉——臀大肌拉伸

【动作要领】以右侧拉伸为例,被牵拉者平躺,右腿屈膝放在左腿上,牵拉者左手扶其右膝,左手握住其脚踝,向其胸前缓慢推动;左侧亦然。

【教学重点】被牵拉者的准备姿势。

【教学难点】牵拉者的站位、手的位置及用力的大小。

【易犯错误】牵拉者用力的大小及方向不当。

【纠正方法】教师监督及口令提示；及时与被牵拉者沟通，注意力的大小。

【训练方法】当目标肌肉有中等程度的牵拉感，控制 10~12 秒，期间可稍改变力度和幅度，重复 1~2 组，间歇 5~8 秒，对侧亦然。

【注意事项】拉伸幅度，因人而异，避免过度牵拉，导致运动损伤。

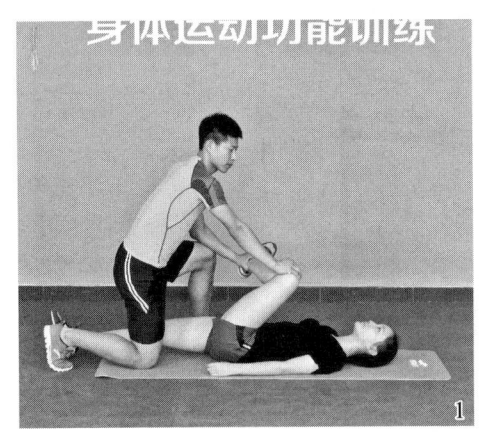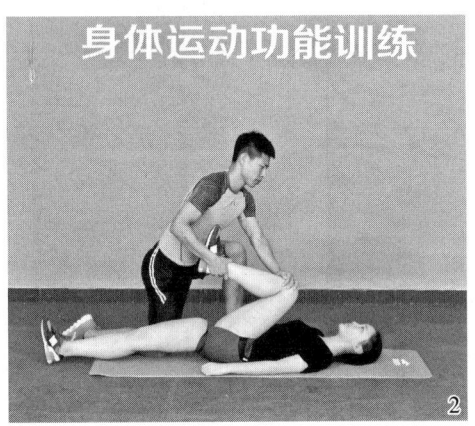

图 15-18

2. 下肢牵拉——梨状肌拉伸

【动作要领】以左侧拉伸为例，被牵拉者仰卧，左腿大小腿夹角成 90°，放于右侧大腿上方，牵拉者右手扶其左侧膝关节，左手放在踝关节外侧，缓慢地向其胸前推进，右侧亦然。

【教学重点】动作的准备姿势。

【教学难点】用力的方向及大小。

【易犯错误】牵拉者用力的方向及大小不当。

【纠正方法】监督及口令提示。

【训练方法】当目标肌肉有中等程度的牵拉感，控制 10~12 秒，期间可稍改变力度和幅度，重复 1~2 组，间歇 5~8 秒，对侧亦然。

【注意事项】多与被牵拉者沟通，询问其牵拉感，调整力度和幅度。

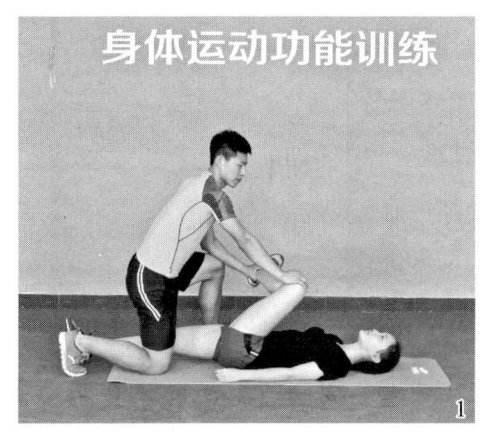

图 15-19

3. 下肢牵拉——股四头肌拉伸

【动作要领】拉伸者趴在垫子上,牵拉者站其背后,以拉伸右侧为例,右手抓住右侧脚踝,使其小腿向上折叠脚后跟碰到臀部,左侧亦然。

【教学重点】动作的准备姿势。

【教学难点】拉伸时手臂用力的大小。

【易犯错误】拉伸时手抓的位置应该是脚踝,错误的是手抓脚趾。

【纠正方法】监督及口令提示。

【训练方法】当目标肌肉有中等程度的牵拉感,控制 10~12 秒,期间可稍改变力度和幅度,重复 1~2 组,间歇 5~8 秒,对侧亦然。

【注意事项】提示被牵拉者调整呼吸,避免憋气;及时沟通,适当用力。

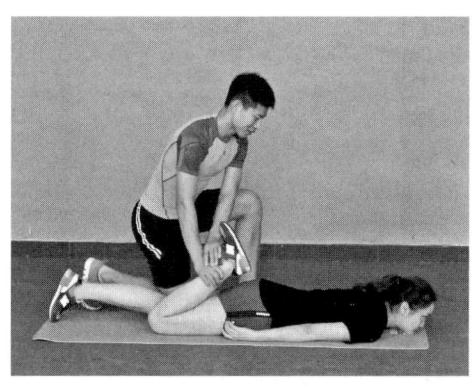

图 15-20

4. 下肢牵——腘绳肌

【动作要领】以左侧为例，被牵拉者平躺，左腿直腿抬起，牵拉者右手固定其左腿，左手托住其左侧脚踝向其正前方缓慢用力；右侧亦如此。

【教学重点】被牵拉者的准备姿势，牵拉者对其右腿固定。

【教学难点】牵拉者向对侧推送及用力的大小。

【易犯错误】牵拉者推送的方向和力的大小不当。

【纠正方法】监督及口令提示；及时沟通，注意观察被牵拉者的表情及反应。

【训练方法】当目标肌肉有中等程度的牵拉感，控制10~12秒，期间可稍改变力度和幅度，重复1~2组，间歇5~8秒，对侧亦然。

【注意事项】注意观察被牵拉者的反应，及时和被牵拉者沟通，避免过度牵拉。

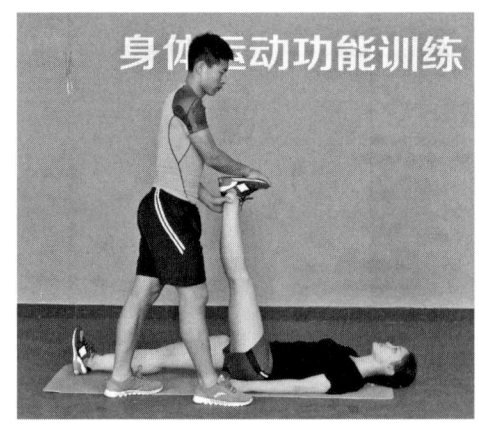

图 15-21

5. 肢牵拉——内收肌群拉伸

【动作要领】被牵拉者取坐位，上体正直，两腿尽可能大地分开，牵拉者两手按住其后背胸椎部位，使被牵拉者上体尽可能地贴近地面，被牵拉者的手臂可抓住脚尖，也可向前无限延伸。

【教学重点】被牵拉者的准备姿势，上体应直立。

【教学难点】同时调整呼吸，不要憋气。

【易犯错误】在拉伸过程中憋气，影响拉伸效果。

【纠正方法】教师提示其调整呼吸。

【训练方法】当目标肌肉有中等程度的牵拉感，控制 10~12 秒，期间可稍改变力度和幅度，重复 1~2 组，间歇 5~8 秒。

【注意事项】被牵拉者注意呼吸的节奏；牵拉者注意用力的大小和动作的幅度。

图 15-22

第三节　牵拉训练的相关注意事项

在牵拉过程中，首先应该排除以下可能：①关节内或关节周围组织有炎症，如结核、感染，特别是在急性期；②新近发生的骨折；③新近发生的肌肉、韧带损伤，组织内有血肿或有其他创伤体征存在；④神经损伤或神经吻合术后 1 个月内；⑤关节活动或肌肉被拉长时有剧痛；⑥严重的骨质疏松等情况。在安全的身体状况下，进行合理的拉伸。

同时，在拉伸过程中还应该注意以下问题：

①避免过度牵拉。过度牵拉是指牵拉力量过大，使关节活动超过了正常的活动范围。牵拉后的肌肉酸胀，属于正常反应，但如果肌肉酸胀并持续 24 小时，甚至出现关节疼痛，说明牵拉力量过大。

②避免过度牵拉已长时间制动或不活动的结缔组织。因长时间制动后，结缔

组织失去了正常的张力，特别是大强度、短时间的牵拉比小强度、长时间的牵拉更容易引起损伤。

③避免牵拉水肿组织。水肿组织比正常组织更容易受到损伤，同时牵拉后水肿扩散，会增加疼痛和肿胀。

④避免过度牵拉肌力较弱的肌肉。对肌力较弱的肌肉，应与肌力训练结合起来，使受训者在伸展性和力量之间保持平衡。

⑤牵拉训练应与准备活动、整理活动相结合。热身后牵拉比热身前牵拉更加科学合理。先进行一定的动力性练习可增加肌肉的血液循环，肌肉粘滞性降低，促使肌肉温度升高后再进行牵拉，一定程度上可以降低运动损伤发生的风险性。运动后的5~10分钟内非常有必要进行牵拉，可以使缩短的肌纤维恢复到正常的静息长度，增加肌腹和肌腱的弹性，缓解肌肉酸痛。

思考题

（1）简述牵拉技术的概念。

（2）简述牵拉训练的注意事项。

（3）分别简述采用静态主动和静态被动的方式牵拉胸大肌、股四头肌、腘绳肌、腓肠肌的方法及要领。

参考文献

[1] 尹军. 身体运动功能诊断与训练 [M]. 北京：高等教育出版社，2015.

[2] 王安利. 运动损伤预防的功能训练 [M]. 北京：北京体育大学出版社，2013.

[3] 国家体育总局训练局国家队体能训练中心. 身体功能训练动作手册 [M]. 北京：人民体育出版社，2015.

第十六章　再生与恢复技术

【本章导语】 再生与恢复训练也是一种训练课，在课程中不仅包括肌肉的拉伸放松，同时可以进行一些轻微的脊柱力量的康复营养性训练以及按摩手法、训练后的营养补充、水疗。本章系统地介绍了再生与恢复的概念、技术分类和操作方法。通过本章学习，学习者可以对再生与恢复技术有系统的了解和基本技术掌握。

第一节　再生与恢复技术的概念与分类

一、再生与恢复技术的概念

传统运动训练过程中，再生与恢复被认为是训练的一部分，现在我们认识到，事实上它决定着训练。如果没有适宜的恢复—再生，肌肉骨骼系统将不能为下一次训练课或随后的比赛做出准备，从而影响运动员正常的训练和比赛，所以恢复—再生是训练课中必不可少的一个环节。

恢复是通过适当的身体活动和适宜的补给，帮助运动员在生理和心理上解决大量训练和比赛所导致的身体和心理上的疲劳，有效加快机体的恢复。

再生是通过有目的、有计划的训练，帮助运动员从沉重疲劳的训练中恢复过来，相当于对机体的维修和保养。

二、再生与恢复技术的分类

再生与恢复技术包含静态拉伸和按摩两种，本章重点介绍按摩技术。静态拉伸技术的相关内容请见第十五章。

按摩

按摩是用手法或器械作用于人体体表的特定部位以调节机体生理、病理状况，达到理疗目的的方法。运动后按摩所采用的手法、用力的大小、时间的长短等，均应根据对象的体质、性别、运动项目的特点，特别是要求根据运动后反应出来的情况来决定。按摩是一种非常好的放松方式，可以保护软组织的结构，提高血液和淋巴系统的循环，按摩还可以放松紧张的结缔组织，使全身都得到一种总体的放松。

按摩有两种方式：

一是自我按摩。工具有按摩棒、泡沫轴、TP 球、医疗用球、双手、水疗院的强力喷头。自我按摩的方法非常好。

二是专业按摩师的按摩。他们会通过一些器械帮助按摩对象进行深层的按摩、肌肉筋膜的放松、关节的按摩、痛点的按摩、针灸，以及肌肉表面的整体按摩。

1. 泡沫轴

泡沫轴（图 16-1）自我按摩是利用练习者自身重量及泡沫轴相互作用产生的压力施加于练习者的肌肉及筋膜等软组织上，使练习者过于紧张的肌肉及筋膜产生放松的训练方式。它不仅能延伸肌肉和肌腱，松解软组织黏连和疤痕组织，同时能增加血液的流动和软组织循环。

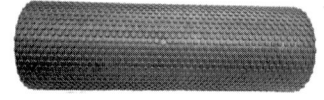

图 16-1

2. 按摩棒

按摩棒（图 16-2）是用于肌筋膜放松、深层组织按摩的一种器械。脊状线的设计，有助于表层和深层组织的活动。按摩棒把手，有助于扳机点的放松。运用按摩棒采用主动或被动按摩均有助于改善特定区域的血液流量与循环，同时也有助于通过抑制疼痛传导通路，均提升肌肉温度，增强肌肉延展性。

图 16-2

3. 按摩球

按摩球（图 16-3）一般采用 PVC 材料制作而成，也可用网球或高尔夫球代替。按摩球练习能减少肌肉紧张，提高骨盆、大腿、小腿以及特定关节的柔韧性。正确使用按摩球可以有效地进行自我按摩练习或者肌肉放松，提高运动按摩的效果。

图 16-3

第二节　再生与恢复的基本方法与手段

在运动训练与竞技比赛的末期，随着身体内代谢物质的堆积，肌肉中能量物质不断地消耗与流失，肌肉组织、韧带、关节等部位处于酸胀、僵硬、疼痛等不良状态。这将大大地影响到运动员在比赛或训练后的生活与工作质量，甚至影响到第二天的训练。本节介绍静态拉伸、器械筋膜淋巴回流、按摩等针对深层、浅层肌肉所使用的放松手段，按照身体从下往上的顺序进行，帮助训练或比赛之后的机体恢复，提高机体代谢与再生能力。

一、常用放松手段及应用

（一）下肢肌肉放松

1. 足底自我按摩

【场地器材】平整地面、网球或棒球一个。
【练习目标】足底自我按摩、放松。
【动作要领】自然坐姿屈膝双手握住需放松脚，用大拇指反复用力挤压按摩足底方肌。注意用力和松弛相结合按压，也可以站姿或坐姿，将网球置于脚底足底方肌扳机点处滚动踩压网球（图16-4）。
【练习方法】每组练习30秒，练习2～3组。

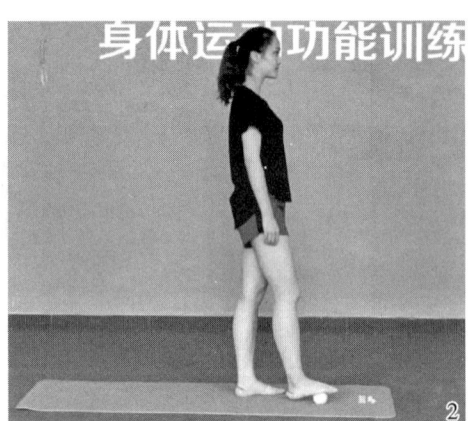

图 16-4　足底自我按摩

2. 小腿后群肌肉放松

（1）小腿后群肌肉自我按摩
【场地器材】按摩床或平整地板。
【练习目标】小腿后群肌肉按摩、放松。

【动作要领】方法一：在按摩床或地板上自然坐姿屈膝，自己用双手大拇指反复挤压按揉相应酸痛处的肌肉。注意拇指用力和放松相结合按压揉，一张一弛交替进行。用力大小以能承受酸疼为适宜。方法二：当踮脚尖时，可以在腓肠肌下缘的下方触到比目鱼肌的收缩。可坐在按摩床或地板上，两手向后支撑保持平衡，把一条腿放于另一条腿的膝盖上来回运动往复进行自我按摩。然后换另一条腿继续进行挤压环绕按摩。

【练习方法】每组练习2~3分钟，练习2~3组。

（2）小腿后群肌肉的器械放松

【场地器材】平整地板、练习垫、泡沫轴。

【练习目标】小腿后群肌肉放松。

【动作要领】双手与左腿支撑地面练习垫上，右腿小腿放在泡沫轴上，并将身体重量放在右腿上，通过左腿的前后推动使右小腿在泡沫轴上前后移动。此方法用于放松小腿腓肠肌、比目鱼肌的筋膜，并促进小腿处血液回流（图16-5）。

【练习方法】每组练习15~30秒钟，练习2~3组。

图16-5 小腿后群肌放松

3. 小腿前部放松

（1）小腿前群肌肉的自我按摩

【场地器材】平整地面、练习垫、练习凳。

【练习目标】小腿前群肌肉放松。

【动作要领】方法一：胫骨前肌位于胫骨的外侧，当勾起脚尖时可以看到它的收缩。扳机点一般位于胫骨中上的三分之一的位置，按摩时可以用双手的手指或网球来按摩挤压胫骨前肌的扳机点，还可以握空拳轻轻地叩击。方法二：坐在练习凳上，双手抱膝，以右脚支撑在地面上为例，用左脚脚后跟从上往下来回往复滑动来按摩胫骨前肌。然后左右腿进行互换。方法三：坐在地板或练习垫上，以双手抱左脚为例，右腿放在地板或练习垫上，用左脚脚后跟在右腿的胫骨前肌上由下向上滑动按摩。然后左右腿进行互换。

【练习方法】每组练习 30~60 秒钟，练习 2~3 组。

（2）小腿前群肌肉的器械放松

【场地器材】平整地板、练习垫、泡沫轴。

【练习目标】小腿前群肌肉放松。

【动作要领】身体俯卧姿势，双肘支撑在地板或练习垫上，骨盆微微旋转，上侧腿弯曲位于下侧小腿上方（增大压力），泡沫轴位于下方小腿前外侧使泡沫轴在膝关节与踝关节之间缓缓滚动，滚动过程中保持正常呼吸，不要憋气，整个运动过程中保持核心部位收紧（图 16-6）。

【练习方法】每组练习 30~60 秒钟，练习 2~3 组。

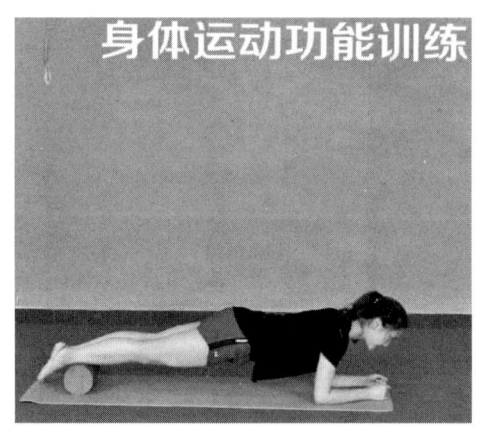

图 16-6

4. 大腿及臀部肌肉放松

（1）大腿股四头肌放松

【场地器材】平整地板、泡沫轴或网球。

【练习目标】股四头肌筋膜放松。

【动作要领】身体成俯卧姿势，双肘支撑在地板上，将泡沫轴或网球置于左腿股四头肌下端，右脚置于左脚上，并将体重压在左腿上，通过肘部力量支撑身体使股四头肌在泡沫轴或网球上由下向上来回移动，促进大腿前群肌肉的静脉血液回流，并刺激腹股沟淋巴液的回流（图16-7）。

【练习方法】每组练习30~60秒钟，练习2~3组。

图 16-7

（2）内收肌群放松

【场地器材】平整地板、按摩棒、练习垫。

【练习目标】内收肌群按摩放松。

【动作要领】坐姿，外展左侧膝关节平放在练习垫上，双手持按摩棒，对肌肉的僵硬部位以及肌肉内有肌肉结节的部位进行用力擀碾，此方法可以缓解僵硬部位肌肉，对形成结节部位的肌肉有效地缓解，同时也对于腹股沟处的淋巴液回流具有一定效果（图16-8）。

【练习方法】每组练习30~60秒钟，练习2~3组。

图 16-8

(3) 大腿后群肌放松

【场地器材】平整地板、泡沫轴、练习垫。

【练习目标】大腿后群肌按摩放松。

【动作要领】双手支撑地面,坐于泡沫轴上,并将体重集中置于泡沫轴上,通过前后滚动泡沫轴,将力量作用在股二头肌上。此方法可促进大腿后群肌筋膜放松,并促进血液回流(图 16-9)。

【练习方法】每组练习 30~60 秒钟,练习 2~3 组。

图 16-9

(4) 大腿外侧肌肉放松

【场地器材】平整地板、泡沫轴或网球、练习垫。

【练习目标】髂胫束、臀中肌以及阔肌膜张肌的筋膜放松,并促进血液回流。

【动作要领】身体成侧卧姿,右肘支撑在地面或练习垫上,左手屈膝绕在左腿前侧,右腿、躯干成一条直线,挺髋夹臀,并将身体重量置于右腿外侧。通过左肘与右腿的上下配合使泡沫轴或网球在右腿外侧上下滚动(图16-10)。

【练习方法】每组练习30~60秒钟,练习2~3组。

图 16-10

(5) 臀大肌放松

【场地器材】平整地板、泡沫轴或网球。

【练习目标】臀大肌筋膜放松,促进血液回流。

【动作要领】右腿与左手支撑地面,左腿小腿放在右膝盖上,将左侧臀部放在泡沫轴或网球上,身体左倾将重心放在左臀部,通过左手右腿上下拉动使臀大肌在泡沫轴或网球上滚动(图16-11)。

【练习方法】每组练习30~60秒钟,练习2~3组。

图 16-11

(二) 躯干肌肉放松

1. 背阔肌、斜方肌、竖脊肌的放松

【场地器材】平整地板、练习垫、泡沫轴或按摩球。

【练习目标】背阔肌、斜方肌、竖脊肌的筋膜放松,促进背部的静脉血液回流。

【动作要领】直体平躺在地板或练习垫上,双腿屈膝,双手抱胸,将泡沫轴或按摩球横向放在腰背部,通过脚的蹬地让泡沫轴或按摩球上下在背部滚动(图16-12)。

【练习方法】每组练习 30~60 秒,练习 2~3 组。

图 16-12

2. 肋间静脉及淋巴回流

【场地器材】平整地板、练习垫、泡沫轴。

【练习目标】促进腹外斜、前锯肌的筋膜放松，促进身体左侧的静脉回流，腋下淋巴液回流。

【动作要领】身体侧卧姿，左侧躺在横向放着的泡沫轴上，右侧腿向前屈腿，左侧腿支撑地面并伸直，左手伸向头顶，整个身体成一条直线，重心放在泡沫轴上，通过右脚的蹬地，使左侧身体在泡沫轴上上下拉动（图16-13）。

【练习方法】每组练习30～60秒，练习2～3组。

图 16-13

3. 髂腰肌放松

【场地器材】平整地板、练习垫、按摩球。

【练习目标】髂腰肌按摩、放松。

【动作要领】身体俯卧在练习垫上，将按摩球置于肚脐侧面2厘米处，逐渐抬高上体。上体抬得越高，髂腰肌伸展越充分，压力越大。重复数次后将按摩球稍微移开一点，如此将髂腰肌的每个区域都按摩到，找到最紧张的区域（图16-14）。

【练习方法】每组练习10～15次秒，练习2～3组。

图 16-14

4. 颈部放松

【场地器材】按摩棒。

【练习目标】颈部按摩，放松。

【动作要领】需要使用按摩棒以及帮辅人员，准备放松者坐姿，头向左下方低头，帮辅人员手持按摩棒顺着肌肉的走向上下揉压颈部肌肉，这对颈部肌肉以及斜方肌的僵硬以及肌肉结节的缓解非常有效（图 16-15）。

【练习方法】每组练习 45~90 秒，练习 2~3 组。

图 16-15

（三）上肢肌肉放松

1. 三角肌泡沫轴筋膜放松

【场地器材】平整地板、练习垫、泡沫轴。

【练习目标】三角肌筋膜放松。

【动作要领】身体侧卧，将泡沫轴放在肩部下方的位置，右手穿过背部至身体左侧，左手屈肘支撑在泡沫轴上，右腿伸直，左腿屈腿支撑于地面。右腿用力，膝关节伸展，带动身体向上移动，使泡沫轴滚动至大臂中间的位置（图16-16）。

【练习方法】每组练习30～60秒，练习2～3组。

图 16-16

2. 肱二头肌泡沫轴筋膜放松

【场地器材】平整地板、练习垫、泡沫轴。

【练习目标】肱二头肌筋膜放松。

【动作要领】方法一：身体侧卧，将泡沫轴放在左手腋下稍前的位置，左手屈肘，右手屈肘90°撑于胸部前方，左腿单腿屈膝90°，右腿伸直，左手用力滚动泡沫轴至靠近肘关节的位置。方法二：身体侧卧，泡沫轴放在身体外侧略低于肩的位置，左手伸直，右手屈肘90°撑于胸部前方，保持稳定，左腿屈膝

90°支撑于地面上，左腿伸直，腿部用力使臀部离地，带动身体向上移动，使泡沫轴移动至靠近肘关节的位置。注意保持躯干稳定和身体施压的力度和幅度（图16-17）。

【练习方法】每组练习15～30秒，练习2～3组。

图 16-17

3. 肱桡肌以及伸肌的放松

【场地器材】平整地板、练习垫、泡沫轴。
【练习目标】肱桡肌及前臂肌群筋膜放松。
【动作要领】使用泡沫轴，右手臂放在泡沫轴上，保持手掌向上，通过上体力量加于前臂上，并上下滚动泡沫轴（图16-18）。
【练习方法】每组练习15～30秒，练习2～3组。

图 16-18

第三节 再生与恢复的注意事项

恢复再生训练也是一种训练课，在课程中不仅包括肌肉的拉伸放松，同时可以进行一些轻微的脊柱力量的康复营养性训练以及按摩、训练后的营养补充、水疗。适宜恢复，是最主要的，其余四个都围绕其而组成。一是适宜的营养；二是软组织的健康，如肌肉、肌腱等；三是心理恢复；四是休息。

在此过程中要注意以下相关事项：

①运用辅助器械时的注意事项。在运用泡沫轴、按摩棒等辅助器械进行再生与恢复训练时，要注意顺序：由下而上，从大到小，先浅后深。即：先由足部和下肢开始，由下而上依次到腰背部、上肢。大肌肉群为先，然后再对小肌肉群进行处理。先放松浅层肌肉，之后是深层肌肉。

②积极恢复的时间。一般是在训练后进行这种恢复性的再生，但同时在训练之中也会穿插。比如力量训练中，有的运动员觉得肩部肌肉较紧，那就会通过按压和梳理后再进行训练，即训练保养再训练。还有通过少量轻微的训练的安排，通过舒缓关节应激的训练。

积极性的恢复是一种小强度的运动的练习，通常用在训练过程中，训练完成后或作为训练课的一个独立部分，大量研究已经证明积极性恢复方式对运动员的训练有重要作用。运动员只有在小强度放松训练期内实现真正的放松恢复，才能更好地完成后面大强度的训练任务。如训练后的慢跑、游泳、户外骑行、"空中漫步机"练习、"反重力跑步机"练习等，都是积极性恢复的方法。

再生恢复训练是一个系统的工程，不仅在一次的训练课时要重视，在平时的日常生活还要注意休息和饮食，养成良好生活习惯。只有训练和生活两方面双管齐下，再生与恢复效果才能得到保障。

一、睡眠

睡眠是最好的休息方式，不仅能帮助运动训练后的身体恢复，也影响到接下来运动或训练的表现状况。没有充足的睡眠，身体的反应会迟钝。睡眠不足也将带来葡萄糖摄取及肾上腺皮质醇分泌不利的影响。若出现睡眠品质不足或紊乱的情况，这可能是过度训练的强烈信号。

(一)睡眠周期

睡眠经过四个阶段（一个周期）：三个眼球慢速运动阶段及一个眼球快速运动阶段，这四个阶段大概是 90~120 分钟。而之后会一直在重复慢速运动阶段 2、慢速运动阶段 3 及眼球快速运动阶段。随着周期不断地循环，眼球慢速运动阶段 3 的睡眠时间会愈来愈短，而眼球快速运动阶段的时间会愈来愈长。

其中第三个阶段眼球慢速运动阶段 3 深度睡眠时，内分泌系统会分泌荷尔蒙，包含成长荷尔蒙（growth hormone，GH），对于身体训练后的适应（成长）扮演相当重要的角色。身体需要足够的时间，让身体可以完整地进行这些循环，以得到良好的恢复。如果晚上很累，那么眼球快速运动阶段的时间会增加，而眼球慢速运动阶段 3 的时间会减少。合理安排各类睡眠时间有助于身体疲劳的恢复。

(二)睡眠时间

一般来说，上床 20 分钟之后就会入睡。对普通人来说，睡眠大概 8 小时就够了。运动员在大量的训练之后，需要有额外的时间来让身体进行休息。比如对于跑步者来说，增加额外的睡眠时间有助于恢复状况：

一星期跑 60 英里（96 公里），每天应该增加 60 分钟的睡眠时间；一星期训练 10 小时，每天应该增加一小时的睡眠时间；一星期训练 15 小时，每天应该增加一个半小时的睡眠时间；一星期训练 20 小时，每天应该增加两个小时的睡眠时间。

(三)睡午觉

睡午觉可以帮助身体的恢复，下午 1~3 点钟可以进行一个短的休息，午休 20 分钟左右。最好找到适合自己的午睡长度，这个午睡长度不会影响到晚上的睡眠状况。

(四)睡前安排

睡前不做剧烈的运动。如果晚上训练结束得很晚，不要马上睡觉，因为这段时间整个身体还处于高度兴奋之中。睡前不要喝咖啡，禁止饮酒。每天睡前可以做一些放松性的拉伸练习，这些练习可以帮助你入睡。睡前半个小时泡个热水澡，做一些恢复性的瑜伽动作，或呼吸练习和冥想。

二、营养补充

合理的营养提供运动适宜的能源物质，有助于剧烈运动后的恢复，可减轻运动性疲劳的程度或延缓其发生。引起人体运动能力下降的常见如脱水、体温调节障碍引起的体温升高、酸性代谢产物的蓄积、电解质平衡失调所致的代谢紊乱、能源储备物的损耗等均可在合理营养的措施下（如适宜的饮食营养和补液等）延缓疲劳的发生或减轻其程度。

每天的膳食营养搭配要均衡（碳水化合物、蛋白质和脂肪）。可以根据自己的体格、运动项目、运动水平将不同营养按比例搭配，也可以咨询专业的营养师。我们都有一天只吃同一种食物的习惯，这种习惯一般能轻松坚持一周。

针对运动员的需要去进行合理的补充，比如体重太轻，就要适宜地补充肌酸，来增加肌肉含量，根据需求来设置。而训练后的补充就是根据运动员的消耗和自身的需要来制订，专人负责对运动后的饮料进行调制，像蛋白质、碳水化合物、鱼肝油、维生素等营养物质都需均衡搭配。

营养补充时间。在早餐和中餐之间有一个小的营养补充，中餐和晚餐之间还有一个小的营养补充，晚餐之后还有一些补充，所以一天就约有六次用餐。

注意补水和电解质的平衡。饮水原则，即少量多次。运动前可以喝水，但最好就一两口；而运动后因运动过程中大量失水，则更应该补水，但一次的量应控制在300毫升以下；运动过程中的补水才是我们应该关注的重点。运动中进行补水时，需要注意根据运动强度大小的不同，分10~20分钟一次不等进行补水，每次补水量一般为100~200毫升，切忌每次补水的量过大，补水频度不宜过高。运动中最好采用含糖和无机盐的运动饮料来补充水分和电解质。

营养补剂。营养补剂可以补充饮食中缺乏的营养，生活中除了补充食物中的营养之外，食用一些营养补剂也可以促进机体的恢复，适当服用复合维生素和矿物质、抗氧化剂、必需脂肪酸、蛋白质补剂等都可以帮助机体的恢复。

三、冷热水疗法

冷热疗法，与其他恢复方法一样，对身体恢复也有促进作用，但是因人而异。冷疗具有消炎止血止痛的功能，对运动员恢复训练中产生的一般性损伤具有重要作用，冰浴可以抑制运动冲击所导致的炎症，同时还有镇痛的效果，通过低温抑制身体炎症引发的疼痛感，还能促进肌肉中代谢物的排出。

热疗也经常被用到运动员身体恢复当中，短时间置于温暖环境中会使人感觉舒适、放松，如 20 分钟以内的桑拿蒸汽房。漩涡浴也可通过循环的水流放松肌肉和神经。冷热交替浴也是一种常见的恢复方法，运动员在冷水池待 2 分钟再到热水池待 1 分钟，交替进行几次，最后以冷浴结束。身体在冷热交替浴时会有明显的反应，可以帮助刺激神经细胞和血液循环，从而有效促进身体恢复。

四、心理放松减压

许多时候需要采取一些措施对运动员进行放松减压，运动心理学就是帮助运动员专门解决类似问题的。心理学主张采取主动的自我放松方式，比如躺在一个黑暗的房子里，放松全身肌肉，使自己处于放松状态。

可视化的方式使自己感觉到自己的成功之处，比如肌肉更发达了，动作完成得更标准。有一种设备就是在耳朵上进行测试，通过设备将心率、体温等数据传入电脑，在软件的帮助下，如果能很好地控制自身，那么显示屏上的色彩会越来越靓丽，这种测试方法在射击项目中最多被采用。

音乐、灯光、香薰等方法也有助于放松。

适宜的呼吸技巧、冥想和沉思都是有利的放松方式。

运动员自身对时间的掌控，比如训练后与家人的和睦相处也是很好的放松方式。

如果可能的话，休假是非常好的建议。

五、生活方式

创建运动员的支撑系统，家人、朋友的支持；

避免吸烟、违禁药物、不良的营养、无规律的作息、消极的心态、不良的人际关系。

单独的某一点并不会起到很大的伤害作用，但是当越来越多的不良习惯积累在一起，那就会形成非常大的伤害。应激是积累出来的。

思考题

(1) 运动员如何进行身体自身各主要运动肌肉的自我按摩实践？

(2) 运动员自我探索是否还有其他更好的自我按摩运动肌肉扳机点的简单实用的方法？

(3) 再生与恢复的主要手段有哪些？

(4) 再生与恢复的注意事项有哪些？

参考文献

[1] David G. Simons, Janet G. Travell, Lois S. Simons. 肌筋膜疼痛与机能障碍：激痛点手册 [M]. 宫大绅, 张育彰, 译. 台北：合计图书出版社, 2004.

[2] 戴维斯. 无痛一身轻——戴维斯身体放松与痛疼自疗法 [M]. 黄欣, 译. 北京：群言出版社, 2007.

[3] 狄克逊. 肌筋膜按摩方法 [M]. 李德淳, 赵晔, 李云, 等, 译. 天津：天津科技翻译出版公司, 2008.

[4] 陈方灿. 运动拉伸实用手册 [M]. 北京：北京体育大学出版社, 2008.

[5] 安德森. 拉伸 [M]. 边然, 译. 北京：北京科学技术出版社, 2010.

[6] 凯洛·马汉. 肌筋膜松弛术 [M]. 萧宏裕, 译. 台北：易利图书有限公司, 2011.

[7] Philipp Richter. 肌肉链与扳机点——手法镇痛的新理念及其应用 [C]. 赵学军, 译. 山东：山东科学技术出版社, 2012.

[8] 克里斯蒂·凯尔. 功能解剖肌与骨骼的解剖、功能及触诊 [C]. 汪华侨, 译. 天津：天津科技翻译出版社出版有限公司, 2013.

[9] Melinda. 运动营养与健康和运动能力 [M]. 曹建民, 等, 译. 北京：北京体育大学出版社, 2011.

[10] Sage Rountree. 运动员恢复指南 [M]. 毕学翠, 译. 北京：北京体育大学出版社, 2015, 8.

第十七章 矫正训练

【本章导语】 良好的动作模式和平衡的身体结构排列为运动员的运动训练提供基本保障，是高水平运动训练和损伤预防的前提条件。通过姿势与动作模式的评估，找出身体结构排列与动作模式的不合理问题，可以帮助揭示身体潜在的肌肉平衡、关节活动度、稳定性行与肢体协调与神经肌肉控制等问题，进而发现运动损伤风险与运动表现的限制性因素。然后针对以上发现问题进行有针对性的矫正练习，以解决人体肌肉平衡与神经肌肉控制问题、姿势与动作模式缺陷与不足，从而达到有效的预防运动损伤，提高人体运动能力，为高水平运动训练提供支持与保障。对于伤后恢复期运动员，矫正练习解决身体代偿问题，更是预防损伤复发和提高运动表现地高效手段。这些矫正训练包括肌肉筋膜放松技术、牵拉放松技术、肌肉激活练习和神经肌肉控制的整合动作模式训练等，在解决具体问题的时候应遵循一定的原则，按照一定的流程完成以上技术，从而达到最佳的矫正效果。

第一节 矫正训练的基本原则

矫正练习的基本原理，就是在评估找出问题的基础上，分析问题出现的常见原因，然后有针对性地选择合适的方法进行处理，以达到最后整体动作模式的合理化，从而帮助运动员达成最佳运动效率，并预防损伤的发生或降低损伤的发生率。具体执行矫正训练的时候除了需要遵循运动训练学的一般性原则以外，重点要注意以下两个原则。

一、经常性原则

由于多数动作模式的改变原因复杂多样，且有一定的时间积累，因此短时间改变动作模式并不容易。

常规的力量训练需要间隔足够的休息时间，以保证肌肉疲劳和营养的恢复才能达到最佳肌肉力量和维度增加的效果。而动作模式异常伴随的主要问题如肌肉筋膜紧张、肌肉无力和神经肌肉控制等问题主要和神经控制有关，因此训练方案和常规的力量训练不一样。神经肌肉控制训练的效果和训练频率密切相关，一天多练是可能的，也是必要的。经常性进行矫正练习，包括一天多次进行肌肉筋膜的松解、孤立的肌肉激活练习和整合的神经肌肉控制训练，可以帮助运动员达到更快、更佳的效果。

二、循序化（流程化）原则

动作模式改变的原因很多，有针对性的处理方法也很多。但是优先处理一些问题更能获得最佳效果。例如，由于肌肉交互抑制原理，紧张的肌肉会抑制其拮抗肌肉，所以先放松肌肉筋膜可以帮助更好地恢复部分肌肉活性，也就优先放松肌肉筋膜，然后激活肌肉效果会更好。解决了基本的肌肉筋膜紧张和肌肉失活问题后，进行整合的动作模式训练也会更加安全和更加有效。以此，在进行动作模式矫正训练的时候遵循基本的技术循序和流程规范，将会帮助和保障我们获得更好的效果。

抑制技术是用在矫正训练流程第一阶段的关键技术，虽然可以使用的方法很多，最常用的技术就是自我肌筋膜放松（self-myofascial releasing，SMR），以降低神经筋膜组织过度激活并且使组织准备好接受其他矫正训练技术。然后进入到矫正训练系统的第二阶段，即拉伸这些过度激活或紧张的神经肌筋膜组织。拉伸主要目的是对机能性缩短的肌肉的拉伸，增加关节和一些组织部位的结缔组织的活动度。用于拉伸技术的方法有很多，而使用最多的主要是即静态拉伸和神经肌肉拉伸。每种方法的目的都是相同的（增加有效关节活动度，增加组织伸展性，加强神经肌肉效率），每种拉伸方法都可以与其他技术独立或综合使用以达到矫正目的。第三个阶段就是激活运动。激活是指刺激（或教育）运动的肌筋膜组织，主要技术就是孤立的肌肉训练，被用于专练特定肌肉来增加动作能力，也就是激活强化"潜在失活"和"失活"的肌肉。

矫正运动系统的第四个阶段，使用整合训练技术达到最大锻炼功效。整合训练技术用于重塑人体运动系统，帮助其回到功能协同的运动模式。多关节动作、多肌肉协同的使用，有助于重新建立对神经肌肉的控制，加强协调动用肌肉的运动。

第二节 矫正练习实践

矫正练习实践系统介绍了上肢、躯干、下肢的姿势评估、动作评估与分析，并且根据评估结果，给出了常见动作异常矫正练习的具体流程和规范，包括针对性的松解、牵拉、孤立肌肉激活练习和纠正异常动作的整体动作练习方法。这有助于帮助教练员掌握矫正练习的实践操作流程和方法。

一、上肢矫正练习

上肢肩带特殊的解剖结构，通过动态和静态稳定结构保持稳定，同时使肩关节能够在最大灵活性下完成各种动作。肩部周围的关节囊和韧带结构在肩部静态稳定性中起到重要作用，但是动态稳定性还需要通过肩带周围的肌肉与神经肌肉控制获得。稳定性通过静态和动态的稳定结构保持，这些稳定结构共同作用以获得高速度而精确的动作，而肩关节的灵活性也是肩部高速度而精确的动作的保证，主要与肩部软组织包括肌肉的柔顺性有关。在进行肩部矫正练习之前需要对肩部姿势与动作进行评估，找到问题所在，然后给出正对性的纠正练习方案。常用的肩部评估方案包括静态姿势与臂上举下蹲、上肢推拉等动作评估（表17-1）。

表17-1 肩部评估与矫正练习

肩部评估流程范例和观察	
静态姿势	上交叉综合征
臂上举下蹲	臂前落
	耸肩
上肢推、拉动作	肩上抬
	头前伸
	翼状肩胛（推动作）

(一) 静态姿势评估

上交叉综合征是肩部功能障碍常见的姿态表现，表现为肩部圆滑和头前伸，会改变肩带的关节动力链，增加肩部压力和潜在损伤。主要存在胸部肌肉紧张和上背部肌肉薄弱等问题。而上交叉综合征往往是肩部动作异常的原因之一，主要通过前胸部肌肉放松和上背部肌肉力量练习来进行矫正（图 17-1）。

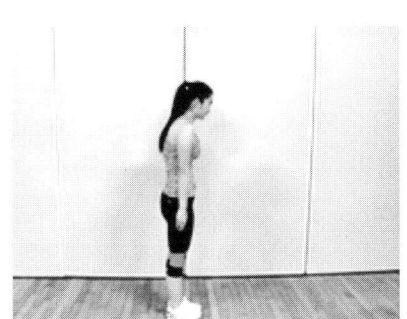

图 17-1 上交叉综合征

(二) 动作评估

上肢的动作评估主要是通过涉及上肢的几个动作对肩部动作姿态进行观察，以发现肩部是否存在动作代偿，进而了解肩部的肌肉平衡与神经肌肉控制问题。为运动过程中存在的肩部动作效率下降及其原因提供信息，为肩部的矫正练习提供直接的依据。

1. 举臂下蹲

用来评估全身多关节的动态灵活性与稳定力量、身体平衡和神经肌肉整体控制（图 17-2）。其中可以看到手臂与躯干夹角，显示为手臂前落代偿动作，提示肩部肌肉与动作异常。其中可能观察到明显塌腰动作，也可能与肩部动作异常有关。

①动作要求：双脚站立与肩同宽，脚尖向前，足和踝应该保持中立位；随后举双臂过头，肘完全伸展；指导下蹲到大约大腿与地面水平并回到开始的姿势；重复 5 次运动，观察每个姿势（前方、侧方、后方）。

②观察点：从前方观察，应该保持足尖朝向正前方，膝关节和足（第二、三

脚趾）在一条直线上，双臂与头颈部夹角对称，双手高度一致；从侧面观察上肢与躯干是否在一条直线上，是否出现塌腰和明显的头前伸；从后面观察，腰—骨盆—髋复合关节不应该左右转移。

图 17-2　举臂下蹲（手臂前落和塌腰代偿）

2. 俯卧撑动作

俯卧撑评估与推的活动有关，并评估腰—骨盆—髋复合关节的功能及肩胛骨和颈椎的稳定性。

①动作要求：指导测试者俯卧位，双手略与肩宽并且膝完全伸直。根据个人的能力，女性也可用膝关节支撑的俯卧撑。指导测试者用力推地，胸部向前直到肩胛骨处于前伸位。测试者应该用 2—0—2 的速度缓慢重复动作 10 次左右或至疲劳不能继续完成动作（2 秒撑起，0 秒坚持，2 秒下落）（图 17-3）。

图 17-3　俯卧撑

②观察点：从一侧观察肩关节是否出现耸肩和肩胛骨上翘，颈椎是否与身体在一条直线上。

3. 双臂负重推拉动作

负重推拉动作，用来评估肩部、颈椎与核心区的稳定性。

①动作要求：指导测试者站立位，根据个人的能力双手持重物，连续完成推拉动作。动作过程要求肩胛骨有前后移动，配合手臂的屈伸，缓慢重复动作 5 次左右（图 17-4）。

图 17-4　推拉动作中的肩部评估

②观察点：从一侧观察肩关节是否出现耸肩和肩胛骨上翘，手臂与颈椎是否与身体在一条直线上。

（三）肩部动作异常的矫正训练

根据肩部姿势与动作评估结果，下面将提供 3 种常见肩部问题的矫正练习范例：臂上举中臂前落；上肢传统动作评估如推、拉压迫动作中肩上抬；俯卧撑评估中翼状肩胛。

1. 手臂前落

手臂前落的原因包括背部和肩部问题，包括前胸、背阔肌和肩部前旋肌群的紧张，肩部后旋肌群、菱形肌、斜方肌中、下束的无力，以及肩部神经肌肉控制问题。下面针对这些原因逐一进行针对性的处理（表 17-2），最终矫正手臂前落问题。

表 17-2 推、拉动作评估中常见肩部代偿和潜在原因

观察要点	代偿姿势	可能的过度激活的肌肉	可能的活性不足的肌肉
肩部	肩上抬	斜方肌上束 肩胛提肌	斜方肌中、下束
	手臂前落	胸肌，肩部前旋肌群 背阔肌	肩部后旋肌群、菱形肌 斜方肌中、下束
	翼状肩胛	胸小肌	前锯肌/菱形肌 斜方肌中、下束

①第一步：松解。

就是用泡沫轴松解背阔肌和上背部，如图使用泡沫轴松解背阔肌和其他肩部限制肩部上举的肌肉，并利用泡沫轴松解胸椎以增加胸椎伸展活动度（图17-5）。开始几次会有明显疼痛，反复使用3~5天后疼痛减轻，随之肩关节的活动范围也会逐渐恢复。

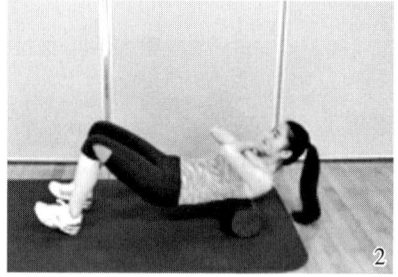

图 17-5 肩与上背部松解

②第二步：拉伸。

如图 17-6 进行背阔肌和胸肌的拉伸，以帮助恢复肌肉长度和工作效率。

图 17-6 背阔与胸部肌肉的拉伸

③第三步:激活。

单独的强化练习或姿势性静力练习包括斜方肌中下束、菱形肌和肩袖肌群（球和木杆组合，或哑铃），如图 17-7 强化练习、图 17-8 姿势性静力练习。

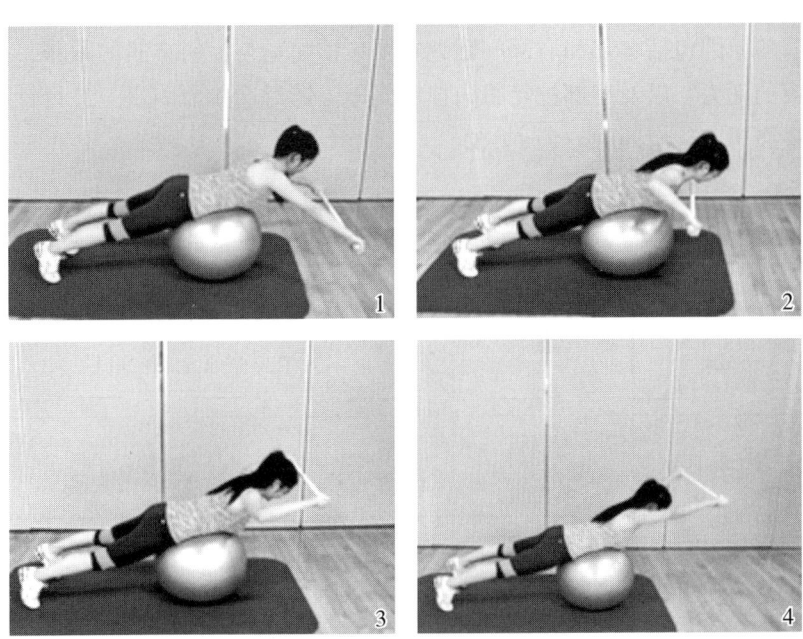

图 17-7　单独的肩背部肌肉强化练习

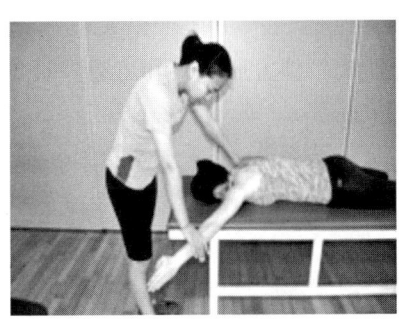

图 17-8　肩部肌肉的姿势性静力性练习

④第四步:整合。

整合下肢、躯干与上肢协调发力的练习。深蹲站起，可以从交替手臂到单手,到单手体转,然后单脚进行同样变化,也可以根据需要自行设计下肢、躯干与上肢协调发力的推举动作,在全身动作中练习上肢提拉功能。

2. 耸肩

耸肩的原因包括背部和肩部问题,主要包括前胸与上斜方肌的紧张,斜方肌中、下束的无力,以及肩部神经肌肉控制问题。针对这些原因逐一进行针对性的处理,最终矫正耸肩问题(表17-3)。

表17-3 臂前落矫正练习流程

阶段	模式	肌肉	调节变量
松解	SMR	背阔肌 背肌	在紧张部位保持30秒
拉伸	静态拉伸	背阔肌 胸大肌	保持30秒
激活	姿势性静力训练和/或单独的拉伸	肩袖肌群 斜方肌中、下束	4次强度增加25%、50%、75%、100%或10~15次,保持等长收缩2秒和离心收缩4秒
整合	整合动态模式	深蹲站起	控制下做10~15次

①第一步:松解。

用泡沫轴松解上背部肌肉、斜方肌上束和肩胛提肌(图17-9)。

图17-9 上背部、斜方肌上束和肩胛提肌的松解

②第二步:拉伸。

静态拉伸胸肌、斜方肌上束和肩胛提肌(图17-10)。

图17-10 胸部、斜方肌上束和肩胛提肌的牵拉

③第三步:激活

如图17-11,斜方肌中、下束的单独力量训练(球上眼镜蛇式),或姿势性静力训练(图17-12)。

图17-11 斜方肌中、下束的单独力量训练

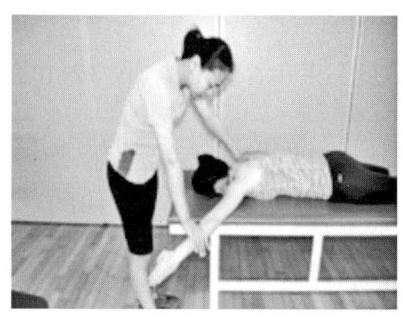

图 17-12 斜方肌中、下束的姿势性静力训练

④第四步：整合。

整合下肢、躯干与上肢协调发力的练习。单足罗马尼亚硬拉和 PNF 对角线模式练习（图 17-13）。也可以根据需要自行设计下肢、躯干与上肢协调发力的推举动作，在全身动作中练习上肢提拉功能。

图 17-13 单足罗马尼亚硬拉和 PNF 对角线模式练习

表 17-4 耸肩的矫正训练流程

阶段	模式	肌肉	调节变量
松解	SMR	斜方肌上束 肩胛提肌 背肌	在紧张部位保持 30 秒
拉伸	静态拉伸	斜方肌上束 肩胛提肌 胸肌	保持 30 秒

(续表)

阶段	模式	肌肉	调节变量
激活	姿势性静力训练和/或单独的拉伸	斜方肌中、下束	重复4次，强度增加25%、50%、75%、100%或重复10~15次，保持等长收缩2秒和离心收缩4秒
整合	整合动态模式	单足罗马尼亚硬拉和PNF模式	控制下重复做10~15次

3. 翼状肩胛

手臂前落的原因包括背部和肩部问题，主要包括前胸、背阔肌的紧张，菱形肌、斜方肌中、下束和前锯肌的无力，以及肩部神经肌肉控制问题。针对这些原因逐一进行针对性的处理（表17-5），最终矫正翼状肩胛问题。

①第一步：松解。

用泡沫轴松解背阔肌和背部。

②第二步：拉伸。

静态拉伸背阔肌和胸肌。

③第三步：激活。

前锯肌（加强版俯卧撑，图17-14）和斜方肌中下束和菱形肌的单独力量练习（图17-15），或姿势性静力练习（图17-16）。

图17-14 加强版俯卧撑（强化前锯肌）

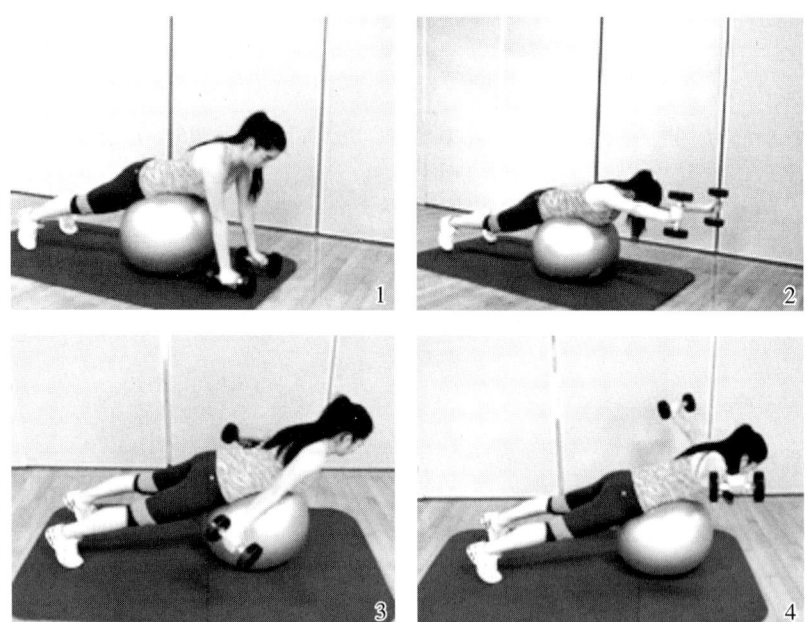

图 17-15　斜方肌中下束的组合练习

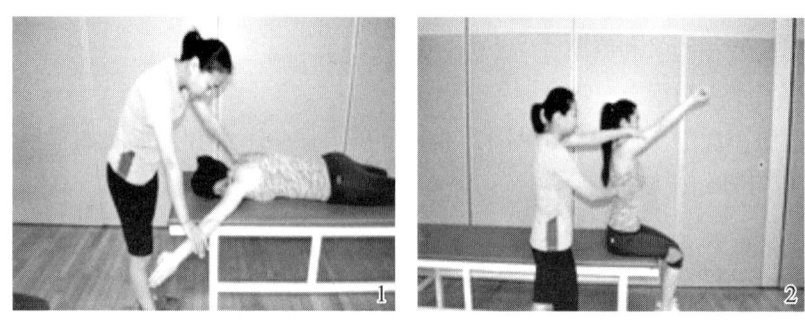

图 17-16　斜方肌中下束与前锯肌的姿势性静力练习

④第四步：整合。

整合下肢、躯干与上肢力量的练习，站位单手臂绳索前推练习（图17-17）。也可以根据需要自行设计下肢、躯干与上肢协调发力的推举动作，在全身动作中练习上肢推举功能。

图 17-17　站位单手臂绳索前推练习

表 17-5　翼状肩胛的矫正练习流程

阶段	模式	肌肉	调节变量
松解	SMR	背阔肌、背肌	在紧张部位保持 30 秒
拉伸	静态拉伸	背阔肌、胸大肌、前锯肌	保持 30 秒
激活	姿势性静力训练和/或单独的拉伸	斜方肌中、下束	4 次强度增加 25%、50%、75%、100% 或 10~15 次保持等长收缩 2 秒和离心收缩 4 秒
整合	整合动态模式	站立位单足绳索卧推	控制下重复做 10~15 次

二、躯干部的矫正练习

躯干部也有人把它叫作腰—骨盆—臀复合结构（Lower Back-Pelvic-Hip Combination LPHC）是身体中对其上下结构具有巨大影响的部位。LPHC 拥有 30 多块附着在腰椎或骨盆的肌肉，且 LPHC 直接与身体的上、下端连接，因此，LPHC 上端或下端结构的功能性紊乱会导致 LPHC 的功能性紊乱，反之亦然。许多常见的与 LPHC 关联的损伤包括下背疼，骶髂关节功能紊乱，臀部肌肉群、股四头肌、腹股沟拉伤，而与之相关的损伤包括 LPHC 以上的颈胸肩部损伤和以下的膝踝损伤。因此，躯干部的矫正练习对于全身的损伤预防和动作效率都非常重要。

在进行躯干部矫正练习之前需要对 LPHC 姿势与动作进行评估，找到问题所在，然后给出正对性的纠正练习方案。常用的 LPHC 评估方案主要包括静态姿势与双臂上举下蹲。

（一）静态姿势评估

在寻找、判断潜在的 LPHC 运动紊乱的一个重要的静态姿势问题就是下交叉综合症，这是骨盆倾斜的典型（腰椎过度伸展）。在动态姿势中，骨盆和腰椎的这个姿势会对与骨盆相关的肌肉和结缔组织造成过大的压力。下交叉综合症的主要肌肉问题包括下腹部与臀部肌肉无力，下腰部与屈髋肌群的紧张（图17-18）。主要通过对相应紧张肌肉的放松和薄弱肌肉的强化激活，以及神经肌肉控制练习来矫正，同时改正相关的日常生活姿势习惯也非常重要。

图 17-18　下交叉综合症

（二）动作评估

在做举臂下蹲动作评估时有几个 LPHC 代偿需要去查找，这些代偿包括过度前倾，下背过度前弓，下背反弓，重心不对称。表 17-6 概述了每种代偿动作中潜在的过度活动或活动不足的肌肉，以及潜在的损伤风险。

举臂下蹲动作评估意义与要求参见肩部动作评估部分，此处重点观察包括：

从侧面观察上肢与躯干是否在一条直线上，是否出现塌腰或弓腰；从后面观察躯干特别是臀部是否出现左右偏移（图17-19）。

图 17-19 举臂下蹲观察躯干部动作代偿（躯干前倾、塌腰、弓腰和重心偏移）

表 17-6 双臂上举下蹲动作 LPHC 的代偿动作总结

代偿动作	可能过度活动肌肉	可能活动不足肌肉	潜在损伤风险
躯干前倾	比目鱼肌 腓肠肌 屈髋肌群	胫骨前肌 臀大肌 竖脊肌 深层核心稳定肌群	腘绳肌群、股四头肌和腹股沟拉伤 下背痛
塌腰	屈髋肌群 竖脊肌 背阔肌	臀大肌 腿筋 深层核心稳定肌群	
弓腰	腘绳肌群 大收肌 腹直肌 腹外斜肌	臀大肌 竖脊肌 深层核心稳定肌群 屈髋肌群 背阔肌	
重心偏移	内收肌群 髂胫束（倾斜侧） 比目鱼肌/腓肠肌 梨状肌 股二头肌 臀中肌（倾斜对侧）	臀中肌（倾斜侧） 胫骨前肌 内收肌群（倾斜对侧）	腿筋群、股四头肌和腹股沟拉伤 下背痛 骶髂关节痛

（三）躯干部的矫正练习

根据躯干部姿势与动作评估结果，下面将提供躯干部位常见代偿动作的矫正练习流程。所提供的图片示范用来说明对于相应的代偿所做的训练，并用以处理躯干部的损伤问题，这些问题都从举臂下蹲动作的评估中可检测出（躯干前倾、塌腰、弓腰、重心偏移等），整合练习采用哪些动作取决于评估的结果和运动员的运动能力。下面将举例介绍其中常见的躯干前倾和重心偏移的矫正练习流程和方法，其他塌腰与弓腰等代偿动作的矫正练习，可以根据上表（表 17-6）中的原因分析，按照相同的步骤来设计动作和流程。

1. 躯干前倾

躯干前倾的原因参见表 17-6，针对这些原因逐一进行针对性的处理（表 17-7），最终矫正躯干前倾动作代偿问题。

①第一步：松解。

通过滚泡沫轴要缓解的关键区域包括：比目鱼肌、腓肠肌和屈髋肌群（股直肌）（图 17-20）。

图 17-20　比目鱼肌、腓肠肌和屈髋肌群的自我松解

表 17-7　躯干前倾的矫正练习流程

阶段	疗法	肌肉	负荷
缓解	SMR	腓肠肌 / 比目鱼肌 屈髋肌群	在压痛点持续 30 秒
拉伸	静态拉伸或 NMS	腓肠肌 / 比目鱼肌 屈髋肌群 腹部肌群	静态拉伸 30 秒 NMS7-10 面等长收缩或保持 30 秒

(续表)

阶段	疗法	肌肉	负荷
激活	等张收缩或分解力量训练	胫骨前肌 臀大肌 竖脊肌 核心稳定肌群	等张收缩：4组渐增强度：25%，50%，75%，100% 分解训练：10~15组2秒的等速静止和4秒的离心收缩
整体训练	整体动态运动	背靠球哑铃上举	控制能力内做10~15组

注：如果一开始受训者不能完成所例举的整合练习，就应该选择一个相对简易的练习。

②第二步：拉伸。

通过主动或被动的静态牵拉进一步放松腓肠肌/比目鱼肌，屈髋肌群和腹部肌群（图17-21）。

图17-21 腓肠肌/比目鱼肌、屈髋肌群和腹部肌群的主动静态牵拉

③第三步：激活。

通过孤立的动态和静力性力量练习，以及姿势性静力练习来分别激活关键肌肉包括胫骨前肌、臀大肌、竖脊肌，以及深层核心稳定肌群图（图 17-22 ~ 图17-24）。

图 17-22　胫骨前肌群和臀大肌的力量练习

图 17-23　竖脊肌和核心区稳定肌群的静力性练习

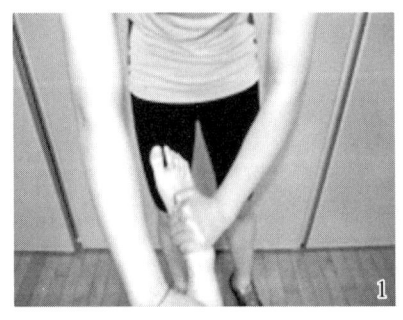
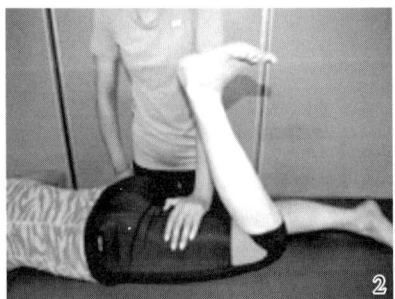

图 17-24　胫骨前肌群和臀大肌的姿势性静力练习

④第四步：整合练习。

对过度前倾这个代偿所实施的整体训练可以是"背后靠球蹲起上举哑铃"，

这个动作可以帮助矫正髋关节的运动，同时保持对腰—骨盆的控制。加入上举哑铃的动作可以对核心部位添加一个额外的挑战（图17-25）。

图 17-25　躯干前倾的整合练习

2. 重心偏移

躯干前倾的原因参见表17-6，针对这些原因逐一进行针对性的处理（表17-8），最终矫正躯干前倾动作代偿问题。

表 17-8　重心偏移的矫正练习流程

阶段	疗法	肌肉	负荷
松解	SMR	同侧：内收肌群，TFL/髂胫束 对侧：梨状肌，股二头肌，腓肠肌/比目鱼肌	痛点持续30秒
拉伸	静态牵拉或NMS	同侧：内收肌群和TFL 对侧：梨状肌，腓肠肌/比目鱼肌，股二头肌	静态牵拉：持续30秒 NMS：7~10秒的等长收缩，30秒的牵拉
激活	分解训练法 分解训练法	对侧：内收肌 对侧：内收肌	等动训练：4组递增负荷：25%，50%，75%，100% 分解训练：10~15组2秒等长收缩和4秒离心收缩
整合练习	综合动态动作训练	背靠球蹲起上举哑铃	可控强度10~15组

注：如果一开始受训者不能完成上述整合练习，就应该选择一个相对简易的练习，如去掉重量或瑞士球。

①第一步：松解。

通过滚泡沫轴缓解的关键区域是：偏向侧的内收肌和髂胫束，远离侧的梨状肌和股二头肌（图17-26、图17-27）。在这个代偿姿势中，比目鱼肌和腓肠肌同样有很关键的作用，当练习者下蹲时，如果一侧的踝关节在矢状面上的背屈不足，这会使身体偏离受限制的一侧，向能够正常活动的一侧移动。比如，如果左侧踝关节受限制，这会使人向右侧去偏移以达到合适的关节活动范围。

图17-26 同侧内收肌与髂胫束的自我松解

图17-27 对侧小腿三头肌、股二头肌与梨状肌的自我松解

②第二步：拉伸。

通过静态拉伸和神经肌肉拉伸的关键部位包括：同侧内收肌和对侧腓肠肌/比目鱼肌、髂胫束、股二头肌、梨状肌（图 17-28～图 17-30）。

图 17-28　同侧内收肌/髂胫束/对侧腓肠肌/比目鱼肌的静力拉伸

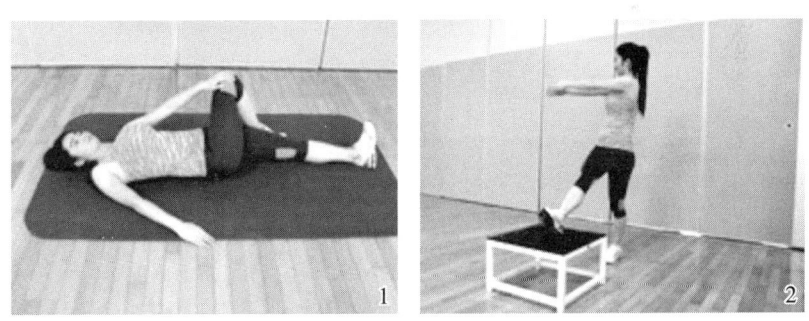

图 17-29　对侧股二头肌与梨状肌的静力拉伸

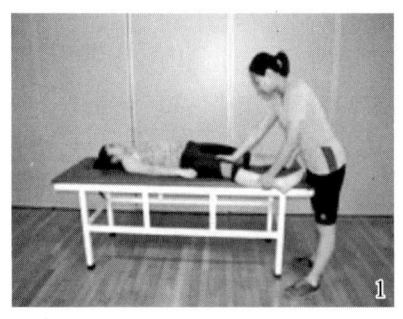
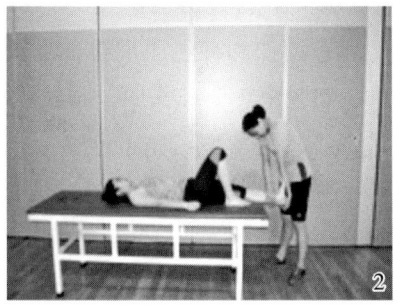

图 17-30　同侧内收肌和对侧腓肠肌/比目鱼肌的神经肌肉拉伸（PNF）

③第三步：激活。

通过分解力量训练和等动训练激活的关键部位包括：同侧臀中肌、对侧内收肌群（图 17-31、图 17-32）。

图 17-31　孤立肌肉力量练习

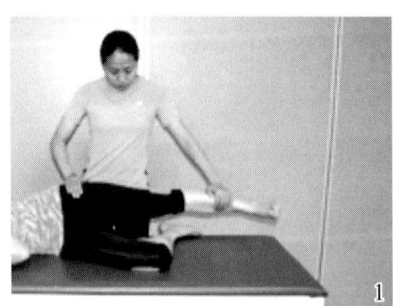
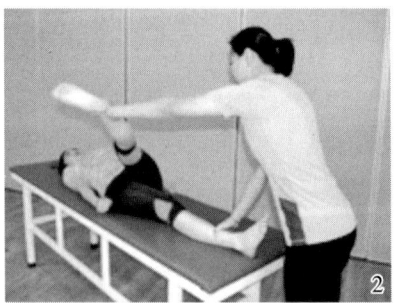

图 17-32　姿势性静力练习

④第四步：整合练习。

针对重心不对称这种代偿所采取的综合训练法同样是背靠球蹲起上举哑铃，并且使用和矫正过度前倾所采用的相同的过程。当然动作过程重点观察身体重心的偏移情况，并要求尽力保持重心的中正位置。如果不能保持，可以使用轻微的外力来试图加重偏移程度，迫使运动员主动控制重心，从而达到更好的重心调整作用。

总结：躯干部（LPHC）是个综合的功能性单元，使整条运动链能够在发力、缓冲外力、动态稳定时协同地工作以抵抗外界不规则的力。在一项有效的研究结果中，每个结构的组成都分散重力，吸收外力，传递地面反作用力。这个综合的、相互依靠的系统需要合理的训练以在运动中能够有效地发挥功能。由于许多肌肉与 LPHC 相连，所以这个部位的功能性紊乱可以潜在地导致其上、下端的结构功能紊乱，其上下端结构的功能性紊乱也会导致 LPHC 的功能性紊乱。由于这个原因，LPHC 是个十分重要的需要被评估的部位，也很有可能是许多运动受限制的人所需要治疗的部位。

(四) 下肢的矫正练习

神经肌肉骨骼控制不平衡经常存在于成年女性运动员中，包括韧带占优势（减少下肢额妆面的稳定），股四头肌占优势（减少后链肌肉相关联的强度和塑造），腿占优势（神经肌肉骨骼系统控制或者肌肉重塑造的肢体与肢体的不对称）。为了改正韧带占优势的不足、健康状态和适应的表现应该指导个人在单个平面(矢状面)联合关节的屈和伸上使用膝关节，而不是外翻和内翻的动作。同时应该训练动作，在矢状面上膝关节的错误动作得到识别和纠正。教会在矢状面上的膝关节动态移动的控制可能要使通过改变神经肌肉骨骼系统的间进行联系来实现。未来改正像韧带占优势的不足，要使个人意识到正确的形式和技术以及没有想象到的和潜在的危险的位置。另外，要提供充足的矫正性练习的反馈趋势现象，达到的神经肌肉骨骼的改变。如果出现不充足或者不适当的反馈，那么个人可能加强的是不适当的神经肌肉骨骼训练的技术。

表 17-9 提供了一个运动过程的案例，用来对于膝关节不足的矫正性练习。表中练习可以在连续统一的每一个内容做，这对膝关节损伤的问题有帮助（膝向外和向内移动）。应依照评估的发现和个人身体能力来使用练习。

表 17-9 膝关节动作代偿的矫正练习流程

阶段	形式	肌肉/练习	急性变量
松解		腓肠肌/比目鱼肌，内收肌，髂胫束，股二头肌短头，梨状肌	保持这个区域30秒
拉伸	静态牵拉，神经肌肉牵拉	腓肠肌/比目鱼肌，内收肌，髂胫束，股二头肌短头，梨状肌	30秒保持或者7~10秒等长收缩，保持30秒
激活	等长收缩或者离心力量	胫骨前肌/胫骨后肌，臀中肌，臀大肌，内收肌，腘绳肌内侧（过顶下蹲时膝关节移动到外面）	增加强度25%，50%，75%，100四组，或者2秒静态保持10~15个，然后4秒的离心训练
整合练习	整体的动态运动	跳的过程 功能运动 球的下蹲 上步 弓步 单腿下蹲	在控制下的10~15个

①第一步：松解。
目标肌肉的自我肌筋膜的放松。
②第二步：拉伸。
包括静态拉伸和神经肌肉拉伸。
③第三步：激活。
针对无力的目标肌肉进行姿势性静力练习。
④第四步：整合练习。
整体过程包括从水平跳开始，然后到团身跳，接着两只脚的长距离跳，单腿跳，然后是切削跳。如果个人不能做这些，使用功能运动也可以。
在开始动态运动练习之前，个人应该学会适合自己的运动员姿势。运动员功能性稳定位置应该是膝关节适当地屈曲，肩向后，眼睛看前方，双脚接近肩宽，身体重量平衡在双脚之水平线。膝关节在角的水平面上方，下颌在膝关节水平面上方。这基本上是个人准备位置及在大多数训练练习的开始和结束位置（图 17-33）。

图 3-33　运动员准备姿势

水平跳是一个整体的动态移动的例子，可以用来改正韧带占优势的不足。这种低到适中负荷的跳跃运动允许健康和身体专业人员开始分析运动员在膝关节外翻或者内翻的度数。在水平跳期间，个人不应该有更深的膝关节屈曲角度，大多数的水平移动由踝关节的屈曲角度提供（图 17-34）。相对地直着膝关节使轻微的内测膝关节的移动变得容易辨别。当内测膝关节移动观察时，健康和身体专业人员在低到中等负荷练习中给予运动员口头的反馈暗示。这些反馈可以使运动员识别膝关节合适的移动从而使运动员表现得更好。当在落地时，膝关节角度接近充分伸展时，内测膝关节移动的神经肌肉骨骼控制至关重要，这通常会导致生物力学的损伤。

图 17-34　水平跳

另一个用来改正韧带占优势的练习是团身跳（在这章的之前提过）。尽管通常被用来评估，团身跳也可以被用来练习，它是水平跳强度范围内相反的结束，对于个人要求有很高的水平。在团身跳练习期间，健康和身体专业人员可以迅速地辨别在跳和落地时额状面膝关节放至位置的不正确，因为个人通常在前几次重复过程中注意力集中在跳的技术上。在早些时候提到的，团身跳可以被用于评估改善下肢的生物力学。

当运动员在矢状面上运动时，长距离跳和保持练习有助于健康和身体专业人员评估个人的膝关节运动。在通过所有平面的运动测试中成功的膝关节动态控制对于弥补不足至关重要，这可以转换成竞争的运动比赛或者每天的活动。在竞争中，运动员可能表现出"活动的外翻"，这是一个髋内收、膝关节外展的动作，这是肌肉对立的结果而不是综合反映出来的力量。

长距离跳是一个中等强度的整体动态运动，这对于健康和身体专业人员来说是提供另一个机会去评估水平跳的外翻，提供更多的技术信息，有助于运动员在每一次跳跃发挥技术时能去进行有意识的识别。此外，个人应该在落地后保持5秒，这样运动员可获得和保持动态膝关节长时间的控制（图17-35）。

图 17-35 长距离跳和保持

180°跳是一个整体动态运动的练习，当身体在水平面旋转时，融入动态运动训练中来教会动态身体和下肢的控制。通过180°跳的旋转力量的增加很快会被相反方向直接吸收和反射。这个运动对于教会个人去识别和控制危险的旋转力量非常重要，这将会减少损伤风险和提高运动表现（图17-36）。

图 17-36　180°跳

除此以外，还可以逐渐增加练习难度，设计其他的跳跃稳定练习，包括单腿跳（图 17-37）和切削动作练习（图 17-38）。

图 17-37　单腿跳和保持

图 17-38 切削动作

并不是所有的运动员都有身体能力去表现上面所提到的跳的测试，这一点很重要。在这种情况下，一项基本功能运动过程包含多平面的整体身体运动，能够被用作下肢矫正的整合练习（图 17-39）。这些过程可以以球的下蹲开始，然后上步，弓步，单脚下蹲（从更稳定、更少的动态到更不稳定、更多的动态）。对于每一个练习，提示运动员保持膝关节和脚趾在一条水平线上，不允许膝关节移动到水平线的里面或者外面，用来确保关节和神经肌肉控制，这很重要。

图 17-39　下肢矫正的整合练习

综上所述，下肢损伤在大学或者高中运动员中占所有伤病的大多数。在下肢伤中，膝关节在身体中是最容易受损伤的其中一个。膝关节作为关节链的一部分，和临近关节以及下肢关节相连。整体的评估过程从髋到踝关节的相关联的基本的评估，包括静态姿势和动作评估，必要时还可以进行关节活动度检查以及徒手肌力测试。在从这些评估中获得最基本的数据，从而设计针对性的矫正练习方案和流程。对于膝关节风险的矫正性练习可以帮助改善提高动作表现，也能够减少膝关节和下肢的损伤风险。

思考题：

（1）结合本书内容请选择一名受试者并对其进行评估，然后根据评估结果为其设计纠正训练计划。

（2）你认为在纠正训练中应该注意哪些事项？

参考文献

[1] 王安利. 运动损伤预防的功能锻炼 [M]. 北京：北京体育大学出版社，2014.

[2] Micheal A.Clark, Scott C.Lucett. NASM's Essentials of Corrective Exercise training [M]. Wolter Kluwer Published, 2011.